Amateur der Weltgeschichte

Simon Rothöhler

Amateur der Weltgeschichte

Historiographische Praktiken im Kino der Gegenwart

diaphanes

Dieser Band entstand im Rahmen des Sonderforschungsbereichs 626 »Ästhetische Erfahrung im Zeichen der Entgrenzung der Künste« an der Freien Universität Berlin und wurde auf seine Veranlassung unter Verwendung der ihm von der Deutschen Forschungsgemeinschaft zur Verfügung gestellten Mittel gedruckt.

1. Auflage
ISBN 978-3-03734-166-7
© diaphanes, Zürich 2011

www.diaphanes.net

Satz und Layout: 2edit, Zürich
Druck: Pustet, Regensburg

Inhalt

Einleitung

Amateur-Geschichte

Wer in Bezug auf eine bestimmte Forschungstätigkeit als Amateur gilt, übt diese nicht unmittelbar beruflich aus, sondern in Distanz zu den etablierten Praktiken und sozialen Räumen einer professionellen Produktion, die sich auf den gleichen Erkenntnisbereich spezialisiert hat. Begriffsgeschichtlich mag der Amateur nicht nur *amator*, sondern auch *virtuoso*[1] sein; moderne Gesellschaften rekrutieren ihre Experten jedoch bevorzugt über Institutionen, die den vielseitig begabten Liebhaber ausschließen oder als Fachmann resozialisieren. In einer alternativen Wissenschaftsgeschichte ließe sich der Amateur als innovationsfreudige Maverick-Figur konturieren, die gerade deshalb besondere Ideen entwickeln kann, weil ihre Erkenntnisbewegungen nicht durch die Fachgrenzen einer Disziplin eingeengt sind.[2] Auch wenn Erzählungen, die den Amateur emphatisch in der Heldenrolle besetzen, unter Umständen Gefahr laufen, sich in einem romantischen Anti-Professionalismus zu erschöpfen, bleibt doch festzuhalten, dass die Fachwelt tendenziell jeden zum Laien stempelt, der sich in seiner Wissensproduktion nicht an jene (oft relativ unsichtbaren) Spielregeln hält, welche Michel de Certeau mit Blick auf die Geschichtswissenschaft als »*Gesetze* des Milieus«[3] analysiert hat. Von der Recherchebewegung bis zur Produktion eines Textes ist die »historiographische Operation« demnach durch ein »institutionelles Verhalten« strukturiert, in das der Historiker im Zuge seiner universitären Sozialisation eingeübt wird. Die Stabilisierung einer Disziplin ist für Certeau eine Frage der Reproduktion eines sozialen Ortes; seine Kritik setzt nicht erst bei Methodenfragen an, sondern gilt zunächst einer gesellschaftlichen Praxis der Fabrikation und Distribution des Wissens. Auch jenseits einer vor dem eigentlichen historiographischen Diskurs ansetzenden »Soziologie der Geschichts-

---

1 Vgl. Richard Sennett: *The Craftsman*, New Haven, London 2008, S. 115–117.

2 Ein gelungenes Beispiel für diese Argumentationslinie ist: Marie-Theres Federhofer: »*Moi simple amateur*«. *Johann Heinrich Merk und der naturwissenschaftliche Dilettantismus im 18. Jahrhundert*, Hannover 2001.

3 Michel de Certeau: *Das Schreiben der Geschichte*, Frankfurt/M. 1991, S. 81.

schreibung«[4] ist die Amateur-Frage im Kern die Frage nach den Grenzen einer Disziplin zu einem bestimmten historischen Zeitpunkt, also nach dem Außen der Institution – und beinhaltet insofern auch eine mögliche Perspektive der Kritik an ihr. Gerade Amateure, die ihre Liebhaberei zum heimlichen Beruf (zur eigentlichen Berufung) machen, generieren häufig eine Expertise, die sie auf Augenhöhe mit den formal besser (aus-)gebildeten Akteuren bringt. Im Off der Institution erzeugtes Wissen ist das Produkt einer unprofessionellen Neugier und darüber hinaus ein epistemischer Modus, der offizielle Vorgehensweisen implizit konterkariert, in Frage stellt, in bestimmten Fällen sogar: revisionsbedürftig erscheinen lässt. Die Methodenkritik der Amateur-Praxis wird dabei selten wissenschaftstheoretisch explizit, sondern manifestiert sich eher indirekt, beispielsweise über die Erschließung neuer Gegenstandsbereiche, über die Einbeziehung von Objekten, Perspektiven, Vokabularen, die der institutionalisierte Diskurs bislang ignorieren zu können glaubte. Insofern ist die in der Praxis wurzelnde Amateur-Kritik nicht abstrakt-begrifflich, sondern konkret und gegenstandsbezogen, etwas, das sich bei der Durchführung en passant ergibt und dennoch profund sein kann. Der Amateur ist in der Regel Autodidakt und geht einer Sache im Selbststudium, auf eigene Faust, mitunter sogar auf idiosynkratische Weise nach – manchmal auch einfach deshalb, weil er wenig Zeit an den unproduktiven Teil formaler Edukation und an die Initiierung in das legitime Regelwerk eines Fachs verliert. Dass Amateure gelegentlich an längst Erforschtem forschen, ohne neue Erkenntnisse zu gewinnen, ist dann allerdings der Nachteil einer Praxis, die auf vielversprechende unbetretene Pfade führen kann, weil sie keinen starken Begriff vom fachgerechten Betreten hat.

***

Dieses Buch beschäftigt sich mit Film als Amateur-Medium der Geschichtsschreibung und versucht, auf verschiedenen Ebenen Schnittstellen zu präparieren, an denen sich Fragen der Filmtheorie und solche der Metahistoriographie berühren, produktiv aufeinander beziehen lassen. In letzter Konsequenz geht es mir um die Ausmessung eines spezifischen medialen Vermögens, also darum, inwie-

---

4 Ebd., S. 89.

fern bestimmte filmische Eigenschaften gerade in historiographi-schen Verwendungsweisen des Mediums, auf die es dennoch nicht in irgendeiner Weise ›ontologisch‹ festgelegt ist, besonders deutlich hervortreten. Mit der Amateur-Frage hat diese allgemeine Problem-stellung insofern zu tun, als im Folgenden historiographische Prakti-ken im Mittelpunkt stehen, die allein schon auf Grund ihrer medialen Verfasstheit außerhalb des »Ortes« (Certeau) der Geschichtswissen-schaft situiert sind. Die untersuchten ›Texte‹ sind Filme, sie stammen nicht von Berufshistorikern, obwohl sie in den meisten Fällen Pro-dukte einer genuin historiographischen Recherche sind. Sie überset-zen nicht bereits konsolidiertes, d.h. relativ verfestigtes Wissen von einem Medium (Geschichte, Wissenschaft, Schrift) in ein anderes (Film, Kunst, Ton/Bild) – etwa, um ›Geschichte‹ als ästhetische (Re-) Konstruktion erfahr- und genießbar zu machen –, sondern stellen selbst historisches Wissen her und bereit, das außerhalb filmästheti-scher Vermittlung (so) nicht zu haben wäre.

Aus Sicht der offiziellen Institution sind diese Filmemacher schon allein deshalb Amateure, weil sie keine wissenschaftlichen Karrieren durchlaufen haben und in einem Medium Geschichte schreiben, das nicht das Medium der professionellen historiographischen Praxis ist. Gleichwohl ist es nicht die Ambition dieses Buches, in irgendeiner Form den Nachweis einer im engeren Sinn wissenschaftlichen Satis-faktionsfähigkeit des Films zu führen oder gar Verwendungsweisen herauszuarbeiten, die ihn zum Hilfsmedium einer aus fachgeschicht-licher Sicht schriftbasierten Disziplin qualifizieren (aber eigentlich: degradieren) würden. Es geht mir nicht um Fragen der Medienkon-kurrenz und Medienhierarchie, sondern darum, wie sich bestimmte epistemologische Parameter der Historiographie mit Hilfe von Filmen (re-)perspektivieren lassen, die außerhalb des wissenschaftlichen Regelwerks einer »Wahrheitsintention«[5] (Ricœur) folgen und dabei mitunter gezielt auf vermeintlich ›anti-dokumentarische‹ ästhetische Strategien (des Nachspielens, des Fingierens etc.) rekurrieren. Das, was diese Filme als ästhetische Objekte auszeichnet, zu avancierten Realisierungen ihres Mediums macht, führt sie einerseits weg von einem Anspruch auf ›Wissenschaftlichkeit‹, wie er von der Institution vertreten wird. Andererseits ist es gerade das Ausloten von Möglich-

---

5 Paul Ricœur: *Geschichtsschreibung und Repräsentation der Vergangenheit*, Münster, Hamburg, London 2002, S. 43.

keiten, in einem audiovisuellen Medium und im Rahmen einer nicht-wissenschaftlichen, ästhetischen Praxis Geschichte zu schreiben, das hier spezifische Formen der Generierung (und Vermittlung) von historischem Wissen eröffnet. Die Distanz zu den Routinen der akademischen Historiographie nutzen diese filmisch-historiographischen Operationen zu Geschichtsschreibungen, die sich implizit gegen die hegemonialen Standards der Disziplin richten. Der Abstand ergibt sich aus dem Amateur-Status (des Mediums, des Film-Historikers); er manifestiert sich auf dem Feld der Ästhetik. Möglich ist die vorgeschlagene Perspektive jedoch gerade deshalb, weil die ausgewählten Filme im engeren Sinn historiographische Ambitionen verfolgen, also nicht einfach historische Geschichten (nach)erzählen, sie *verfilmen* und massenkulturell zirkulieren lassen, sondern Geschichte schreiben (umschreiben, erstmals schreiben).

In *Geschichte – Vor den letzten Dingen* formuliert Siegfried Kracauer die zentrale heuristische Intuition seines Spätwerks so: »Abgesehen davon, daß die Analogie zur Photographie angetan ist, gewohnte Aspekte auf historischem Gebiet zu verfremden, liegt die Chance darin, daß unser Verstehen bestimmter Dinge, mit denen der Historiker ringt, durch Rückgriff auf entsprechende Fragen im photographischen Métier viel gewinnen wird.«[6] In gewisser Weise soll das damit formulierte wissenschaftstheoretische Erkenntnisinteresse im Folgenden einerseits aufgegriffen werden – als Frage nach den internen Verschiebungen und Umwertungen ›klassischer‹ historiographischer Praktiken im ›Reframing‹ durch (spontane wie sorgfältig konzeptualisierte) Operationen im Amateur-Medium Film. Andererseits gilt es, Kracauers initialen Gedanken aber auch umzukehren und filmanalytisch einzuholen, um ein ästhetisch ausdifferenziertes, im weitesten Sinn ›dokumentarisch‹ gepoltes Spektrum an herausragenden Geschichtsfilmen der letzten Dekade mit Begriffen und Konzepten der Metahistoriographie zu untersuchen. In diesem Sinn sollen sich also filmtheoretische Problemkomplexe im Medium geschichtstheoretischer Reflexion spiegeln und vice versa. Systematisch und etwas kleinteiliger gesprochen geht es darum, den ästhetisch wie epistemologisch komplexen Vergangenheitsbezug des Films im Hinblick auf drei Dimensionen eines medienspezifischen Vermögens

---

6 Siegfried Kracauer: *Geschichte – Vor den letzten Dingen*, *Werke* Band 4, hg. von Ingrid Belke, Frankfurt/M. 2009, S. 71.

aufzuschlüsseln: Vergangenes *vergegenwärtigen* (Kapitel I), Details *sammeln* (Kapitel II), Erlebtes *bezeugen* (Kapitel III).

Once again: Geschichte

Immer wieder, vielleicht sogar in regelmäßigen Zyklen, ist davon die Rede, dass ›Geschichte‹ zum bevorzugten Sujet zeitgenössischer künstlerischer Produktivität avanciert sei.[7] Diese allgemeine Feststellung mag für die letzte Dekade zutreffen oder eher aufmerksamkeitsökonomischen Routinen der zeitdiagnostischen Rückkoppelung ästhetischer Phänomene geschuldet sein – im Feld der Filmtheorie findet sich zu dieser Konjunktur von ›Geschichte‹ jedenfalls eine auffällige Entsprechung. Gemeint ist die Wiederentdeckung und Reevaluation bestimmter Paradigmen der klassischen Filmtheorie als Reaktion auf das digitale Instabilwerden des filmischen (Bild-) Objekts. Hintergrund der diskursiven Renaissance ist eine generelle Rückkehr zu Fragen der Medien-/Bild-/Dispositivspezifik, die zu klären bemüht ist, was ›Kino‹, was ›Film‹ war, ist und sein wird. Weil der digitale Medienwandel in vielen theoretischen Modellen pauschal als Überwindung der fotografischen Basis des Films gedeutet wird, erleben die (foto-)›realistischen‹ Paradigmen der klassischen Filmtheorie ihr Comeback jedoch vor allem im Kontext von Ansätzen, die versuchen, das Kino und seine herkömmliche Bildpraxis zu historisieren. Beliebt ist hier neben dem Schlagwort der »Post-Fotografie«[8] jenes vom »Tod des Kinos« – eine Trope, die längst jenseits der auratischen Geschichtsphilosophie der HISTOIRE(S) DU CINÉMA[9] zur Leerformel geworden ist.

Auch dort, wo nicht gleich vom Ableben die Rede ist respektive materialnostalgisch auf die nachlassende Bedeutung des Zelluloid-Films geblickt wird, gilt die technische Evolution digitaler Aufzeich-

---

7 Zur allgemein beliebten diskursiven Figur »Rückkehr der Geschichte« vgl. Knut Ebeling, Stephan Günzel: »Einleitung«, in: dies. (Hg.): *Archivologie. Theorien des Archivs in Philosophie, Medien, Künsten*, Berlin 2009, S. 7–28.
8 Einschlägig: William J. Mitchell: *The Reconfigured Eye. Visual Truth in the Post-Photography Era*, Cambridge/Massachusetts 1992; sowie Nicolas Mirzoeff: *An Introduction to Visual Culture*, London 1999.
9 Vgl. dazu: Michael Witt: »The death(s) of cinema according to Godard«, in: *Screen* 40(3), Herbst 1999, S. 331–346.

nungs- und Reproduktionsverfahren als Beleg für einen Epochenwechsel. Nüchtern betrachtet hat die Diskussion um das ›neue Bild‹
trotz der offenbar unvermeidlichen Rhetorik des »epistemologischen
Bruchs«[10] eher die theoretische Insistenz des Fotografischen belegt.
Lev Manovich schreibt in diesem Sinn: »Das digitale Bild lässt die
Fotografie verschwinden, während es das Fotografische festigt, glo-
rifiziert, verewigt. Kurzum: Diese Logik ist die Fotografie nach der
Fotografie.«[11] Diskursanalytisch lässt sich zunächst sagen, dass auf
der Folie einer vermeintlich evidenten Überschreibung elementarer
fotografischer Funktionen genau diese nochmals ins Zentrum der
Aufmerksamkeit gerückt worden sind. Die intensive Bazin-Rezeption
der vergangenen Dekade[12] hatte ihren Hauptgrund wohl vor allem
darin, dass eine ›prä-digitale‹ Gegenposition zu besetzen war, die es
je nach Standpunkt zu verteidigen oder auszuhebeln galt. Die angesprochenen Theorien des Digitalen konstruieren in der Regel aus
argumentationsstrategischen Gründen ein überdeterminiertes und
überforderndes Verständnis des fotografischen Bildes (bevorzugt
über auf der medienontologischen Ebene situierte Geltungsansprüche
wie ›Wahrheit‹, ›Authentizität‹, ›Referenz‹), um davon das vorgeblich radikal andere digitale Bild (ob begrüßt oder befehdet) leichter
abgrenzen zu können. Insofern erlebt die Fotografie im behaupteten
Tod sofortige Auferstehung – aber eben um den Preis einer Verzer-
rung, die im Gewand der Historisierung auftritt.

Gerade weil der digitale Diskurs in seiner zuweilen medienmeta-
physischen Fixierung auf den binären Code[13] u.Ä. kaum über einen
Begriff der Fotografie als kulturelle Praxis verfügt, genügt es aber
auch nicht, dieses Zerrbild einfach von der Historisierungsthese zu
bereinigen, es gewissermaßen zu positivieren und einer Apologetik
des Fotografischen zuzuschlagen. Nicht selten unterschlagen ent-

---

10 Kritisch dazu: Bernd Stiegler: *Theoriegeschichte der Photographie*, München
2006.
11 Lev Manovich: »Die Paradoxien der digitalen Fotografie«, in: Hubertus von
Amelunxen, Stefan Iglhaut, Florian Rötzer (Hg.): *Fotografie nach der Fotografie*,
Dresden 1996, S. 58–66, hier: S. 58f.
12 Aus Sicht der Geschichtsfrage die wichtigste Publikation dazu: Philip Rosen:
Change Mummified. Cinema, Historicity, Theory, Minneapolis 2001.
13 Ein Beispiel hierfür ist: Peter Lunefeld: »Digitale Fotografie. Das dubitative
Bild«,·in: Hertha Wolf (Hg.): *Paradigma Fotografie. Fotokritik am Ende des foto-
grafischen Zeitalters*, Frankfurt/M 2003, S. 158–177.

sprechend pro-fotografisch gestimmte Positionen nämlich die theoriegeschichtlich bereits geleistete Kritik an der Vorstellung eines
›natürlichen‹ Spur-Realismus der fotografischen Medien (quasi als
Selbsteinschreibung von Welt) und landen bei einer problematischen
Hypostasierung des indexikalischen Moments. Dass die Fotografie auf
spezifische Weise ›geschichtlich‹ aufgeladene Zeichen produzieren
kann, verleitet hier häufig zur Beschwörung einer gleichsam epipha-
nisch in Erscheinung tretenden Referentialität. Generell ist dagegen
einzuwenden, dass Ontologien des Films, die einzelne Aspekte seiner Bildproduktion essentialistisch hochrechnen, nur ein begrenztes
Spektrum der ästhetischen Praxis beschreiben können. Ganz offensichtlich wirft der Einsatz digitaler Technologie etwa in den Arbeiten
von Wang Bing und Cong Feng nicht die gleichen ästhetischen und
epistemologischen Fragen auf wie in Bezug auf die CGI-Praktiken im
zeitgenössischen Hollywoodkino.

Deutlich zu beobachten ist, dass die filmtheoretische Diskussion
›post-fotografischer‹ Bildlichkeit einerseits zu einseitig von den com-
putergenerierten »images ex nihilo«[14] (David Rodowick) her geführt
wird und andererseits dort häufig unerwähnt bleibt, dass es für etliche ›digitale‹ Praktiken ›analoge‹ Vorläufer (von der Fotomontage
über Retuschen bis zum Kompositbild) und auch sonst zahlreiche
Kontinuitäten gibt. Andererseits wird dieser die Medienbrüche zu
Recht relativierende Einwand gelegentlich auch von Positionen einer
konservativen Postmoderne instrumentalisiert, wie Bernd Stiegler
festgestellt hat:

>»Die Digitalisierung sollte sich so als Waffe einer vermeintlichen Auf-
>klärung erweisen, um der Photographie das Gespenst des Realen auszu-
>treiben und zugleich auch im Reich der technischen Bilder die Moderne
>in die Postmoderne zu überführen. Allerdings ist der Kampf gegen den
>Realismus der Photographie nur ein Vorwand, da der Angriff nicht dem
>Realismus, sondern der Realität galt. [...] Daher ist die virtuelle Infek-
>tion der analogen durch die digitale Photographie Konsequenz eines
>Wirklichkeitsbegriffs, der die Simulation und Virtualität als neue Onto-
>logie proklamiert.«[15]

---

14 D.N. Rodowick: *The Virtual Life of Film*, Cambridge/Massachusetts, London 2007, S. 104.
15 Stiegler: *Theoriegeschichte der Photographie*, a.a.O., S. 407ff.

Die Argumentation entsprechend gepolter Simulationsansätze richtet sich demzufolge in letzter Konsequenz gegen die Medienspezifik der Fotografie, zielt also darauf ab, diese einzuordnen in eine so umfassende wie teleologische Erzählung der erweiterten Manipulierbarkeit des Bildes im Sinne eines Instruments der Täuschung.

Diejenigen, die für eine wie auch immer geartete Insistenz des fotografischen Moments des Films argumentieren, verweisen wie Phil Rosen zum einen auf die derzeit noch dominierende Logik digitaler Mimikry ans Fotografische.[16] Zum anderen – und das ist der gewichtigere Einwand – ist kaum einzusehen, weshalb eine kameratechnische Modifizierung, die bei den meisten digitalen Apparaten nicht das Linsensystem, sondern lediglich den Bildträger, also die Speicherungsform betrifft, zwangsläufig zum Bruch mit all jenen fotoästhetischen Optionen führen soll, deren theoretische Evaluation sich traditionell um den zeichentheoretischen Index-Begriff versammelt hat. Als hinge der gesamte Wirklichkeitsbezug fotografischer Bilder allein an der Frage, ob die durch das Objektiv einfallenden Lichtstrahlen numerisch umgerechnet werden oder nicht. In vielerlei Hinsicht – das ist Bernd Stieglers nach wie vor plausibles »pragmatistisches« Argument – ist eine digitale Kamera in ihren konkreten Verwendungsweisen ohnehin nicht von einer herkömmlichen zu unterscheiden.

Mit Blick auf das autonome, auf Consumer-Geräten basierende Produktionsmodell einer jüngeren Generation von DV-Dokumentaristen wie Wang Bing wäre dem nur noch das Demokratisierungsargument hinzuzufügen, das bereits in früheren Jahrzehnten jede Durchsetzung von Kameratechnologien, die die Filmproduktion weniger kapitalintensiv werden ließ (von 16mm bis zu Video), begleitet hat: Digitale Kameras und Schneideplätze ermöglichen vergleichsweise individuelle, unter Umständen auch klandestine, inoffizielle Verwendungsweisen; weil der Apparat preiswerter, handlicher, allgemein

---

16 Vgl. Rosen: *Change Mummified*, a.a.O., S. 301–350. Dass die perfekte Nachahmung fotorealistischer Darstellungskonventionen sich derzeit noch wie das eigentliche Telos des digitalen Films ausnimmt, ist einerseits schwer zu bestreiten. Andererseits ließe sich diese fotografische Gebundenheit digitaler Bildschöpfungen auch als vorläufiger Zwischenstand einer Remediatisierungslogik auffassen, wie sie in der medienevolutiven Theorie von Bolter und Grusin entwickelt wird (vgl. Jay David Bolter, Richard Grusin: *Remediation. Understanding New Media*, Cambridge/Massachusetts, London 2001).

zugänglicher wird, entwickeln sich ästhetische Praktiken, die allein schon deshalb ›wirklichkeitsnäher‹ sind, weil sie zusätzlichen gesellschaftlichen Gruppen offen stehen. An diesem Ende des Spektrums kommt die Digitalisierung fraglos als erweiterte Option eines filmischen ›Realismus‹ an, der zwar auch konstruiert ist und in ›Codes‹ spricht, aber keine ›post-indexikalischen‹ Welten aufstellt, sondern produktionsmittellogisch vermachtete Sichtbarkeitsverhältnisse aufweicht.

Im Folgenden ist die hier nur kursorisch abgesteckte Digitalisierungsdebatte insgesamt nur insofern von Bedeutung, als sie verschiedene Relektüren der klassischen Filmtheorie provoziert hat, die zum Teil enge Verbindungslinien ziehen zwischen der Indexikalität des – je nach theoretischer Ausrichtung: digital aufgehobenen/bedrohten/ neu gefestigten – filmisch-fotografischen Bildes und der Konstruktion von Geschichte, die in dieser Bildform arbeitet und durch sie ermöglicht wird. Für den Moment soll der Hinweis genügen, dass für eine geschichtstheoretische Perspektive auf den Film vor allem von Belang ist, inwiefern die ›historische‹ Bildlogik der fotografischen Medien mit bestimmten ästhetischen Formatierungen des Vergangenheitsbezugs einhergeht, die gerade dann auf komplexe Weise ins Spiel kommen können, wenn geschichtliche Konstellationen nicht einfach als ›abgebildet‹ und ›gespeichert‹, sondern als (re-)konstruiert vorgestellt werden.

Im Zuge des digitalen Historischwerdens des Films hat sich die theoretische Reflexion jedenfalls noch einmal auf die inhärente ›Historizität‹, den internen Geschichtsbezug des fotografisch basierten Bildes konzentriert: »Film [...] is a historical medium par excellence. But it is also now becoming ›history‹«,[17] bringt Rodowick den Zusammenhang auf den Punkt. Während sich weite Teile der dazugehörigen Debatte um einen (kurzen) Bazin-Text organisieren,[18] ist eine andere Position, welche einem Paradigma ›fotografischer Historizität‹ zugerechnet werden kann, bislang kaum berücksichtigt worden. Auch ihr geht es um das spezifische Verhältnis fotografischer Medien zur Geschichte, zum historischen Moment. Allerdings ohne unmittelbar anschlussfähigen Rekurs auf die semiotische Denkfigur des Index –

---

17 Rodowick: *The Virtual Life of Film*, a.a.O., S. 93.
18 André Bazin: »Die Ontologie des photographischen Bildes«, in: ders.: *Was ist Film?*, Berlin 2004, S. 33–42.

was der Hauptgrund für ihre diskursive Absenz sein dürfte. Gemeint ist Siegfried Kracauers posthum erschienenes Spätwerk *Geschichte – Vor den letzten Dingen*, das seit kurzem in einer neu edierten Version in der Werkausgabe seiner Schriften vorliegt.[19]

Im Kanon der klassischen Filmtheorie findet sich wohl kein Autor, der vergleichbar differenziert und ausgreifend über den Geschichtsbezug der fotografischen Medien nachgedacht hat wie Kracauer. Das sogenannte Geschichtsbuch ist das theoretisch vielschichtigste Produkt dieses lebenslangen Interesses.[20] Von der Filmwissenschaft ist es bislang eher nachrangig rezipiert worden,[21] was fraglos damit zu tun hat, dass es sich um eine Schrift handelt, die der Fotografietheorie auf den ersten Blick lediglich die bereits zitierte heuristische Funktion einer »Verfremdung« via Begriffstransfer zugesteht: »explorer, dans le cinéma, et à travers le cinéma, un modèle de connaissance.«[22] Eine Geschichtstheorie, die auf verschlungenen Wegen mit den fotografischen Medien argumentiert und dabei immer wieder philosophische Nebenschauplätze eröffnet, setzt sich zwangsläufig zwischen alle disziplinären Stühle. In den 90er Jahren, als Kracauer intensiv gelesen wurde, kam das Geschichtsbuch denn auch meist nur peripher vor. In jüngeren Versuchen, seine Arbeiten mit neo-phänomenologischen

---

19 Vgl. dazu: Simon Rothöhler: »Späte Satisfaktion«, in: *CARGO Film/Medien/ Kultur* 04, 2009, S. 80–85.

20 Aus Sicht des Geschichtsbuchs ist der Fotografie-Aufsatz der entscheidende Prätext (Siegfried Kracauer: »Die Photographie«, in: ders.: *Das Ornament der Masse*, Frankfurt/M. 1977, S. 21–39).

21 Die einschlägigen Arbeiten der Kracauer-Forschung sind überwiegend in den 1980er und 1990er Jahren entstanden: Gertrud Koch: *Kracauer zur Einführung*, Hamburg 1996; Miriam Hansen: »›With Skin and Hair‹: Kracauer's Theory of Film, Marseille 1940«, in: *Critical Inquiry* 19(3), Frühjahr 1993, S. 437–469; Dagmar Barnouw: *Critical Realism. History, Photography, and the Work of Siegfried Kracauer*, Baltimore, London 1994; Heide Schlüpmann: *Ein Detektiv des Kinos. Studien zu Siegfried Kracauers Filmtheorie*, Basel, Frankfurt/M. 1998; Martin Jay: *Permanent Exiles. Essays on the Intellectual Migration from Germany to America*, New York 1985; Inka Mülder-Bach: *Siegfried Kracauer – Grenzgänger zwischen Theorie und Literatur. Seine frühen Schriften 1913–1933*, Stuttgart 1985; Michael Kessler, Thomas Y. Levin (Hg.): *Siegfried Kracauer: neue Interpretationen*, Stauffenburg 1989; *New German Critique* 54, Special Issue on Siegfried Kracauer, Herbst 1991.

22 Carlo Ginzburg: »Détails, gros plan, micro-analyse«, in: Philippe Despoix, Peter Schöttler (Hg.): *Siegfried Kracauer: penseur de l'histoire*, Paris 2006, S. 45–64, hier: S. 45.

Ansätzen und/oder den Kinobüchern von Deleuze zusammenzubringen, wird es gewöhnlich völlig außer Acht gelassen. Es passt einfach nicht ins Bild. Man bezieht sich hier lieber selektiv auf den kanonisierten »materialistischen« Kracauer der Weimarer Zeit und liest ihn vereinseitigend als Erfahrungstheoretiker. Allgemein gilt das Spätwerk ohnehin als irgendwie weniger avanciert: Wo die frühen Schriften der kapitalistischen Massenkultur noch einen finalen »Danse macabre«[23] voraussagen, begeistert sich die *Theorie des Films* mit weltbürgerlichem Optimismus für die Fotoausstellung »Family of Man«, die Roland Barthes so verabscheut hat.[24] Seit kurzem jedoch scheint das Interesse an *Geschichte – Vor den letzten Dingen* insbesondere in der französischen Diskussion wiederaufzuleben. Carlo Ginzburg, mehr oder weniger der einzige Historiker, der frühzeitig auf das Buch aufmerksam wurde und, vielleicht etwas voreilig, vor allem seinen eigenen mikrogeschichtlichen Ansatz darin verteidigt fand, spricht diesbezüglich gar von einer »Kracauer-Renaissance«.[25]

Das Geschichtsbuch vollzieht in erster Linie metahistoriographische und geschichtsphilosophische Denkbewegungen. Nachdrücklich sucht Kracauer den Dialog mit von ihm bewunderten Historikern wie Jacob Burckhardt oder Philosophen wie Hans Blumenberg. Im Zentrum steht eine mäandernde Analogiebildung, die den »historischen Ansatz« der Historiographie mit dem »ästhetischen Grundprinzip« des Films, die »historische Realität« mit der »Kamera-Realität« und den Historiker mit dem Fotografen parallelisiert. Philippe Despoix beschreibt den Kern der Unternehmung wie folgt: »[...] l'affirmation de l'affinité entre réalité historique et celle révélée par les médias photo-cinématographiques. L'assertion est si massive, si récurrente,

---

23 Siegfried Kracauer: *Theorie des Films*, *Werke* Band 3, hg. von Inka Mülder-Bach, Frankfurt/M. 2005, S. 531. Die Formulierung stammt aus den »Marseiller Notizen«; dort verschränkt sich das materialistische Leitmotiv mit den filmischen Todesfiguren der »Kermesse funèbre«.
24 Ebd., S. 474. Roland Barthes sah in Edward Steichens Fotoausstellung, die 1951 im MoMA Premiere feierte und dann auf Welttournee ging, den »adamistischen« Mythos einer universellen Natur des Menschen propagiert, der »auf den Grund der Geschichte die Natur zu setzen« versucht, statt »die Natur, ihre ›Gesetzmäßigkeiten‹ und ihre ›Grenzen‹ unaufhörlich aufzureißen, um darin die Geschichte zu entdecken und endlich die Natur selbst als historisch zu setzen«. Roland Barthes: *Mythen des Alltags*, Frankfurt/M. 1964, S. 16f.
25 Ginzburg: »Détails, gros plan, micro-analyse«, in: *Siegfried Kracauer: penseur de l'histoire*, a.a.O., S. 45.

17

qu'elle ne peut être prise pour une simple métaphore: elle constitue bien plus l'*analogon* épistémologique central du livre sur l'histoire.«[26] In erster Linie geht es Kracauer um die epistemologischen Fragen, mit denen sich die Geschichtsschreibung seit der Historismuskritik zunehmend selbst konfrontiert, also um eine wissenschaftstheoretische Untersuchung des historiographischen »Handwerks«[27] (Marc Bloch). Gleichwohl wird die Methodenreflexion immer wieder durch spekulative, zuweilen auch messianistisch gefärbte Bezugnahmen auf die Geschichte ›an sich‹ durchkreuzt. Kracauer wendet sich hier zugleich gegen die im Marxismus wiederbelebte geschichtsphilosophische Tradition[28] und gegen das positivistische Geschichtsbild des Historismus – eine vielstimmige Denkrichtung, die er mit einer problematischen Verwissenschaftlichung der Geschichtsschreibung nach dem Erkenntnismodell der Naturwissenschaften des 19. Jahrhunderts identifiziert. Die Vermittlungsfiguren des Geschichtsbuchs sind Produkte dieser doppelten Frontstellung; gelegentlich entsteht hier aber auch der Eindruck, dass Kracauer sich rhetorisch auf die Ambiguität des modernen Geschichtsbegriffs zurückzieht und mehr oder weniger strategisch offen lässt, ob an bestimmten Stellen von Geschichte als Ereignisfolge (*res gestae*) oder von Historie als Repräsentationsform (*rerum gestarum memoria*) die Rede ist.

Im Kern basiert Kracauers Analogiebildung auf der Idee, dass sich Film und Historiographie in einer geteilten Äquidistanz zu den tradierten Ansprüchen der jeweils angrenzenden Felder situieren lassen. Demnach verfehlt das Autonomiebestreben der Kunst die mediale Spezifik des Films wie die Objektivitätsvorstellung der Naturwissenschaften den wissenschaftlichen Anspruch der Geschichtsschreibung verzerrt perspektiviert. Wirklich interessant und unmittelbar

---

26 Philippe Despoix: »Une histoire autre? (Re)lire ›History. The Last Things Before the Last‹«, in: *Siegfried Kracauer: penseur de l'histoire*, a.a.O., S. 13–28, hier: S. 17.

27 Marc Bloch: *Apologie der Geschichtswissenschaft oder Der Beruf des Historikers*, hg. von Peter Schöttler, Stuttgart 2002.

28 »In der Folge werden weltliche Vorstellungen von Fortschritt und Evolution zunehmend mit der Aufgabe belastet – um nicht zu sagen: überlastet –, die theologische Interpretationen der Geschichte zu ersetzen. Und unter der Einwirkung von Konnotationen, die ihnen dergestalt zuwachsen, wird die Aufwärtsbewegung zum Jenseits in die Horizontale projiziert und beginnen weltliche Ziele eschatologische Erwartungen zu verdrängen«, Kracauer: *Geschichte – Vor den letzten Dingen*, a.a.O., S. 44.

anschlussfähig an aktuelle Diskussionen wird das Geschichtsbuch immer genau dann, wenn Kracauer der ästhetischen Dimension wissenschaftlicher Erkenntnisprozesse und Repräsentationsweisen nachspürt: der »epischen Qualität«[29] der Historiographie, die mit der Literatur Modi des Erzählens teilt; der Relevanz »historischer Ideen«[30] – Interpretamente, die die »Reise des Historikers«[31] lenken und die auf die philosophisch-abstrakte Dimension der historiographischen Praxis verweisen, welche in Datenakkumulation und Materialsammlung nicht aufgeht.[32] Gleichwohl hat es die Geschichtsschreibung mitunter wie die Naturwissenschaften mit »Regelmäßigkeiten« zu tun, die zwar nicht naturgesetzlich gelten, aber historisch langlebige »Trägheitszonen«[33] (Gewohnheiten, Rituale, Institutionen), Strukturen der *longue durée* ausbilden. Als Formen der Repräsentation beziehen sich die moderne Historiographie, die sich von der Vorstellung eines »totalen Geschichtsprozesses«[34] emanzipiert hat, und die fotografischen Medien gleichermaßen auf kontingentes Ausgangsmaterial: die »offene, grenzenlose Welt«,[35] die Geschichte als »Reich von unvorhergesehenen Ereignissen und neuen Anfängen«.[36] Während die profilmische Welt dem Aufzeichnungsmedium Film insofern insistierend gegenübersteht, als sie sich nicht als beliebig formbares Material einer Kunstpraxis »aufzehren«[37] lässt, hat es die Historiographie mit einer in die Vergangenheit absinkenden historischen Welt zu tun, die nicht nach allgemeinen Gesetzen aufgeschlossen werden kann, weil »menschliche Realitäten«[38] weder naturgesetzlich verregelt noch vollständig abstrahierbar sind: »Und

---

29 Ebd., S. 52.
30 Ebd., S. 110ff.
31 Ebd., S. 92.
32 Kracauers Beispiel für einen solchen »common denominator« ist Jacob Burckhardts »Idee vom Erwachen des Individuums« als Schlüssel seiner Geschichte der Renaissance. Kracauer zitiert nach »Das Ästhetische als Grenzerscheinung der Historie«, Dritte Diskussion, in: Hans Robert Jauß (Hg.): *Die nicht mehr schönen Künste. Grenzphänomene des Ästhetischen* (*Poetik und Hermeneutik*, Band III), München 1968, S. 559–581, hier: S. 569.
33 Kracauer: *Geschichte – Vor den letzten Dingen*, a.a.O., S. 30.
34 Ebd., S. 168.
35 Kracauer: *Theorie des Films*, a.a.O., S. 19.
36 Kracauer: *Geschichte – Vor den letzten Dingen*, a.a.O., S. 39.
37 Ebd., S. 66.
38 Ebd., S. 194.

warum muss der Historiker eine Geschichte erzählen? Weil er immer wieder auf irreduzible Entitäten stößt – Einheiten, die außer dass sie der Verbindung ansonsten unverbundener Ereignisfolgen entspringen, das Auftauchen von etwas Neuem kennzeichnen, von etwas, das jenseits der Gesetzgebung der Natur liegt. [...] Indem der Historiker eine Geschichte erzählt, fügt er sich einer Notwendigkeit, die sich auf eine Eigenart historischer Wirklichkeit gründet.«[39]

Historiographie: Parameter eines filmischen Vermögens

In verschiedenen Anläufen zielt Kracauer im Geschichtsbuch auf einen schwer eingrenzbaren »Zwischenbereich«, in dem die Historiographie ästhetisch operiert, ohne Kunst zu sein und die fotografischen Medien Wissen erzeugen und vermitteln, ohne Wissenschaft zu betreiben. Auf der Suche nach den konkreten Modi der wechselseitigen Durchdringung von ästhetischen und epistemischen Operationen/Logiken/Effekten liefert *Geschichte – Vor den letzten Dingen* nicht nur Hinweise auf »das Ästhetische als Grenzerscheinung der Historie«,[40] sondern deutet auch spezifische Erkenntnisressourcen im ästhetischen Feld an. Die Fragen nach den manipulativen oder schlicht unhintergehbaren »Kunstmitteln der Historiographen« bzw. nach der möglichen (Un-)Unterscheidbarkeit von »essentieller und nicht-essentieller Funktion des Ästhetischen in Geschichtsdarstellungen«[41] können deshalb im Umkehrschluss auch als Rückfragen an die historiographische (Erkenntnis-)Praxis des Films gedeutet werden.

Für die Filmtheorie liegt in Kracauers Beitrag zur Epistemologie der Geschichtsschreibung vielleicht eine Möglichkeit verborgen, das

---

39 Ebd., S. 41.
40 Vgl. Kracauer: »Das Ästhetische als Grenzerscheinung der Historie«, Dritte Diskussion, in: *Die nicht mehr schönen Künste*, a.a.O.
41 Odo Marquardt schlägt in der Poetik und Hermeneutik-Diskussion von Kracauers Textvorlage (sie entspricht Kapitel VII des Geschichtsbuchs) eine Historisierung vor, der zufolge »Ästhetisierung« erst im Verlauf des 19. Jahrhunderts zum Problem der Geschichtsschreibung wird – bedingt durch die »Resignation der Geschichtsphilosophie« kommt es zu einer »Ermächtigung der Ästhetik«, die den Rückzug systemisch gestifteter Zusammenhänge aufzufangen hatte und deshalb in die Lage versetzt wurde, ihre eigene Agenda in die Leerstelle einzutragen: »die vorher nicht-essentielle Funktion des Ästhetischen wird essentiell«. Ebd., S. 570.

Medium aus zunehmend einseitigen Zuschreibungen als primär so-
matisch vermittelte »Affektmaschine« herauszulösen, ohne beim
trockenen Informationsverarbeitungsbegriff der Kognitivisten zu
landen. In Kracauers Analogie-These erscheint der Film jedenfalls
nicht als ereignishafter Spektakelraum der Geschichte, sondern als
privilegiertes Medium ihrer Verstehbarkeit. Das impliziert eine Aufwertung des Films als Objekt und der zwischenzeitlich heftig aus
der Mode gekommenen Idee filmischer Autorenschaft. Immer wieder
parallelisiert Kracauer den Regisseur mit dem Historiker (und beide
mit der Proust-Figur des »Fremden«), ohne zu übersehen, dass der
Film-Historiker mit und in einem Medium operiert, das gleichsam
unwillkürlich ›historiographische‹ Arbeit leistet. Das betrifft nicht
nur den dokumentarischen Zeugnisaspekt des filmischen Bildes,
sondern hat beispielsweise auch mit der internen Multiperspektivität
des Mediums zu tun. *Geschichte – Vor den letzten Dingen* ist für die
folgenden Überlegungen vor allem von Bedeutung, weil Kracauers
Perspektive einen metahistoriographischen Debattenflügel aufmacht,
der das Verhältnis von Geschichte und Film nicht von memorialkulturellen Strategien erlebnisorientierter Geschichtsaneignung
her denkt,[42] sondern einen epistemisch gehaltvolleren Begriff von
Geschichtsschreibung ins Spiel bringt.

$$* * *$$

Noch eine Vorbemerkung: Die folgenden Kapitel verfahren generell
induktiv, bewegen sich nach kurzen theoretischen Aufrissen vom
Besonderen, von genauen Analysen einzelner Sequenzen, zu allgemeineren theoretischen Betrachtungen. Es geht also nicht um mediale
Automatismen, um ›Geschichte‹ als (revitalisiertes) medienontolo-
gisches Paradigma des Films (schon gar nicht als pauschal gegen
die digitale Diffusion des Films gerichtetes Renovierungsprojekt),
sondern um konkrete historiographische Verwendungsweisen eines
medialen Vermögens, das auch zu gegenteiligen Zwecken eingesetzt

---

42 Vgl. dazu: Marcia Landy (Hg.): *The Historical Film. History and Memory in
Media*, London 2001; Alison Landsberg: *Prosthetic Memory. The Transforma-
tion of American Remembrance in the Age of Mass Culture*, New York 2004;
Pam Cook: *Screening the Past. Memory and Nostalgia in Cinema*, London 2005;
Thomas Elsaesser: »Un train peut en cacher un autre‹. Geschichte, Gedächtnis
und Medienöffentlichkeit«, in: *montage/av*, 11.1.2001, S. 11–25.

werden kann – beispielsweise um erfundene, referenzlose Welten als mögliche aufzustellen oder unwahre, propagandistische, kontrafaktische Geschichten zu erzählen. Nichts, auch nicht die Besonderheiten fotografischer Bildlichkeit, über die es sich weiterhin nachzudenken lohnt, weil sie viele ›digitale‹ Praktiken uneingeschränkt kennzeichnen, verpflichtet den Film auf eine ›historiographische‹ Agenda – aber er verfügt auf diesem Feld über medienspezifische Fähigkeiten. Nicht die ›unbewussten‹ Geschichtsschreibungen des Films, die ihn möglicherweise zu einer aufschlussreichen historischen Quelle, zu einem »document of social history«[43] (Pierre Sorlin), zu einer mentalitätsgeschichtlichen »Hieroglyphe«[44] werden lassen, sind hier von Interesse, sondern jene Operationen, die aus den apparativen Routinen filmischer Zeichengenerierung historiographische Verknüpfungen herstellen. Ins Spiel kommt dabei auch die Frage nach der generellen Medialität von Geschichtsdarstellungen, genauer: nach der Bedeutung audiovisueller Formen historischer Sinnkonstitution im Hinblick auf die Grenzen einer geschichtswissenschaftlichen Rationalität, die im Konzept der Schrift gründet.[45]

---

43 Pierre Sorlin: »How to Look at an ›Historical‹ Film«, in: Landy (Hg.): *The Historical Film*, a.a.O., S. 25–49. Vgl dazu auch David Herlihy: »Am I a Camera? Other Reflections on Films and History«, in: *The American Historical Review* 93(5), Dezember 1988, S. 1186–1192 und allgemein: Robert A. Rosenstone: *History on Film. Film on History*, Harlow 2006; William Guynn: *Writing History in Film*, London 2006.

44 Vgl. Miriam Hansen: »Mass Culture as Hieroglyphic Writing: Adorno, Derrida, Kracauer«, in: *New German Critique* 56, Special Issue on Theodor W. Adorno, Frühjahr–Sommer 1992, S. 43–73, hier: S. 63.

45 Vgl. dazu Fabio Crivellari, Kay Kirchmann, Marcus Sandl, Rudolf Schlögl: »Einleitung«, in: dies. (Hg.): *Die Medien der Geschichte: Historizität und Medialität in interdisziplinärer Perspektive*, Konstanz 2004, S. 9–32. Inwiefern Medien nicht nur im Hinblick auf die mediale Verfasstheit geschichtlicher Überlieferung von Bedeutung sind, sondern »selbst Produktivkräfte des Geschichtlichen« (ebd., S. 20), ist eine Frage, die in den letzten Jahren zunehmend ins Zentrum der Debatte um die Reichweite von Mediengeschichte, von »medialen Historiographien« gerückt ist, welche sich mit dem Umstand befassen, »dass alle Geschichtsschreibung ihrerseits medienabhängig ist. Ohne Medien des Beobachtens, Archivierens, Sortierens, Erschließens, ohne Medien der Codierung und Darstellung in Bild, Wort und Zahl, ohne Medien der Verbreitung schließlich ist Geschichtsschreibung (und somit Geschichte überhaupt) nicht möglich. [...] So gesehen gibt es stets ein – unausgesprochenes, aber freizulegendes Konzept des Historischen, das spezifisch ist für das jeweilige Medium [...]. Und dies gilt natürlich ganz besonders da, wo die Medien auch auf der Gegenstands-

Zum systematischen *Aufbau:* Die nachfolgenden Filmanalysen sind so arrangiert, dass sie in der Zusammenschau nicht nur als Auseinandersetzung mit einem durchaus repräsentativ gemeinten Korpus an zeitgenössischen Strategien des Dokumentarischen gelesen werden können, sondern auch als Beitrag zu einer Theorie filmischer Medienspezifik. Generell ist diesbezüglich meine übergreifende Vermutung, dass bestimmte Dimensionen eines allgemeinen und auf verschiedene Weise aktualisierbaren filmischen Vermögens gerade in historiographischen Verwendungsweisen besonders deutlich hervortreten. Es geht aber dennoch nicht um Formen filmischer ›Selbstreflexion‹, die auf das Medium ›an sich‹ zielen, sondern um die Möglichkeiten und Grenzen, in diesem Medium Geschichte zu schreiben.

Zu diesem Zweck sind die drei zentralen Kapitel um drei historiographisch-filmische Parameter angeordnet: Im ersten Kapitel stehen die historiographischen Implikationen filmästhetischer Vergegenwärtigung im Mittelpunkt. Gefragt wird nach dem Modus, in dem etwas, das vergangen ist, durch den Prozess filmischer Vermittlung aktuell anschaulich und in einer anderen (und als eine andere) Zeit sicht- und verfügbar wird. Dabei gilt es, die Vorstellung einer filmisch stabilen Gegenwärtigkeit, eines differenzlosen Präsenzeffekts, der jede aufgezeichnete und rekonstruierte Geschichte auf die gleiche Weise in die Gegenwart einer Aufführung holen würde, zu hinterfragen. Zum einen soll untersucht werden, wie sich – etwa über filmische Strategien des Reenactment oder über Inkorporierung fotografischer Repräsentationen – im Ästhetischen Spannungsverhältnisse installieren und als Konfigurationen historischer Zeit konkretisieren lassen. Zum anderen wird der filmisch vermittelte Vergangenheitsrekurs auf zeittheoretische Diskussionen in der Geschichtstheorie bezogen, um schließlich über die projektive Dynamik des filmischen Bildes und die darin artikulierbare »Offenheit vergangener Zukunftshorizonte« (Hölscher) nachzudenken.

Das zweite Kapitel deutet den Film als einen Sammler von Details – von Nebensachen, die vermeintlich zufällig ins Bild finden und »anonym« (Ferro) archiviert werden. Dabei soll die Vorstellung, der Film sei ein gleichsam unbewusster Material- und Kontingenzspeicher – eine Idee, die geschichtstheoretisch mit der »blinden Sammelwuth«

---

seite der Historiographie erscheinen [...].« Lorenz Engell, Joseph Vogl (Hg.): *Mediale Historiographien*, Weimar 2001, S. 5–8, hier: S. 7.

der »antiquarischen Historie« (Nietzsche) korrespondiert –, differenziert werden. Aus diesem Grund liegt der Schwerpunkt der Analysen filmischer Sammelpraxis auf Verfahren der Materialorganisation – und zwar von Quellenmaterial, das detailreich und kontingenzgesättigt ist und gerade deshalb auf besondere Weise historiographisch intelligibel gemacht werden kann. Im Mittelpunkt der Untersuchung stehen demzufolge (Montage-)Operationen, die den Überschuss filmischer Zeichenproduktion historiographisch wenden: um ein perspektivisches Wechselspiel zwischen Mikro- und Makrogeschichtsschreibung zu figurieren, um über bestimmte Konfigurationen von gesammeltem Material eine Geschichte von unten zu schreiben. Gefragt wird in diesem Zusammenhang nach der Rolle des Zufalls als »Perspektivbegriff« (Koselleck) der Historiographie und nach dem Status der »Fabelkomposition« (Veyne).

Das dritte Kapitel befasst sich mit Film als Zeugnis-, genauer: Zeugenmedium. Dabei geht es nicht in erster Linie um den Zeugniswert audiovisueller Dokumente, sondern um die filmische Fähigkeit, einen Akt des Bezeugens aufzuzeichnen, Zeugenaussagen zu speichern und aufeinander zu beziehen. Nicht Verfahren, die das Bild *als Zeuge* in Anspruch nehmen (es durch bestimmte Operationen als Produkt eines apparativ objektivierten ›Augenzeugen‹ konstruieren) gilt hier die Aufmerksamkeit, sondern Bildern *von Zeugen*. Aufgerufen ist damit zugleich die Frage nach Formen der Geschichtsschreibung, die auf Erlebnisberichten Einzelner basieren, die also aus einer Anordnung subjektiver Sichtweisen, aus Gedächtnisartikulationen Geschichte schreiben. Von Interesse ist hier wiederum eine Spannungsbeziehung, die bereits in der Diskussion filmischer Vergegenwärtigung untersucht wird: Wie inszenieren Filme das Verhältnis zwischen der aufgezeichneten »Sphäre des Aussageaktes« (Agamben) und einer Vergangenheit, die im erinnernden Sprechen evoziert wird, sich aber nicht als filmisches Bild materialisiert? Gefragt wird nach den besonderen historiographischen Möglichkeiten einer Visual Oral History, die aus filmisch ›transkribierten‹ Zeugnisakten besteht.

»Global History, Many Stories«

Im letzten Kapitel von *Geschichte – Vor den letzten Dingen* ist von einer »Amateur-Einstellung« zur Geschichte die Rede, die mit der

Figur Jacob Burckhardts in Verbindung gebracht wird. Kracauer gerät hier ins Schwärmen über Burckhardts theologisch fundierten Humanismus (»Niemals vergisst er das Individuum und dessen Leiden im Lauf der Ereignisse«), feiert sein Bewusstsein historischer Kontingenz (»Oft erwägt er Möglichkeiten, die zu verwirklichen gewesen wären, ohne sich je zugunsten einer zu entscheiden«), die Flexibilität seines begrifflichen Instrumentariums (»Begriffe und Zeiträume [sind] im Fluss zu halten«).[46] Burckhardts eigentliche Begabung, so Kracauer, sei sein »Flanieren durch die Weltgeschichte«, seine »unsystematische« Vorgehensweise gewesen:

»Obwohl er natürlich ein Fachmann ist, verhält Burckhardt sich der Geschichte gegenüber wie ein Amateur, der seinen Neigungen folgt. Er tut das jedoch deshalb, weil der Fachmann in ihm tief davon überzeugt ist, daß Geschichte keine Wissenschaft ist. Der ›Erzdilettant‹, als den sich Burckhardt in einem Brief bezeichnet, scheint der einzige Typus zu sein, der sie adäquat behandeln kann. Man kennt Amateure, aus denen Fachleute werden; hier besteht ein Fachmann darauf, ein Amateur zugunsten seines besonderen Arbeitsgebietes zu bleiben.«[47]

Die im Folgenden zu analysierenden filmischen Geschichtsschreibungen sind wie eingangs bemerkt deshalb einer »Amateur-Einstellung« verpflichtet, weil sie in einem inoffiziellen Medium und außerhalb des »Ortes« der professionellen Historiographie realisiert wurden. Die im Filmkorpus konstellierten Arbeiten ergeben kein weltgeschichtliches Narrativ im Sinne universalgeschichtlicher Ansätze

---

46 Kracauer: *Geschichte – Vor den letzten Dingen*, a.a.O., S. 228.
47 Ebd. Burckhardt selbst verhandelt die Amateurfrage in einem kleinen Abschnitt seiner Schrift *Weltgeschichtliche Betrachtungen* unter dem Oberbegriff des Dilettantismus und mit Blick auf die voranschreitende Spezialisierung der Wissenschaften, stellt dabei aber auch eine Verbindung zur Kunstpraxis her: »Das Wort [Dilettantismus] ist von den Künsten her in Verruf, wo man freilich entweder nichts oder ein Meister sein und das Leben an die Sache wenden muß, weil die Künste wesentlich die Vollkommenheit voraussetzen. In den Wissenschaften dagegen kann man nur noch in einem begrenzten Bereich Meister sein, nämlich als Spezialist, und irgendwo soll man dies sein. Soll man aber nicht die Fähigkeit einbüßen, so sei man noch an möglichst vielen anderen Stellen Dilettant, wenigstens auf eigene Rechnung, zur Mehrung der eigenen Erkenntnis und Bereicherung an Gesichtspunkten [...].« Jacob Burckhardt: *Weltgeschichtliche Betrachtungen*, Stuttgart 1978, S. 23.

und lassen sich natürlich auch nicht auf den Nenner einer teleologischen Totalgeschichte bringen. Es gilt hier: »Global History, Many Stories«[48] (Natalie Zemon Davis). Wovon sie im Einzelnen erzählen, ihr Storytelling ist Thema der jeweiligen Kapitel. Gleichwohl gibt es in nicht wenigen dieser ästhetisch höchst unterschiedlich geformten Narrative eine globalgeschichtliche Dimension.[49] Sie resultiert allein schon aus der historischen Bedeutung des verhandelten Ereignisses (S-21, LA MACHINE DE MORT KHMÈRE ROUGE: der Terror der Roten Khmer; MATERIAL: der Fall der Berliner Mauer 1989; SOBIBOR, 14 OCTOBRE 1943, 16 HEURES: die Vernichtung der europäischen Juden; HE FENGMING: Maos chinesische Volksrepublik), hat mit den (post-)kolonialen Koordinaten des ›Weltsystems‹ zu unterschiedlichen historischen Zeitpunkten zu tun (THE HALFMOON FILES, SERRAS DA DESORDEM) oder mit kontemporären Globalisierungsprozessen (WEST OF THE TRACKS, DR. MA'S COUNTRY CLINIC, 24 CITY). Bei den meisten Beispielen handelt es sich um partikulare Geschichten, die von einem deutlich markierten Standpunkt aus rekonstruiert und erforscht werden: lokale Geschichten, die ihre »Standortgebundenheit« (Koselleck) ›indexikalisch‹ markieren, mit einer Orts- und Zeitangabe versehen; Geschichten, die zu heterogen sind, um ›weltgeschichtlich‹ verallgemeinert und verklammert zu werden.

Zu untersuchen sind genau jene Erkenntnisbewegungen, die weniger mit »Flanieren« als mit Recherchieren, Inszenieren, Montieren zu tun haben; Verfahren, die das ›unsystematische‹ Moment im Ästhetischen historiographisch wenden und dabei das »verschlungene Verhältnis literarischer und wissenschaftlicher Ausdrucksformen«[50] offen legen. Geschichtsschreibung ist eine »intellektuelle Tätigkeit«[51]

---

48 Natalie Zemon Davis: »Global History, Many Stories«, in: *Eine Welt – Eine Geschichte? 43. Deutscher Historikertag in Aachen 2000*, München 2001, S. 373–380.
49 In der Geschichtswissenschaft wird Weltgeschichte/Globalgeschichte schon seit einigen Jahren als Paradigma einer nicht-eurozentrischen Historiographie diskutiert, als Projekt einer Überwindung der Episteme der Nationalgeschichte zugunsten einer »Vielzahl konkurrierender Geschichten« – auch als transnationales »entanglement«. Vgl. Sebastian Conrad, Andreas Eckert, Ulrike Freitag: »Einleitung«, in: dies. (Hg.): *Globalgeschichte. Theorien, Ansätze, Themen*, Frankfurt/M., New York 2007, S. 7–49, hier S. 8 u. 23
50 Federhofer: *»Moi simple amateur«*, a.a.O., S. 211.
51 Paul Veyne: *Geschichtsschreibung – Und was sie nicht ist*, Frankfurt/M. 1990, S. 58.

(Paul Veyne), die viele Formen annehmen kann, aber immer unter den Bedingungen einer medialen Konfiguration vollzogen und vermittelt wird – zum Beispiel einer, die trotz aller medienevolutiven Schübe immer noch auf den Namen Film hört.

I. Vergangenes vergegenwärtigen

Film und Geschichtsschreibung vermitteln zwischen den Zeiten, indem sie zeitlich Vergangenes in einer anderen Zeit sicht- und verfügbar machen; sie rekonstruieren Zeiträume, indem sie (Ton-)Bilder und Texte konstruieren. Kinematographie und Historiographie sind kulturelle Techniken der Vergegenwärtigung, insofern sie die Kluft zwischen Vergangenheit und Gegenwart für die Dauer der Rezeption, der Lektüre, der Projektion überbrücken, ohne den temporalen Abstand jemals vollständig schließen zu können. Die Vergangenheit wird in diesem Prozess nicht einfach ›als solche‹ präsentiert, sondern zu einem Erkenntnis- und Erfahrungsgegenstand geformt. Als perspektivierter Ausschnitt und standortgebundene Verdichtung ist sie synthetisches Objekt gegenwärtiger Wahrnehmungen. Das, was vergegenwärtigt wird (ein Ereignis, ein Verlauf, eine Person, ein Raum), ist dabei anwesend und abwesend zugleich. Etwas wird repräsentiert und re-präsentiert, dargestellt und erneut aufgeführt. Dabei persistiert ein starker Bezug zu dem, wie es gewesen ist, aber aufgeführt wird nicht, was war, sondern eine Ansicht dessen, eine Konstellation aus Resten, Spuren, Meinungen, Interpretationen, Überschreibungen. Im Zeitmedium Film erweist sich dieser Zusammenhang als besonders komplex, weil das, was vergangen und als Bild gespeichert ist, zum Gegenstand einer autonomen temporalen Performanz wird, die diesen überhaupt erst konstituiert. In der Kinosituation werden letztlich drei Zeitebenen miteinander vermittelt: die Zeit der Aufzeichnung, der Diegese und der Aufführung.

In welchem Verhältnis diese zueinander stehen, ist umstritten und führt zunächst zu der allgemeinen Frage, was es bedeutet, dass der Film medienlogisch betrachtet den fotografischen Index temporalisiert. Christian Metz hat hier nachdrücklich darauf hingewiesen, dass der Film nicht als »Spur einer vergangenen Bewegung« erfahren wird: »[D]er Filmzuschauer richtet seinen Blick nicht auf ein Dagewesensein, sondern auf ein lebendiges Dasein.«[1] Trifft dies zu, dann gilt Roland Barthes' These zur Raum-Zeit-Logik der Fotografie, derzufolge diese eine »unlogische Verbindung des Hier und Jetzt mit

---

1 Christian Metz: *Semiologie des Films*, München 1972, S. 24.

dem Da und Damals«[2] herstelle, für den Film nicht, oder zumindest auf andere Weise. Für Metz ist es die Realität der Bewegung
in der Projektionssituation, die »wirkliche Präsenz der Bewegung«,[3]
d.h. die Unmöglichkeit, eine Bewegung zu reproduzieren, ohne eine
neue Bewegung zu produzieren, die dem Film eine phänomenologische Gegenwärtigkeit verleiht, nämlich jene, die Barthes »gefräßig«[4]
genannt hat.

Andererseits operiert der filmästhetische Gegenwärtigkeitseffekt
nicht referenzlos. Filmische Vergegenwärtigung vollzieht sich in der
Projektionssituation und bleibt bezogen (und beziehbar) auf eine
andere, ›historische‹ Zeit: die gespeicherte Zeit der Aufzeichnung.
Gertrud Koch hält dazu aus produktionsästhetischer Perspektive
fest, dass »jede Betrachtung eines Films auf der Vorführung eines
Gedächtnisspeichers [beruht], der auf dem Trägermaterial der Film-
rolle in bearbeiteter Form vorliegt. Aus dieser technischen Beschreibung folgt, dass die fotografischen Medien einen internen Bezug zur
Vergangenheit haben und darum ihre Form der Vergegenwärtigung
immer auch ein historisches Konstrukt mitschleppt.«[5] Insbesondere
indexikalisch argumentierende Ansätze betonen entlang dieser Linie
die intrinsische und unhintergehbare *pastness* des filmischen Bildes:

»Photographic and filmic images have normally been apprehended as
indexical traces, for their spatial field and the objects depicted where in
the camera's ›presence‹ at some point prior to the actual reading of the
sign. The indexical trace is a matter of pastness. This already makes it
appear that *the image is in some way ›historical‹* [Hervorhebung, S.R.].
The spectator is supposed to read pastness in the image, not only a
past as a signified (as in, say a historical painting), but also a past of

---

2 Roland Barthes: »Die Rhetorik des Bildes« (1964), in: Wolfgang Kemp (Hg.):
Theorie der Fotografie 1945–1983, München 1999, S. 145–149, hier S. 144.
3 Metz: *Semiologie des Films*, a.a.O., S. 28.
4 Roland Barthes: *Die helle Kammer. Bemerkung zur Photographie*, Frank-
furt/M. 1989, S. 65. Das vollständige Zitat lautet:»Füge ich auch dem Bild des
Films etwas hinzu? Ich glaube nicht; dafür bleibt mir keine Zeit: vor der Leinwand kann ich mir nicht die Freiheit nehmen, die Augen zu schließen, weil ich
sonst, wenn ich sie wieder öffnete, nicht mehr dasselbe Bild vorfände; ich bin
zu ständiger Gefräßigkeit gezwungen; [...].« Ebd.
5 Gertrud Koch: »Nachstellungen – Film und historischer Moment«, in: Eva
Hohenberger, Judith Keilbach (Hg.): *Die Gegenwart der Vergangenheit. Dokumentarfilm, Fernsehen und Geschichte*, Berlin 2003, S. 216–229, hier: S. 217.

the signifier, which is in turn that of a signifier-referent relation as a production.«[6]

Ähnlich wie Philip Rosen schreibt auch Mary Ann Doane:

»The indexicality of the cinematic sign appears as the guarantee of its status as *a record of a temporality outside itself* [Hervorgebung, S.R.] – a pure time or duration which would not be that of its own functioning. This is what imbues cinematic time with historicity. [...] What is archived [...] would be the experience of presence. But it is the disjunctiveness of a presence relived, of a presence haunted by historicity.«[7]

Der Film setzt aber nicht nur die indexikalische *pastness* des fotografischen Bildes in Bewegung, bringt dabei dessen Referenten zum »Gleiten« (Barthes) und schließt erfahrungslogisch die Kluft zwischen der Vergangenheit der Aufzeichnung und der Gegenwart der Rezeption. Hinzu kommt, wie Laura Mulvey im Sinne einer Zuspitzung der Metz'schen These schreibt, dass die historische Zeit als diegetisch formatierte erfahren wird:

»For the fiction's diegetic world to assert its validity and for the cinema to spin the magic that makes its story-telling work, the cinema as index has had to take on the secondary role of ›prop‹ for narrative verisimilitude. Just as the still frame is absorbed into the illusion of movement, so does ›thenness‹, the presence of the moment of registration, have to lose itself in the temporality of the narrative, the iconicity of the protagonists and their fictional world.«[8]

---

6 Rosen: *Change Mummified,* a.a.O., S. 20.
7 Mary Ann Doane: *The Emergence of Cinematic Time. Modernity, Contingency, The Archive,* Cambridge/Massachusetts, London 2002, S. 23. Thomas Elsaesser erkennt in dieser Struktur heimsuchender Historizität eine »strukturelle Affinität« zwischen Kino und Trauma: »[...] denn dort verdichtet sich Realität zu Affekt, und was gewesen ist, wird immer wieder gegenwärtig und präsent gemacht.« Thomas Elsaesser: *Terror und Trauma. Zur Gewalt des Vergangenen in der BRD,* Berlin 2007, S. 17. Vgl. dazu auch: Simon Rothöhler: »Spuren und Symptome«, in: *taz,* 05.04.2007.
8 Laura Mulvey: *Death 24x a Second. Stillness and the Moving Image,* London 2006, S. 183.

Mulvey geht davon aus, dass die indexikalische Zeitmarkierung durch die diegetische Zeit, die fiktive Zeit einer Story, vollständig gelöscht wird.[9] Die synthetische Kontinuität des Bewegungsbildes und die sich darin entfaltende diegetische Zeit verdecken demnach die Zeit der Aufzeichnung; in der (und durch die) Aufführung findet eine automatische Enthistorisierung und Dereferentialisierung statt. Für einen bestimmten Filmtypus mag das Argument rezeptions-ästhetisch zutreffen, medienontologisch verallgemeinern (bei Mulvey: als Differenz zwischen Fotografie und Film) lässt es sich kaum. Ganz offensichtlich hängt es von den konkreten ästhetischen Praktiken ab, ob die historische Zeit in der diegetischen (explizit) aufgerufen wird, oder nicht: In Historienfilmen dominiert die fiktive Zeit der Diegese (Evokation des antiken Rom), in Dokumentarfilmen die profilmische Zeit der Aufzeichnung (Wochenschauen), in bestimmten Experimen-talfilmtraditionen die filmische Performanz der Zeit, also die Real-zeit der Aufführung (Expanded Cinema) usf. Mit Gilberto Perez ist deshalb eher davon auszugehen, dass der Film keineswegs zur Per-formanz einer historisch ›leeren‹ Gegenwärtigkeit verurteilt ist: »The tense of the film image is dual, one might say: sometimes it acts like the present, sometimes like the past [...].[...] the combination of presentness and pastness is peculiar to the film image.«[10]

Eine geschichtstheoretische Perspektive auf den Film interessiert sich naturgemäß vor allem für jene Beispiele, bei denen die diegeti-

---

9 Für Mulvey sind es die neuen Rezeptionspraktiken einer fortschrittlichen digitalen Medienkultur, die die hegemoniale Zeit der Diegese im individuel-len *time shifting* qualitativ anders verfügbar machen, das »cinematic punctum« freisetzen und allgemein zur Ausweitung der Position des »pensive spectator« führen. Nicht nur weil Mulveys »delayed cinema« etwas voreilig die endlich eingetretene Feminisierung der Zuschauerschaft konstatiert und die neuen For-men filmischer Stasis aus dem Koordinatenfeld sexueller Differenz herauslöst, hat Mary Ann Doane hier zu Recht widersprochen. Doane weist darauf hin, dass die Individualisierung filmischer Erfahrungsformen durch portable und flexible Medientechnologien durchaus mit dem »neuen Geist des Kapitalismus« (Boltanski/Chiapello) konvergiert: »Yet the acceleration and propagation of individualized ways of consuming images coincides with historically specific changes in commodity capitalism. [...]. Commodification no longer strives to produce homogeneity – in its objects and consumers – but thrives on hetero-geneity.« Mary Ann Doane: »Review: Death 24x a Second: Stillness and the Moving Image«, in: *Screen* 48(1), Frühjahr 2007, S. 117.
10 Gilberto Perez: *The Material Ghost. Films and their Medium*, Baltimore, London 1998, S. 37.

sche Zeit mit historiographischer Ambition auf eine historische Zeit Bezug nimmt. In diesem Fall verschränkt sich die intrinsische Historizität des filmischen Bildes mit dem Anspruch, eine historische Konstellation zu repräsentieren, d.h. in vielen Fällen: einen Zeitraum, der gerade nicht mit dem Aufzeichnungsmoment zusammenfällt. Im Zentrum dieses Kapitels steht mit Rithy Panhs S-21, LA MACHINE DE MORT KHMÈRE ROUGE (2003) ein Film, bei dem die Repräsentation einer ›unrepräsentierbaren‹ Vergangenheit mit der Dokumentation ›gegenwärtiger‹ Handlungen und Sprechakte konvergiert. Auch die anderen Arbeiten, die in diesem Kapitel als modellhafte Vergegenwärtigungsfilme verhandelt werden – THE HALFMOON FILES (2007, Philipp Scheffner), HAMBURGER LEKTIONEN (2006, Romuald Karmakar), SERRAS DA DESORDEM (2006, Andrea Tonacci), ONE WAY BOOGIE WOOGIE / 27 YEARS LATER (2005, James Benning) – organisieren ihren historiographischen Einsatz von einem dezidierten Gegenwartsstandpunkt aus und setzen das Verhältnis zwischen der Geschichte, um die es geht, und dem Ort, von dem aus diese vergegenwärtigt wird, gezielt unter Spannung. Vereinfacht gesagt: Diese Filme bringen nicht nur eine Geschichte in die Gegenwart des Betrachters (das gilt letztlich für alle Filme, die aufgeführt werden), sondern verhandeln den Prozess der Vergegenwärtigung von Geschichte, während sie ihre Geschichte erzählen.

Dass es insbesondere in Filmen, die sich mit historischen Ereignissen befassen, zu einer ästhetisch wie historiographisch außerordentlich produktiven Beziehung zwischen signifizierter Vergangenheit und der *pastness* des Signifikanten kommen kann, verdankt sich nicht zuletzt dem Umstand, dass die temporale Verfasstheit der Diegese nie vollständig fiktiv sein kann (wie im Roman), weil sie nicht referentiell beliebig ist. Der Historiker Lucian Hölscher schlägt hier eine hilfreiche begriffliche Differenzierung vor:

»Fiktional sind, epistemologisch gesehen, alle historischen Ereignisse: Der Begriff der Fiktionalität bezieht sich auf die sprachliche bzw. bildliche Konstruktion aller Ereignisse und ihre mnemotechnische Vermittlung. Fiktiv heißen dagegen alle nicht-realen Ereignisse. Sie haben sich historisch niemals ereignet. Bezogen auf die Geschichtsschreibung existieren fiktive Ereignisse, so definiert, nur in der Literatur, nicht außerhalb derselben; fiktionale Ereignisse können dagegen jenseits ihrer literarischen u. U. auch eine außerliterarische Existenz für sich beanspruchen.

[...]. Fiktive vergangene Ereignisse, wie sie uns in etwa in Romanen und anderen virtuellen Welten begegnen, können wir deshalb als Ereignisse definieren, die bei ihrer Vergegenwärtigung nicht mit derselben Lebenswelt konkurrieren, in der wir selbst uns gerade befinden.«[11]

Die diegetischen Welten des Films stellen so gesehen einen Sonderfall dar, weil dort auch Ereignisse, die fiktiv sind, in einem konstitutiven Verhältnis zu einer nicht-fiktiven Zeit stehen, nämlich der Zeit der Aufzeichnung. Jeder Film ist fiktional und grundsätzlich ›dokumentarisch‹ lesbar, weil er den Bezug zu einer Zeit außerhalb seiner selbst nicht vollständig aufkündigen kann (für hermetische CGI-Filmwelten gilt dies freilich genauso wenig wie für die Tradition des Animationsfilms). Insofern ist also immer schon eine »außerliterarische Existenz« im Spiel, wenn der Film fiktive Welten errichtet. Anders formuliert: Die *pastness* des filmisch-fotografischen Bildes versperrt den Weg zu vollständiger Fiktivität. Der Film kann seine Verbindung zur Vergangenheit zwar nicht kappen, verfügt aber in seinem Modus der Vergegenwärtigung zugleich über eine starke Option zur Herstellung von Co-Präsenz.[12] In diesem Oszillieren zwischen temporaler Abwesenheit und Anwesenheit, Aufzeichnungszeit und repräsentierter Zeit, Diegese und Dokument findet das Medium eine wesentliche Dimension seiner ästhetischen Spezifik – und ermöglicht die historiographische Inszenierung verschlungener, durchlässiger, nonlinearer Bewegungen zwischen den Zeiten.

---

11 Lucian Hölscher: *Neue Annalistik. Umrisse einer Theorie der Geschichte*, Göttingen 2003, S. 31f.
12 Rosen erkennt hierin ein historiographisches Ideal: »It is almost explicitly a dream of transcendence, manifested in the personage of the all-powerful historical researcher who can re-create a full, coherent and true past and then transmit it for the benefit of society and culture. This kind of dream might be better conceived as a desire, for it is pegged to an impossible object. Insofar as the expressed object of this desire is a perfect historiography, the latter is defined by a subject able to fully communicate with the past in the present. This entails the co-presence of old and new in the face of temporal assumptions that insist on their absolut separation.« Rosen: *Change Mummified*, a.a.O., S. 132.

I.1 Suspendierte Historizität

Rithy Panhs S-21, LA MACHINE DE MORT KHMÈRE ROUGE beginnt mit einer knappen historischen Information, einer Schrifteinblendung auf schwarzem Hintergrund:»Before the war, Cambodia was an independent, neutral country with a population of 7.7 million.« Die darauf folgende erste Einstellung des Films etabliert jedoch einen anderen zeitlichen Index: Ein Panoramaschwenk von links nach rechts zeigt das heutige Phnom Penh, im Bildvordergrund ist ein dicht besiedeltes Wohnviertel der kambodschanischen Hauptstadt zu sehen. Eine unscheinbare Tonmontage begleitet die bedächtige Schwenkbewegung: In die diegetische Geräuschkulisse eines gewöhnlichen urbanen *super-champ* werden entfernt klingende Explosionsgeräusche eingeblendet, die sich gleichmäßig zu wiederholen beginnen. Die Rhythmisierung bewirkt eine sukzessive Entdiegetisierung der Detonationen, die sich repräsentationslogisch von dem konkret visualisierten Stadtraum entfernen, plötzlich fremd wirken, wie einem anderen Register zugehörig. Tonanalytisch gesprochen entfaltet das *super-champ*, das in der Regel an der Stiftung räumlicher Kontinuität und Kohärenz im Film maßgeblich beteiligt ist, hier seinen »quasi-autonomen«[13] Status, lässt den Raum unvermittelt porös erscheinen. Statt den repräsentierten Raum akustisch mit einem nicht-gezeigten aber hörbaren Umraum zu stabilisieren, wird eine raum-zeitliche Risslinie angesetzt. Die Explosionsgeräusche nehmen eine eigentümliche Zwischenstellung ein, weil sie nicht eindeutig extradiegetisch operieren, sondern aus tieferen Schichten des Sichtbaren hervorzugehen scheinen. Sie haften an den gegenwärtigen Stadtbildern und lassen sich nicht ins absolute Off verdrängen. Am Ende der Schwenkbewegung erscheint eine zweite Schrifttafel:»1970: Coup d'Etat against Prince Sihanouk«.

Geradezu programmatisch tritt der Terror der Roten Khmer, zu dessen direkter Vorgeschichte Lon Nols Militärputsch gegen den durch die Ausweitung des Vietnamkriegs innenpolitisch geschwächten Sihanouk gehört, als unsichtbares, gestaltloses und doch im relativen Off lauerndes Wesen in die ästhetische Struktur von S-21 ein. Ein Geräuschkörper, der sich gleichsam aus dem *hors-champ* der

---

13 Vgl. Michel Chion: *Audio-Vision. Sound on Screen*, New York 1994, S. 150ff.

jüngeren Geschichte des Landes in das gegenwärtige Phnom Penh einwebt, die Stadt somit in eine volatile akusmatische Zone transformiert.[14] Die aktuell ortlosen Explosionsgeräusche entstammen dabei nicht nur der Virtualität eines vergangenen historischen Zeitraums, sondern signalisieren zugleich dessen unheimliches Nachwirken. Die Ellipse zwischen der ersten Schrifteinblendung, die ein »Vor dem Krieg« markiert, und den asignifikanten Bildern der Gegenwart deutet eine Latenz zwischen Ereignis und Auswirkung an, ein machtvolles Hineinragen der Vergangenheit in eine Gegenwart, die sich noch keinen Abstand zur Geschichte erarbeitet hat. Der Ton sucht hier das Bild heim wie die Vergangenheit eine traumatisierte Gegenwart: ohne ›Körper‹, aber dennoch wirkungsvoll; latent und omnipräsent zugleich.

S-21 setzt die erinnerungspolitische Dimension seines historischen Sujets gleich zu Beginn auf die Nahtstelle zwischen Bild- und Tonraum an: Wie einen historischen Zusammenhang sichtbar machen, der in einer gegenwärtigen Gesellschaft fortwirkt, ohne sich offen als Machtfaktor zu artikulieren? »Es fehlen uns die Worte, um es auszudrücken, es fällt uns schwer zu sprechen, es ist, als wären wir gelähmt. Als wäre ein Teil unserer Geschichte in Klammern gesetzt

---

14 Die akusmatische Analyse ließe sich in diese Richtung weiter vertiefen, weil Chions Thesen zum Akusmeter grundsätzlich als Machtanalytik der Audiovision deutbar sind, wie u.a. Kaja Silverman festgestellt hat, die Chions implizite Machttheorie audiovisueller Kombinatorik aus genderkritischer Perspektive aufschlüsselt. Vgl. Kaja Silverman: *The Acoustic Mirror. The Female Voice in Psychoanalysis and Cinema*, Bloomington, Indianapolis 1988. Für Chion reproduziert das akusmatische Wesen im Oszillieren zwischen aktuellem Sichtbarkeitsentzug und potentieller Inkarnation ein induzierbares »panoptisches Phantasma«. Michel Chion: »Das akusmatische Wesen. Magie und Kraft der Stimme im Kino«, in: *Meteor. Texte zum Laufbild*, No 6, 1996, S. 54. Zentral für das damit allgemein assoziierte »verallgemeinerungsfähige Funktionsmodell der Macht« (Foucault) ist die Kontrolle eines sichtbaren Feldes durch eine Instanz, die außerhalb *und* innerhalb dieses Feldes situiert ist. Statt vollkommen abwesend zu sein, muss diese Instanz ein Bewusstsein möglicher Anwesenheit aufrechterhalten, ohne faktisch sichtbar zu werden: Sie ist mithin als Potential objektiviert. Chion überträgt dieses Modell ganz buchstäblich auf die audiovisuelle Architektur des Filmischen, indem er die panoptischen Ressourcen des *hors-champ* auslotet und die akusmatische Stimme mit einem alles sehenden Blick analogisiert.

worden, der einen finsteren, steinharten Block bildet«,[15] umschreibt Rithy Panh den (auch nach den ersten Urteilen des UN-Tribunals) blockierten kambodschanischen Erinnerungsdiskurs, dem er ein ästhetisches Modell suspendierter Historizität entgegensetzt. Über eine filmisch-theatrale Wiederaufführung historischer Handlungsvollzüge, eine Performanz gestischer Routinen des Terrors, vergegenwärtig S-21 eine Geschichte, die in gewisser Weise als historisches ›Objekt‹ noch gar nicht vorliegt, weshalb Jean-Pierre Rehm darauf hinweist, dass Rithy Panh ein »praktisches, für die vernichtete soziale Substanz Kambodschas nützliches Element [hergestellt hat]. Mit Film, Dauer und einer bestimmten Auffassung von Schnitt wird er zum Akteur einer Geschichte, die noch im Gange ist.«[16] Im Fall von S-21 bezeichnet ›Vergegenwärtigung‹ also nicht einfach jenen Effekt, der in der Geschichtstheorie häufig als ästhetisches Moment der (bloßen) Anschaulichkeit des historiographischen Textes beschrieben wird, als Effekt, der sich einer gleichsam nachträglichen Narrativisierung des Erforschten verdankt. In S-21 geht es nicht in erster Linie um die Darstellung von etwas Vergangenem, sondern um die Sichtbarmachung einer (un-)heimlichen Anwesenheit der Vergangenheit in der Gegenwart.

Die restliche Exposition besteht aus vermeintlich konventionell montiertem Schwarzweiß-Archiv- bzw. Propagandamaterial: zusätzliche Schrifteinblendungen skizzieren den weiteren historischen Kontext, der 1970 mit dem Militärputsch einsetzt, der zur Eskalation des (ersten) Bürgerkriegs führte, und auf den Genozid der Roten Khmer (1975–1979) als Kernthematik des Films zuläuft. Ein Schlüsseldatum der kambodschanischen Geschichte, der 17. April 1975, bildet dabei die Klimax der Found-Footage-Montage: In einem Kameraschwenk von rechts nach links, der zudem aus einer ähnlichen, wenngleich etwas tiefer gelegenen Position wie die erste Einstellung aufgenommen wurde, zeigt das dokumentarische Material eine vollkommen ausgestorbene Straße Phnom Penhs in den April-Tagen des Regimewechsels, als die Roten Khmer rund zwei Millionen Einwohner

---

15 Rithy Panh: »Ich bin ein Vermesser der Erinnerung«, in: *Stadtkino Zeitung* 411, 2004.
16 Jean-Pierre Rehm: »Erinnerungsfabrik versus Todesmaschine«, in: *Stadtkino Zeitung* 411, 2004.

zwangsevakuierten.[17] Formal ähnliche Kameraschwenks operieren in Claude Lanzmanns SHOA – insbesondere hinsichtlich des insistierenden Gegenwartsstandpunktes ein naheliegender Referenzfilm für Rithy Panhs Arbeit – als Figurationen imaginativer Vergegenwärtigung: »Vergangenheit und Gegenwart greifen ineinander, das Vergangene wird vergegenwärtigt, das Gegenwärtige in den Bann der Vergangenheit gezogen. Die langen Schwenks, die die Realzeit des Blicks realisieren, bleiben im historischen Raum gefangen.«[18] In den beiden spiegelbildlichen Kameraschwenks aus S-21 wird dieses Gefangensein noch buchstäblicher gefasst, weil sich der zeitgenössische Schwenk rückblickend gesehen auf der Bahn des historischen bewegt (hat) und insofern eine nachträgliche Unfreiheit eingeschrieben bekommt, die aus der Vergangenheit diktiert scheint. Zugleich gilt umgekehrt: In der Grammatik der Exposition nimmt der Kameraschwenk des historischen Materials die Bewegung der Gegenwart zurück und bringt den Blickpunkt wieder in die Ausgangsposition, an den Anfang der Geschichte, die der Film rekonstruieren wird. Weil die Verzahnung von Gegenwart und Vergangenheit über eine gegenläufige Bewegung und somit Umkehrung des zeitlichen Index organisiert wird, die das historische Material in der zeitlichen Ordnung des Films *nach* dem später entstandenen montiert, wird die Vergangenheit mit Präsens-Ressourcen ausgestattet und die Gegen-

---

17 Die Bilder eines radikal entleerten Stadtraums sind in Kambodscha bis heute vor allem deshalb zentrales Element der Ikonographie des Terrors, weil die Negation alles Urbanen zu den ideologischen Grundfesten der Roten Khmer gehörte und die Städte bis 1979 buchstäblich menschenleer blieben, während das ganze Land rücksichtslos entdifferenziert und in eine »national prison farm« transformiert wurde. Die »Säuberung« aller größeren Städte wurde auf einer von Pol Pot geleiteten Konferenz am 20. Mai 1975 (»Day of Anger«) angeordnet und ist im Rahmen einer Politik zu begreifen, die die Stadtbevölkerung als ausbeutende Klasse definierte und die Reagrarisierung des gesamten Staatsgebietes zum Ziel hatte. Vgl. dazu Ben Kiernan: *The Pol Pot Regime. Race, Power, and Genocide under the Khmer Rouge, 1975–79.* New Haven, London 2002, S. 44ff. Die demographische Konsequenz dieser dramatischen Umverteilung der Bevölkerung im Raum deutet Rithy Panh am Ende der Exposition mit Archiv-Aufnahmen an, die Zwangsarbeit auf absurd übersetzten Reisfeldern zeigen – interpretierbar als eine Art Gegenschuss zu den Bildern urbaner Leere innerhalb des kollektiven Bildgedächtnisses der Kambodschaner.
18 Gertrud Koch: *Die Einstellung ist die Einstellung. Visuelle Konstruktionen des Judentums*, Frankfurt/M. 1992, S. 152. Vgl. dazu Kapitel III.1.

wart zugleich an ein historisches Koordinatensystem gefesselt: an eine »eingeklammerte« Geschichte, die nicht loslässt.

Remediatisierung

S-21 wurde an insgesamt drei Orten gefilmt. Einer davon ist ein privater Raum (die häusliche Umgebung von Him Huy, dem hochrangigsten Akteur innerhalb des Täterkollektivs, das der Film wiedervereinigt), bei den anderen beiden handelt es sich um historisch signifikante Orte: Choeung Ek und Tuol Sleng. Im Mittelpunkt – als »Hauptfigur des Films«[19] – steht das Verhör- und Foltergefängnis Tuol Sleng, das zwischen Juni 1976 und April 1979 als Hauptquartier von Pol Pots Sicherheitspolizei S-21 (*santebal*) fungiert.[20] Rithy Panhs Film spielt an authentischen Orten, in Räumen, in denen sich die Geschichte, die erzählt wird, tatsächlich ereignet hat. Zur im Film anwesenden Geschichte dieser Orte gehört jedoch nicht nur der Zeitabschnitt des Regimes der Roten Khmer, sondern auch die Nachgeschichte beider Orte als zentrale Gedenkstätten des Genozids und materielle Träger daran anknüpfender symbolischer Politik. Bereits 1980 wurden sowohl Tuol Sleng als auch Choeung Ek als »Tuol Sleng Museum of Genocide« bzw. als »Choeung Ek Genocidal Center« wiedereröffnet.[21] Paul Williams beschreibt das Museums-Dispositiv folgendermaßen:

---

19 Panh: »Ich bin ein Vermesser der Erinnerung«, in: *Stadtkino Zeitung*, a.a.O.

20 Weil sich die Aktivitäten der S-21-Einheit praktisch ausschließlich auf den Betrieb der Tuol Sleng-Anlage konzentrierten, werden »S-21« und »Tuol Sleng« häufig synonym verwendet. In den Gebäuden einer ehemaligen Schule, die in der Nähe des Monivong Boulevards, im südlichen Teil Phnom Penhs gelegen ist, waren phasenweise bis zu 1500 »Regimegegner« gleichzeitig inhaftiert. Von den insgesamt ca. 14 000 Insassen haben nur 7 überlebt. Die meisten »Feinde Angkars« wurden auf den sogenannten »Killing Fields« von Choeung Ek, zehn Kilometer außerhalb der Stadt hingerichtet und in anonymen Massengräbern verscharrt. Bei umfangreichen Exhumierungen im Jahr 1980 fanden sich in 89 der geschätzten 129 Gräber 8985 Leichname. Vgl. dazu: David Chandler: *Voices from S-21. Terror and History in Pol Pot's Secret Prison*, Berkeley, Los Angeles 1999, S. 36ff.

21 Der Hintergrund ist folgender: Aus der Perspektive der vietnamesischen Besatzungsmacht, die Kambodscha erst 1989 wieder verließ, ging es bei der Umwandlung beider Orte in Gedenkstätten in erster Linie nicht um die offizielle Initiierung eines memorialkulturellen Prozesses, sondern um die Herstellung international sichtbarer Legitimität für eine Invasion, die als völkerrechtswidrig betrachtet wurde und in den USA und Europa nicht als Befreiung galt. Weil ins-

»The primary feature of Tuol Sleng and Choeung Ek is their untouched appearance. Tourists to other sites of genocide have become accustomed to artifacts and buildings *presented* ›as is‹ that are, in fact, heavily mediated. Roped sections, glassed walls, guides and docents, restricted areas: all are parts of a typical, and passive, encounter with the ›real thing‹. By contrast, at Tuol Sleng and Choeung Ek the general absence of guards or other visitors provides the opportunity to explore – to one's nervous limits. Inside the cells are wire torture beds to touch, hastily laid and bloodstained brick walls to lean against, and rusted ammunition boxes and barbed wire to handle. The unhindered intrusion produces a heightened sensitivity about how far to enter and how long to stay. The lack of restriction also heightens the effect of stillness being disturbed by the play of shadows, the scuttle of rats, or the ominous whipping of the wind. The effect should not necessarily be considered undesirable, since it may suggest to the visitor the terror that occurred.«[22]

Die von Williams aus der Perspektive eines mittlerweile globalisierten »dark tourism«[23] analysierte affektive Erfahrbarkeit von Geschichte im Medium ›Gedenkstätte‹ wirft unter anderem ein Problem auf, das James E. Young mit Blick auf KZ-Gedenkstätten als Gefahr des »vergesslichen Denkmals« bezeichnet hat.[24] Bei diesem neigt »der Betrachter dazu [...] die Rhetorik des Denkmals mit dem Wesen des Ereignisses, an die es erinnert, zu verwechseln«, worin Young ein geschichtsrevisionistisches Potential erkennt, das gerade auf der Spur-Identität der Gedenkstätte basiert: »Nur die körperlose Zeit scheint zwischen dem Betrachter und den Realitäten der Vergangenheit zu vermitteln, die durch diese Artefakte nicht nur *re*-prä-

---

besondere die USA und Großbritannien den Kampf der Roten Khmer gegen das kommunistische Vietnam unterstützt hatten, konnten diese sogar bis zum Pariser Friedensabkommen 1991 den kambodschanischen UNO-Sitz innehalten. Zu diesem vielleicht schwärzesten Kapitel der Vereinten Nationen vgl. Tom Fawthrop, Helen Jarvis: *Getting Away with Genocide?: Elusive Justice and the Khmer Rouge Tribunal: Cambodia's Long Struggle Against the Khmer Rouge*, London 2005.
22 Paul Williams: »Witnessing Genocide: Vigilance and Remembrance at Tuol Sleng and Choeung Ek«, in: *Holocaust and Genocide Studies* 18(2), Herbst 2004, S. 234–254, hier: S. 242.
23 Vgl. John Lennon, Malcom Foley: *Dark Tourism. The Attraction of Death and Disaster*, New York 2000.
24 James E. Young: *Beschreiben des Holocaust*, Frankfurt/M. 1997, S. 269ff.

sentiert werden, sondern in ihnen präsent sind. Als Bruchstücke im buchstäblichen Sinn und als Spuren der Ereignisse verwischen diese Artefakte der Katastrophe den Unterschied zwischen sich und dem, wofür sie stehen.«[25]

s-21 arbeitet auf dieser Ebene ostentativ gegen die filmisch-indexikalische Verlängerung der Präsenzeffekte einer »untouched appearance«. Tuol Sleng wird nicht auf seine Qualität als materielle Spur hin inszeniert, sondern in eine fast unspezifische, dezidiert theaterhafte und insofern abstrakte Bühne verwandelt, die sich in erster Linie durch die aufgeführten Erinnerungsperformanzen der Täter in den historischen Raum zurückbiegt. Panh verzichtet auf Orientierung stiftende Establishing Shots und extradiegetische Kontextualisierung (der Anordnung der Gebäude, ihrer historischen Funktion usf.). Was sich hier zugetragen hat, vermittelt sich ausschließlich über die Spielhandlungen und Sprechakte der Protagonisten. Eingeführt wird das Areal jedoch über den Affekt, den sein Anblick bei Chum Ney, einem der beiden Überlebenden, die der Film zeigt, auslöst. In einer Totalen gefilmt sieht man Chum Ney, wie er sich von dem Gebäude wegbewegt, körperlich versucht, Abstand zu gewinnen und schließlich doch von seinen Gefühlen überwältigt wird. s-21 verbleibt auf der Ebene der Rauminszenierung konsequent im Präsens, arbeitet also offen mit den Prämissen der bereits erfolgten Medialisierung von Tuol Sleng als Gedenkstätte. Der Schauplatz des Films ist insofern nicht einfach der reale Ort einer vergangenen Geschichte, sondern die gegenwärtige Gedenkstätte, die diesen enthält, d.h. in sich aufgenommen und gespeichert, transformiert und remediatisiert hat.

Diese Unterscheidung ist auch deshalb relevant, weil die beiden Gedenkstätten in gewisser Weise noch nicht als »Gedächtnisorte« (Pierre Nora) im kollektiven Erinnerungshaushalt Kambodschas verankert sind und weil s-21 diese Blockade oder Leerstelle zum Ausgangspunkt seiner historiographischen Konstruktion macht. Paul Williams diagnostiziert diesbezüglich: »If the relatively unchanged appearance of Tuol Sleng and Choeung Ek allows tourists an intimate, though passive, encounter with deadly history, for most Cambodians the sites have barely receded into the past at all. Given that no KR leaders have yet met justice, the preservation of the two major

---

25 Ebd., S. 270.

sites is a reminder of the need for action.«[26] Pierre Noras Konzept der *lieux mémoire* ist hier aufschlussreich, weil es auf der Ebene der Zirkulation und Tradierung von Geschichte eine Verschiebung der historiographischen Praxis impliziert:

»Diese untersucht nicht mehr die Determinanten, sondern deren Auswirkungen; nicht mehr die Aktionen, die in Erinnerung bleiben oder deren sogar gedacht wird, sondern die Spuren dieser Aktionen und die Spielregeln dieser Formen des Gedenkens; nicht mehr die Ereignisse an sich, sondern deren Konstruktion in der Zeit, das Verschwinden und Wiederaufleben ihrer Bedeutungen; nicht die Vergangenheit, so wie sie eigentlich gewesen ist, sondern ihre ständige Wiederverwendung, ihr Gebrauch und Missbrauch, sowie ihr Bedeutungsgehalt für die aufeinanderfolgenden Gegenwarten [...]. Kurz: Es geht weder um Wiederauferstehung noch um Rekonstruktion, nicht einmal um Darstellung, sondern um *Wiedererinnerung*, wobei Erinnerung nicht einfach einen Rückruf der Vergangenheit, sondern deren Einfügung in die Gegenwart meint.«[27]

So verstanden ist »Gedächtnisort« eine »Intelligibilitätskategorie« (Etienne François) der Geschichtsschreibung, eine Möglichkeit, die »materiellen wie auch immateriellen [...] Kristallisationspunkte kollektiver Erinnerung und Identität«[28] einer historiographischen Analyse zuzuführen. In s-21 wird die Gedenkstätte nicht als für sich selbst sprechende Ruine der Geschichte inszeniert, sondern ganz buchstäblich zu einem »theatre of memory«[29] (Raphael Samuel) abstrahiert, zur Bühne für die Aufführung gegenwärtig unterdrückter Erinnerungen, für eine Vergangenheit, die zu präsent ist, um bereits als ›Geschichte‹ konsolidiert und entrückt zu sein.

Aleida Assmann bezeichnet Gedenkstätten wie Tuol Sleng als »traumatische Orte«, die sich aus teils gegenläufigen raum-zeitlichen

---

26 Williams: »Witnessing Genocide: Vigilance and Remembrance at Tuol Sleng and Choeung Ek«, in: *Holocaust and Genocide Studies*, a.a.O., S. 247.
27 Pierre Nora: »Wie lässt sich heute eine Geschichte Frankreichs schreiben?«, in: ders. (Hg.): *Erinnerungsorte Frankreichs*, München 2005, S. 16.
28 Etienne François: »Pierre Nora und die ›Lieux de mémoire‹«, in: Pierre Nora (Hg.): *Erinnerungsorte Frankreichs*, München 2005, S. 7–14, hier S. 9.
29 Raphael Samuel: *Theatres of Memory. Past and Present in Contemporary Culture*, London 1996.

Dynamiken speisen und eine spezifische »Kontaktzone zwischen Vergangenheit und Gegenwart«[30] konstituieren. In dieser Zone artikuliert sich das in den Orten inkorporierte historische Ereignis immer zugleich als sinnlich erfahrbares und notwendig verstelltes. Für Assmann bezieht die Vorstellung einer traumatischen Codierung der Orte diese in einen Diskurs prekärer Lesbarkeit ein. Die Gedenkstätte mag vermeintlich unmittelbare und »vergessliche« (Young) Erfahrungsmuster provozieren – strukturell gesehen ist die »mnemische Energie« des Ortes aber zwischen »Authentizität und Inszenierung, zwischen Retention und Rekonstruktion«[31] vielfältig gebunden. Im Erfahrungs-Dispositiv des traumatischen Ortes wird die kognitive Erfassbarkeit des Historischen als Wissen mit dem Versprechen seiner subjektiven Erfahrbarkeit affektiv verschaltet. Für Letztere ist das »schiere ›Hier ist es gewesen‹, […] die reine Indexikalität der Örtlichkeit«[32] entscheidend. Assmann erkennt in dieser Logik des Verweisens eine Dimension der Gedenkstätte, die nicht »durch symbolische Überschreibungen vereinnahmt werden«[33] kann.

In s-21 ist dieser Zusammenhang vermittelt präsent, insofern es genau die »Indexikalität der Örtlichkeit« ist, die das Körpergedächtnis der Täter aktiviert. In ihren verbalen Bezugnahmen, den verweigerten Geständnissen, haben die Täter den Raum unter Kontrolle; in ihren Bewegungen artikuliert sich die historische Funktion des Ortes hingegen fast »ohne symbolische Überschreibungen«. So gesehen lässt sich s-21 einerseits als Versuch begreifen, auf der Basis einer Gedenkstätte einen Gedächtnisort im Filmischen zu konstruieren, und zwar einen, den es als erinnerungspolitischen Faktor noch nicht gibt. Andererseits wird Tuol Sleng, die konkreten Räume und die in ihnen gespeicherten historischen Informationen, auch ›indexikalisch‹ aktiviert, um einen blockierten Artikulationsprozess zu erzwingen. Im Verlauf des Films konkretisiert sich die »körperlose Zeit« (Young) der Gedenkstätte zu einer historischen. Weil die Vergangenheit nicht »absinkt« (Williams), die Historizität des Ereignisses noch aufgehoben ist, das geschichtliche Ereignis also zwischen Vergangenheit

---

30 Aleida Assmann: *Der lange Schatten der Vergangenheit. Erinnerungskultur und Geschichtspolitik*, München 2006, S. 218. Vgl. zur Konzeption des »traumatischen Ortes« S. 223–227.
31 Ebd., S. 224.
32 Ebd.
33 Ebd., S. 226.

und Gegenwart, Anwesenheit und Abwesenheit »eingeklammert« scheint, entwirft s-21 durch seine experimentelle Versuchsanordnung eine filmische Kontaktzone, die sich von den ersten Einstellungen an konsequent zwischen den Zeiten bewegt.

Wiederholen 1

s-21 repräsentiert Geschichte durch Strategien der Re-Inszenierung und performativen Wiederholung, durch Nachstellen und Wiederaufführen bestimmter Handlungsvollzüge zu einem historisch späteren Zeitpunkt. Der Film dokumentiert ein Reenactment im faktischen Raum des Ereignisses – mit authentischen Requisiten (Schriftdokumente, Fotografien,[34] eine Schreibmaschine, ein Blechkanister) und ›echten‹, sich selbst spielenden Akteuren, die ihre eigenen historischen Handlungen, Gesten, Bewegungen, Sprechakte aus der Erinnerung und für die Kamera nachstellen. Fast scheint es, als sei diese Erinnerung unwillkürlich, als sei das Körpergedächtnis der Täter, das unter dem Druck des realhistorischen Ortes die kleinen, alltäglichen Gesten des Terrors hervorbrechen lässt, resistent gegen die Bemühungen der Subjekte, zu verdrängen und Schuld von sich zu weisen.[35] Je länger sie sich selbst spielen, desto mehr fallen sie in ihre historische Rolle zurück, desto deutlicher manifestieren sich in den nachgespielten Kontrollgängen, dem Öffnen von Türen, den in die gespenstische Leere der Zellen hineingesprochenen Zurechtweisungen die Konturen der »totalen Institution«[36] (Erving Goffman), die Tuol Sleng faktisch war. Der disziplinarische ›Körper‹ der Institution zeigt sich in den von individuellen Körpern wiederaufgeführten und appropriierten Routinen, weil der funktionale Kern von Institutionen, handlungstheoretisch gesprochen, aus auf Dauer gestellter Praxis besteht, aus der Gesamtheit routiniert reproduzierter Handlungsmuster.

[Stills I.1.1]

---

34 Zur wichtigen Rolle, die die Fotografien (*mug shots*) in *S-21* spielen, vgl. Kapitel I.2.
35 Die Dreharbeiten erstreckten sich über drei Jahre, wobei Rithy Panh in Interviews zu Protokoll gibt, praktisch kein Material aus dem ersten Jahr verwendet zu haben, weil die Täter erst später zu den Spielhandlungen bereit gewesen seien.
36 Erving Goffman: *Asyle. Über die soziale Situation psychiatrischer Patienten und anderer Insassen*, Frankfurt/M. 1973, S. 13–124.

Im jüngeren Kunst-Diskurs wird Reenactment als Form der Vergegenwärtigung von Geschichte definiert, die den Körper als Medium
einer Wiederaufführung einsetzt, um die Differenz zwischen repräsentierter Vergangenheit und Aufführungs-Gegenwart selbst thematisch werden zu lassen, wie Inke Arns schreibt: »Löschung und
gleichzeitige Herstellung von Distanz sind zwei zentrale Mechanis-
men in der gegenwärtigen Praxis künstlerischer Reenactments, die
oft in ein und derselben Arbeit co-präsent sind. Zunächst geht es um
die Aufhebung von sicherer Distanz. Betrachter bzw. Leser werden
zu unmittelbaren Zeuginnen und Zeugen eines (wiederholten) historischen Geschehens [...].«[37] Arns hat vor allem Live-Performance-
Kunst im Blick und entwickelt daraus ein repräsentationskritisches
Argument, das der massenmedialen Vermittlung von Geschichte
gilt:

»Reenactments stellen jedoch auch die Frage danach, was jenseits der
medial repräsentierten Geschichte wirklich passiert ist – paradoxerweise
geschieht dies über die Wiederholung der Repräsentation von Geschichte
(deren ausschließliche mediale Verfasstheit damit betont wird). [...]. Im
Unterschied zum Begriff der Simulation, die, ähnlich der Science Fiction,
eine Annahme in die Zukunft extrapoliert (= Potentialität), beziehen
sich Reenactments immer auf in der Vergangenheit liegende, konkrete
Ereignisse (= Aktualität). Und während Simulation (meist) im Virtuellen
verbleibt, impliziert ein Reenactment notwendigerweise eine Umsetzung
in einen realen Raum mit echten Körpern.«[38]

In Bezug auf Film ist hier generell anzumerken, dass dessen mediale
Eigenschaften selbst in Analogie zum Reenactment beschrieben werden können. Wie eingangs erläutert, bringt der Film eine Ansicht der

---

37 Inke Arns: »Strategien des Reenactment«, in: dies. und Gabriele Horn (Hg):
*History Will Repeat Itself. Strategien des Reenactment in der zeitgenössischen
(Medien-)Kunst und Performance*, Dortmund, Berlin 2007, S. 38–63, hier: S. 58.
Vgl. Vanessa Agnew: »What is Reenactment?«, in: *Criticism 3*, Sommer 2004,
S. 327–339; für eine psychoanalytische Deutung des Reenactment: Laurence A.
Rickels: »Einsame Gespenster. Zu Sinn und Richtung des ›Reenactment‹«, in:
Texte zur Kunst 76, Dezember 2009, S. 68–82.
38 Inke Arns und Gabriele Horn: »Vorwort und Dank«, in: dies. (Hg.): *History
Will Repeat Itself. Strategien des Reenactment in der zeitgenössischen (Medien-)
Kunst und Performance*, Dortmund, Berlin 2007, S. 8.

Vergangenheit in die Gegenwart einer Aufführung. Insofern vergegenwärtigt er etwas Archiviertes, einen Gedächtnisspeicher, der re-präsentiert wird, und zwar in der Form einer ästhetischen Performanz, die zwischen Effekten der Nähe, Aktualität, Präsenz, Gegenwart einerseits und solchen der Distanz, Virtualität, Absenz, Vergangenheit andererseits oszilliert. Das filmische Medium hebt die Differenz zum historischen Moment, zum Zeitpunkt der Aufzeichnung nicht einfach simulatorisch auf. Stanley Cavells Definition, wonach der Film eine »mir gegenwärtige Welt, von der ich abwesend bin«[39] präsentiert, zielt im Kern auf die Deutung dieser Differenz zwischen Bildraum und Zuschauerraum. In seinem filmtheoretischen Hauptwerk *The World Viewed* entwickelt Cavell seine Position jedoch nicht nur auf der Ebene des Raumes. Dazu zwei Stellen (wobei er zwischen Fotografie und Film zunächst nicht unterscheidet):

»Photography maintains the presentness of the world by accepting our absence from it. The reality of a photograph is present to me while I am not present to it; and a world I know, and see, but to which I am nevertheless not present (through no fault of my subjectivity), is *a world past* [Hervorgebung, S.R.].«[40]

»In viewing a movie my helplessness is mechanically assured: I am present not at something happening, which I must confirm, but at something that has happened, which I absorb (like a memory).«[41]

Die Abgetrenntheit des Zuschauers von der filmischen Welt organisiert sich nach Cavell über die filmspezifische Gleichzeitigkeit von Anwesenheit und Abwesenheit und produziert dabei eine Gegenwärtigkeit »haunted by historicity« (Doane), die nicht einfach eine unmittelbare Re-Präsentation einer profilmischen Gegebenheit ist, sondern die zeitliche Distanz zur Vergangenheit selbst ästhetisch erfahrbar macht.[42] Für Cavell spiegelt die in der Erfahrung des Films

---

39 Stanley Cavell: »Welt durch die Kamera gesehen«, in: Dieter Henrich, Wolfgang Iser (Hg.): *Theorien der Kunst*, Frankfurt/M., 1992, S. 450.
40 Stanley Cavell: *The World Viewed*, Cambridge/Massachusetts, London 1979, S. 23.
41 Ebd., S. 26.
42 Rodowick hat diesen Gedanken Cavells ausformuliert: »Photographic picturing presents us existences in which we are inclined to believe, but in a

vermittelte Abgeschirmtheit gegenüber einer Welt, die anwesend und doch vergangen ist, die epistemologische Verunsicherung des modernen Subjekts nach der skeptischen Wende. In den fotografischen Medien objektiviert sich demnach ein Weltverhältnis, in dem die Distanz, die das Subjekt von der Welt fernhält, medial verdoppelt und äußerlich wird:

>It is as though the world's projection explains our forms of unknownness and of our inability to know. The explanation is not so much that the world is passing us by, as that we are displaced from our natural habitation within it, placed at a distance from it. The screen overcomes our fixed distance; it makes displacement appear as our natural condition.«[43]

Den Unterschied zwischen der epistemologischen Einsicht in die Instabilität und Begrenztheit des menschlichen Erkenntnisvermögens und der Erfahrung dieser »Bedrohung durch Skepsis«[44] im Ästhetischen des Films markiert Cavell mit der Bemerkung, der Film biete ein »rührendes Bild des Skeptizismus«.[45] Rührung ist hier weniger als psychologischer Effekt eines sentimentalen Eskapismus zu verstehen, als Flucht vor der Einsicht in die relative Nichterkennbarkeit der Welt, die im Film als Unzugänglichkeit einer »world past« reflektiert wird. Eher vermittelt das Kino die Erfahrung, dass diese epistemischen Beschränkungen anerkannt, sublimiert und kulturell bearbeitet werden können. Cavell scheint die Vorstellung zu haben, dass der eingebaute Skeptizismus des Films eine Option darstellt, die epistemischen Konsequenzen einer skeptischen Weltsicht, sofern sie die Psyche des Subjekts betreffen, ästhetisch aufzuheben oder zumindest genießbar zu machen.

---

temporal distance that is unbridgeable. [...] Part of Cavell's originality, though, is recognizing that not only is the spectator held in a distance from the photographed world, but this world, too, is screened from the viewer. What we feel in a photograph is equally *our* absence from the view presented, that this view is screened for us, and from us, in time.« Rodowick: *The Virtual Life of Film*, a.a.O., S. 64f.

43 Cavell: *The World Viewed*, a.a.O., S. 40f.
44 Cavell: »Welt durch die Kamera gesehen«, a.a.O., S. 448.
45 Ebd., S. 465.

Wie auch immer man Cavells subjekttheoretische Pointe bewertet: Die fotografischen Bilder des Films arbeiten in ihrem medienspezifischen Kern jedenfalls selbst mit der Ambiguität des Reenactment, also mit einer Logik der »Löschung und gleichzeitigen Wiederherstellung von Distanz« (Arns). Ein Film, der ein profilmisches Reenactment inszeniert und dokumentiert, verdoppelt so gesehen die bereits medial gegebene Konstellation: Er re-präsentiert eine Repräsentation von Geschichte. Letztlich trifft das auf jeden gewöhnlichen Historienfilm zu, der mittelalterliche Kulissen einsetzt und Schauspieler in historische Kostüme steckt. Die Kamera dokumentiert auch hier lediglich das Reenactment, das die Dreharbeiten (auch) sind. Der offensichtlichste Unterschied zu einem Film wie s-21 besteht aber darin, dass dort Akteure eine Geschichte nachstellen, die nicht nur nicht-fiktiv ist, sondern ihre eigene. Sie wiederholen keine Repräsentation von Geschichte, sondern eine erinnerte, verdrängte, im Unsichtbaren gehaltene. Als Wiederholungstäter verkörpern und vergegenwärtigen sie die Institution, die sie einst geformt hat (und die sie geformt haben). Die institutionelle Praxis überdauert das Verschwinden der Institution, und zwar in Körpern, die Teil dieser Praxis waren.

s-21 dokumentiert Spuren von Praktiken, deren Verschwinden blockiert ist, die ›indexikalisch‹ persistieren und ›vor Ort‹ wiederholt und wiedergeholt werden können. Den Gesten gelingt keine Disjunktion, kein Bruch mit dem Gewesenen, sie legen unweigerlich Verbindungslinien in eine Vergangenheit, die nicht »absinkt« (Williams), weil Elemente von ihr (noch) zu präsent sind. Das Set des Films, Tuol Sleng, kennt keine Grenzen wie die Kulissenwelt des Historienfilms, sondern verlängert und entgrenzt sich kontinuierlich in die kambodschanische Gegenwart (in eine Gesellschaft, in der sich die Opfer erst seit kurzem trauen, öffentlich zu sprechen, und die Täter nur punktuell gezwungen werden, Auskunft zu geben). s-21 evoziert kein ›volles‹ Geschichtsbild im Sinne des klassischen Historienfilms, sondern formatiert die Distanz zur Geschichte erinnerungspolitisch – eine Geschichte, die nicht einfach in der Vergangenheit verborgen ist und historiographisch geborgen werden kann, sondern als Potential im Heute lauert. Den Reenactment-Szenen von s-21 haftet auch deshalb eine irritierende Gegenwärtigkeit, eine Differenz zu einem vollständigen, ›historistischen‹ Modus der Nachstellung an, weil der Film Körper und Gesten des Terrors aufführt, als seien sie weniger vergangen als aktualisierbar (was sie sind). Insofern rekonstruiert s-21 nicht nur einen historischen Zusammenhang, dessen Historizität suspendiert ist, sondern führt ein gestisches Archiv des Terrors als reaktivierbares vor. Das im filmischen Medium enthaltene Versprechen, zeitlich Vergangenes – und insofern Unwiederholbares – mit Sublimation und »Rührung« zu betrachten, verdichtet sich dabei zu beunruhigend zwischen den Zeiten flottierenden Sequenzen, die den Terror als etwas zeigen, das nicht nur nicht vollständig vergangen, sondern auch: wiederholbar ist.

Wiederholen 2
Zehn Monate nach den Terroranschlägen vom 11. September, im Juli 2002, durchsuchte das Hamburger LKA eine Buchhandlung im Hamburger Stadtteil St. Georg. Beschlagnahmt wurden zum Verkauf angebotene Videos, die »Lektionen« von Mohammed Fazazi enthielten, dem Imam der Al-Quds-Moschee, der Deutschland zu diesem Zeitpunkt bereits verlassen hatte. Auf den Videos sind zwei Lektionen vom 3. und 5. Januar 2000 zu sehen. [46] Romuald Karmakar hat sie ein zweites Mal verfilmt.

HAMBURGER LEKTIONEN ist ein didaktisches Reenactment und ein Remake, die Re-Inszenierung eines Films, der innerhalb einer kleinen radikalen Subkultur zirkulierte; eine Übersetzung für eine andere, breitere Öffentlichkeit, die informiert werden soll über eine spezifische Praxis ideologischer Einübung. Den Aufklärungsgestus des Films bringt Karmakar auf den gegen die medienöffentlichen Topoi der ›Hasspredigt‹ gemünzten Begriff der »Rekonkretisierung«. Fazazis geheimer, nur an Eingeweihte adressierter Diskurs soll als »Text aus Deutschland« (Karmakar) sichtbar gemacht werden.

Da die filmisch-konzeptuelle Anordnung die bereits in DAS HIMMLER-PROJEKT (2000) Erprobte wiederholt, lässt sich entlang einer auteuristischen Linie durchaus auch die Frage stellen, wie explizit und wie absichtsvoll Karmakar hier den ›Himmler in Fazazi‹ aufrufen möchte, d.h. inwieweit auf dieser Ebene an den problematischen ›Islamfaschismus‹-Diskurs angedockt wird. Manche Interpreten des Films haben sich diesbezüglich zu weitgehenden Analogieschlüs-

---

46 Ob die Mitglieder der »Hamburger Zelle« Mohammed Atta, Marwan Al-Shehhi und Ziad Jarrah, die regelmäßig in der Moschee verkehrten, an den beiden Sitzungen vom 3. und 5. Januar 2000 teilgenommen haben, lässt sich nicht mehr nachvollziehen.

sen hinreißen lassen.[47] Wie auch immer man die werkimmanente Remake-Logik beurteilt: HAMBURGER LEKTIONEN ist weniger interessiert an Geschichtsschreibung (die spekulativste Variante wäre: Fazazis Lektionen als ideologischer 9/11-Prätext), als an einer interventionistischen Geste, die keine These zur Anziehungskraft des radikalen Islam enthält, sondern lediglich ein zeithistorisches Fundstück, eine Quelle präpariert.

Die Anordnung ist folgende: Der Schauspieler Manfred Zapatka – Karmakars »Echolot« (Alexander Kluge) – sitzt unkostümiert vor einer neutralen Studiowand und trägt die ins Deutsche übertragenen Lektionen vor. Konzentriertes Sprechen, kunstvolle Artikulation, keine Mimese. Die Einstellungsgrößen wechseln zwischen Halbtotaler und Großaufnahme, zeigen den Schauspieler von vorne oder im Profil. Zapatka sitzt auf einem Hocker, liest von Blättern ab, die hin und wieder von einer Hand (Karmakars Hand) in den Bildausschnitt hineingereicht werden. An einigen Stellen werden Reaktionen des Auditoriums (z.B. Gelächter) durch eingeblendete Inserts mitgeteilt. Die nachgesprochene Rede dissimuliert die Spuren des Übersetzungsvorgangs nicht; die Termini technici der arabischen Ausgangssprache werden beibehalten und mit Fußnoten versehen, die von Zapatka demonstrativ mitgesprochen werden; er erläutert sich gewissermaßen selbst und muss dafür noch nicht einmal aus (s)einer Rolle fallen. Die in voller Länge wiedergegebenen Lektionen erfahren keine offensive Verfremdung, werden aber auch nicht einfach wiedergegeben, sondern in einen ästhetischen Formalismus eingespeist, dessen suggestive Dimension in der Produktion diskursiver Transparenz liegt. Die geübte Artikulation des Schauspielers Zapatka und die Einfachheit der filmischen Mittel re-präsentieren aber nicht einfach eine Rede, sondern verwandeln Fazazis Original-

---

47 »Bei Himmler sind die Deutschen ›Übermenschen‹, bei Fazazi ›Untermenschen‹ [...] Was sind wir für eine Gesellschaft, die sich nicht wehrt, wenn man sie so offen angreift? Die Antwort lautet: eine Gesellschaft, die ob der Erfahrung der Nazizeit, deren Tradierung, nun zögert, gegen Menschen anderer Herkunft, anderen Glaubens vorzugehen. Der Zusammenhang zwischen HAMBURGER LEKTIONEN und DAS HIMMLER PROJEKT, deren historische Dimensionen, ist unmittelbarer, als man zuerst vielleicht denkt: Damals hat man sich hier nicht gegen die Hetzer gewehrt, und heute wehrt man sich hier schon wieder nicht gegen die Hetzer, weil man nicht mit den Hetzern von damals verwechselt werden will.« Olaf Möller: »The Easy Way is Always Mined«, in: ders., Michael Omasta (Hg.): *Romuald Karmakar*, Wien 2010, S. 11–130, hier S.101f.

lektionen in einen theatralen Monolog, in ein Ein-Personen-Stück; sie werden zum Text, zu etwas, das, bereinigt von allen (nonverbalen) Parametern der Insinuation, der Agitation, der Interaktion wiederholt werden kann.

Fazazis reaktionäre Position verbirgt sich in einem Dickicht geschulter Rechtsgelehrsamkeit, das dem Rezipienten einiges an Aufmerksamkeit abverlangt. Im Ergebnis gelangt der Imam jedoch immer wieder zu eindeutigen Festlegungen und unmissverständlichen Handlungsmaximen: Die »deutschen Ungläubigen« dürfen grundsätzlich getötet werden; das Fälschen von Reisepässen ist »halal« (erlaubt), solange es nicht Selbstzweck ist; Frauen ist das Alleinreisen »haram« (verboten) usf. – Fazazis verschlungene Auslegungen der Sharia betreiben an verschiedenen Stellen einen erheblichen argumentativen Aufwand, um die als besonders konservativ geltende salafistische Auslegung der Koranverse mit der mobilen Globalisierungsgegenwart in Einklang zu bringen.

Im Vergleich zu S-21 ist HAMBURGER LEKTIONEN formal gesehen wesentlich näher am Reenactment-Modell der Performance-Kunst; man könnte auch sagen: ›unfilmischer‹, zumindest undynamischer, insofern der ästhetische Abstand zwischen der ›Geschichte‹ und dem Modus ihrer rhetorischen Vergegenwärtigung nicht nur deutlich markiert ist, sondern auch stabil bleibt. Die Differenz wird betont, um eine ›werktreue‹ Vergegenwärtigung der historischen Rede in durchgehaltener Perspektivierung zu ermöglichen. Der historische Raum, dem diese Rede entstammt, findet auf der Bildebene keinerlei Entsprechung, weder metaphorischer noch rekonstruktiver Art; er wird nur vermittelt, gleichsam als raumloses Echo, über die mitverlesenen Reaktionen des damaligen Publikums vergegenwärtigt. Die ›Geschichte‹ muss und soll aus dem performten Text kommen. Eine Markierung außerhalb der Sprache gibt es aber dennoch: Zwischen den beiden Lektionen ist wie zu Beginn des Films eine einzige Einstellung zu sehen, die nicht im Studio gedreht wurde. Sie zeigt die Moschee von Außen, von der gegenüberliegenden Straßenseite aus und gibt HAMBURGER LEKTIONEN einen räumlichen und zeitlichen Index: Deutschland, Gegenwart.[48]

---

48 Bereits in DAS HIMMLER-PROJEKT taucht das historische Publikum der Posener Rede aus dem Jahr 1943 nur aus dem Off auf – in Form einer namentlichen Auflistung der anwesenden SS-Generäle, inklusive kurzer Vermerke über ihre

Der historiographische Ertrag dieser Geschichtswiederholung bleibt auf die Ebene der Materialgewinnung bezogen. In gewisser Weise re-enactet HAMBURGER LEKTIONEN eine Praxis der Indoktrination im Vertrauen darauf, dass die solchermaßen sichtbar gemachte Quelle ihren Erklärungszusammenhang gleichsam automatisch mit sich führen wird. Die eigentliche Arbeit liegt also jenseits des Films, in der Zukunft: »Streng genommen kann uns eine Quelle nie sagen, was wir sagen sollen. Wohl aber hindert sie uns, Aussagen zu machen, die wir nicht machen dürfen. Die Quellen haben ein Vetorecht.«[49] Hier liegt zugleich die Grenze des reduktionistischen Reenactments, das auf antihistoristische Vergegenwärtigung setzt, im Nachstellen aber vor allem die Distanz zur Geschichte herstellt. In s-21 ist das gegenwärtige historische Wissen filmästhetisch vielschichtig prozessiert, Teil der sichtbaren Blockade der Täter, eine Ursache für die nicht vollständig durchgeführten Erinnerungsperformanzen. Karmakars Bearbeitung der Fazazi-Lektionen reproduziert hingegen eine Rede als Text-Performance, präpariert eine Quelle, die an Sichtbarkeit gewinnt, aber deutungsbedürftig bleibt und erst noch zum Sprechen gebracht werden muss.

I.2 Past of the Past

Die intrinsische Historizität des filmischen Bildes ist in entscheidender Hinsicht gebunden an die Logik des Vorgängermediums, die Fotografie. Beide Medien vergegenwärtigen etwas, das zu einem bestimmten Zeitpunkt an einem bestimmten Ort vor einer Kamera existiert hat und von ihr aufgezeichnet worden ist. Andererseits unterscheiden sich Film und Fotografie in der Art und Weise, wie sie *pastness* ästhetisch vermitteln. »[B]oth speak of both, in their particular ways«,[50] heißt es bei Cavell dazu lakonisch – gemünzt gegen die dichotomische Annahme, die Fotografie stehe allein auf der Seite

---

Karrieren als Anwälte, Ärzte, Bürgermeister etc. in der BRD (beim HIMMLER-PROJEKT handele es sich in letzter Konsequenz um einen Film über die »Bonner Republik«, lautet Karmakars dazugehöriger Kommentar).
49 Reinhart Koselleck: *Vergangene Zukunft. Zur Semantik geschichtlicher Zeiten*, Frankfurt/M. 1989, S. 206.
50 Stanley Cavell: »What Photography Calls Thinking«, in: William Rothman (Hg.): *Cavell on Film*, Albany 2005, S. 115–134, hier: S. 125.

toter Absenz und der Film sei in jeder Hinsicht abonniert auf lebendige Gegenwärtigkeit. Das Verhältnis beider Medien ist dennoch nicht zuletzt dadurch gekennzeichnet, dass sie unterschiedliche Vergangenheitsbezüge aktualisieren und erfahrbar machen. Allgemein gesprochen stellt die Fotografie aus der Sicht des Films einen Sonderfall des Bildes dar, weil sie nicht nur ein konkurrierendes Darstellungssystem unter anderen ist, sondern zu den Bedingungen seiner Konstitution gehört. In seinem zuletzt wieder neu diskutierten[51] Text »The Pensive Spectator«[52] theoretisiert Raymond Bellour diese Differenz anhand einer Re-entry-Figur, die eine Grenze des filmischen Zugriffs auf die Fotografie markiert. Die Überlegung ist hier, dass der Film Fotografien wie jeden im profilmischen Raum existierenden Gegenstand aufnehmen kann, diese aber als Objekte der filmischen Welt einen spezifischen Widerstand gegen ihre Diegetisierung ausbilden; eine Art Abstoßungseffekt, der entsteht, wenn der Film mit der Fotografie einen Teil von sich ins Bild setzt. Taucht die Fotografie im Film auf – in welcher Form auch immer: als diegetisches Objekt, kaderfüllend zitiert oder in der Hybridform des *freeze frame*[53] – öffnet sich demnach automatisch eine Mediendifferenz, die ästhetisch nicht eskamotiert werden kann, weil sie ontologischer Natur ist. Die Fotografie ist für den Film ein riskanter Spiegel, weil sie ihm nah und fremd zugleich ist. Die filmische Inszenierung der Fotografie öffnet unweigerlich einen diskreten Außenraum in der Diegese, weil sich der Film mit einem abweichenden Register an Welt- und vor allem: Zeitbezügen konfrontiert sieht. In der Beschreibung dieser Differenz folgt Bellour zunächst der bereits von Barthes ausformulierten Dichotomie: »On the one side, there is movement, the present, presence; on the other, immobility, the past, a certain absence. On one side, the consent of illusion; on the other, a quest for hallucination. Here, a fleeting image, one that seizes us in its flight; there a completely

---

51 Vgl. Mulvey: *Death 24x a Second*, a.a.O., S. 181–196.
52 Raymond Bellour: »The Pensive Spectator«, in: *Wide Angel* 9(1), 1987, S. 6–10.
53 Garret Stewart hat Bellours Intuition in einem Aufsatz weiter vertieft und ausdifferenziert, stimmt den Prämissen aber im wesentlichen zu. Vgl. Garret Stewart: »Photo-gravure: Death, Photography, and Film Narrative«, in: *Wide Angel* 9(1), 1987, S. 11–31.

still image that cannot be fully grasped. On this side, time doubles life; on that, time returns to us brushed by death.«[54]

Im weiteren Verlauf gelingt es hier jedoch, Barthes' Prämissen filmtheoretisch zu wenden. In eleganten filmanalytischen Miniaturen demonstriert Bellour, dass Fotografien, wenn sie als Objekte der Diegese in einen Film eingehen, diesen insofern arretieren, als sie potentiell alternative Zuschauerpositionen hervorbringen. Wenn sich das Bewegungsbild, gleichsam infiziert durch eine diegetische Fotografie, fotogrammatisch verlangsamt, wird der Zuschauer temporär in eine Form rezeptionsästhetischer Freiheit entlassen, die der Film ihm nach Bellour nicht einräumt: »The presence of the photograph, diverse, diffuse, ambiguous, thus has the effect of uncoupling the spectator from the image, even if only slightly, even if only by virtue of the extra fascination it holds. It pulls the spectator out of this imprecise yet pregnant force: the ordinary imaginary of the cinema.«[55] Die aufblitzende »Nachdenklichkeit« des Zuschauers ist in diesem Modell einem Wechsel der temporalen Ordnung geschuldet. Die Fotografie führt eine zweite Zeitlichkeit ein, die die Vergegenwärtigungsdynamik des Films subvertiert.

Bellour bezeichnet diese andere Zeit, die von der Fotografie her in den Film einfließt, als »past of the past«[56] – mit ihr zieht jene Form der Abwesenheit wieder in den Film ein, gegen die die filmische Performanz der Zeit, die Praxis seiner Aufführung, in gewisser Weise anarbeitet. Während der Film die Vergangenheit mit starken Präsenzeffekten vergegenwärtigt, insistiert in der Fotografie der Riss durch die Zeit, die im Ästhetischen geöffnete Kluft zwischen Vergangenheit und Gegenwart, das »radikale Abreißen der Kontinuität«.[57] Barthes betont hier die zeitliche Disjunktion, die in der Idee der Spur aufgerufen wird – sie ist das, was übrig geblieben ist: ein Abdruck, eine Ruine, ein Rest. Wobei der Spurcharakter der Fotografie aufgrund der besonderen Insistenz des Modells auch problematisiert werden kann, wie Cavell anmerkt: »My dissatisfaction with that idea is, I think, that physical molds and impressions and imprints have clear procedures for getting *rid* of their originals, whereas in a pho-

---

54 Raymond Bellour: »The Pensive Spectator«, in: *Wide Angel*, a.a.O., S. 6.
55 Ebd., S. 10.
56 Ebd., S. 6.
57 Barthes: *Die helle Kammer*, a.a.O., S. 100.

tograph, the original is still as present as it ever was. Not present as it once was to the camera; but that is only a mold-machine, not the mold itself.«[58] Letztlich ist es die Gleichzeitigkeit des indexikalischen Prinzips physikalischer Nähe und die Absolutheit der raumzeitlichen Abtrennung,[59] die den Betrachter nach Barthes zwischen die Zeiten geraten lässt. Wie gezeigt partizipiert der Film durchaus an dieser fotografischen Erfahrbarkeit von *pastness*, verfügt aber temporallogisch über ein anderes Register. Dass dem Film das »past of the past« der Fotografie verschlossen bleibt, weil er die Zeit als Dauer speichert und für eine wiederholbare temporale Performanz bereithält, wird in Philip Rosens Bazin-Deutung[60] als historiographisches Privileg des Mediums verbucht:

»The lure of automatically produced images is attributable to subjective obsession precisely because time is a threat. [...]. Hence the paradox: On the one hand, automatically produced images fundamentally appeal to a desire that the concrete be preserved, stopped in time as reality. This desire leads to the special attraction and epistemological possibilities of cinema, insofar as it can move the subject toward opening itself to a revelatory experience of reality. But on the other hand, reality itself evolves in time, and is even perceived in the flow of time, which means that reality in some sense goes against that which motivates the desire to engage it.«[61]

Mit dem Oxymoron »Mumie der Veränderung« beschreibt Bazin die kinematographische Fähigkeit, Zeit zu speichern, ohne sie in jeder Hinsicht zu arretieren. Die mortifizierte Zeit der Fotografie erfährt – gewissermaßen post mortem – eine Verlebendigung. In der Erfahrung des Films, schließt Rosen daraus, wird die defensive Hal-

---

58 Cavell: *The World Viewed*, a.a.O., S. 20.
59 Dubois erkennt diese Logik einer Gleichzeitigkeit von »Konnexion und Schnitt« in Benjamins Aura-Begriff gültig formuliert (Philippe Dubois: *Der fotografische Akt. Versuch über ein theoretisches Dispositiv*, Amsterdam, Dresden 1998, S. 159). Bei Benjamin heißt es: »Was ist eigentlich eine Aura? Ein sonderbares Gespinst aus Raum und Zeit: einmalige Erscheinung einer Ferne, so nah sie sein mag.« Walter Benjamin: »Das Kunstwerk im Zeitalter seiner technischen Reproduzierbarkeit«, in: ders.: *Gesammelte Schriften*, Band I.2, Frankfurt/M. 1991, S. 435–469, hier: S. 440.
60 Vgl. Rosen: *Change Mummified*, a.a.O., S. 3–42.
61 Ebd., S. 28.

tung des Subjekts gegen den mit seiner Auslöschung verbundenen Ablauf der Zeit aktiviert *und* suspendiert. Insofern sowohl der Ablauf der Zeit als auch deren Stillstellung mit dem Näherrücken des Todes in Verbindung stehen, formuliert das Kino einen temporallogisch wirksamen Kompromiss (der eine Sublimierungsoption enthält) zwischen den diametralen Impulsen des anthropologischen Schutzbedürfnisses vor der Macht der Zeit, die den Tod bringt. In Bazins Formel ist zudem der Hinweis enthalten, dass das Kino das permanente Vergehen der Zeit aus der Position einer relativen Zeitenthobenheit erfahrbar macht: Wer im Kino ist, vergisst die Zeit.

Living History und Archivkritik

In Philip Rosens *Change Mummified* wird über weite Strecken der Eindruck erweckt, das Kino sei vor allem Medium einer ›Kommunion‹ unterschiedlicher Zeiten und organisiere eine quasi zwangsläufig versöhnungsästhetische Schließung der Kluft zwischen Gegenwart und Vergangenheit.[62] Als sei das Kino qua medialer Disposition unfähig, einen Dissens mit den filmisch-fotografischen Gedächtnisspeichern, mit der Vergangenheit ästhetisch zu figurieren und aufgrund seiner spezifischen Logik der Vergegenwärtigung unhintergehbar darauf verpflichtet, aus dem Abwesenden und den Toten der Geschichte immerzu Anwesendes und Lebende zu machen.

In Philip Scheffners essayistischem Dokumentarfilm THE HALFMOON FILES ist es insbesondere der Einsatz von Fotografien, der im Gegensatz dazu gerade die unüberbrückbaren »gaps« zwischen den Zeiten markiert, um eine archiv- und überlieferungskritische Geschichtsschreibung zu figurieren. THE HALFMOON FILES rekurriert dazu in mehrfacher Hinsicht auf fotografisches Footage. Ausgehend von einer vielschichtigen Materiallage, die filmische, fotografische und pho-

---

62 Vorstellbar ist für Rosen jedoch eine ideologische Indienstnahme filmischer Vergegenwärtigung zur Figuration einer ideologisch blockierten Historizität, wie sie in einem bestimmten Typus des Propagandafilms nachweisbar sei. Stalin-Filme wie THE BATTLE OF STALINGRAD (Vladmir Petrov, SU 1949) deutet Rosen in diesem Sinn als »geschichtslose« Historienfilme, die die Lücke zwischen Gegenwart und Vergangenheit verklammern, um im Ästhetischen die Vorstellung einer offenen Zukunft und die Möglichkeit alternativer geschichtlicher Verläufe zu löschen. Im »Mythos« kippen Bild und Referent ineinander und produzieren den autoritären Signifikanten ›Stalin‹, der auf keinen historischen Akteur mehr verweist, sondern sich »para-historisch« zum geschichtlichen Prozess verhält (Ebd., S. 33ff.).

nographische Elemente arrangiert, setzt der Film eine historische Recherche in Gang, die verschiedene Medien der Geschichte kurzschließt. Ähnlich wie s-21, auf den gleich noch einmal einzugehen sein wird, installiert auch THE HALFMOON FILES prekäre Archivbestände im Filmischen, konstelliert sie zu einem intermedialen Dispositiv, in das an zentraler Stelle die abweichende *pastness* der Fotografie hineinspielt. Scheffners Ausgangspunkt ist jedoch keine Fotografie, sondern eine Stimme, die am 11. Dezember 1916, um vier Uhr nachmittags im Kriegsgefangenenlager Wünsdorf bei Berlin mit Hilfe eines Edison Phonographen und einer Schellackplatte konserviert wurde – als »typisches Beispiel« der nordindischen Sprache Panjabi. Die Stimme gehörte dem für die britische Armee kämpfenden Kolonialsoldaten Mall Singh, Aufzeichungs- und Speichermedium waren Eigentum des Preußischen Kulturministeriums. Singh sprach achtzig Sekunden lang und von sich selbst in der dritten Person:

»Es war einmal ein Mann. Er aß zwei Pfund Butter und trank zwei Liter Milch in Indien. Er trat in den Dienst der Engländer. Dieser Mann kam in den europäischen Krieg. Deutschland nahm diesen Mann gefangen. Er wünscht sich, nach Indien zu gehen. Er will nach Indien gehen. Dort wird er dasselbe Essen wie früher bekommen. Drei Jahre sind vergangen. Niemand weiß, wann Frieden geschlossen wird. Sollte dieser Mann noch zwei Jahre hier bleiben müssen, dann wird er sterben. Wenn Gott gnädig ist, wird es bald Frieden geben. Dann wird dieser Mann von hier fortgehen.«

Den historischen Hintergrund dieser Lautaufzeichnungen bildet die 1915 auf Betreiben des Sprachforschers Wilhelm Doegen gegründete »Königlich Preußische Phonographische Kommission«. Sie bestand aus dreißig Wissenschaftlern, die sich einem systematischen Projekt verpflichtet hatten: der Etablierung eines »Stimmenmuseums der Völker«. Bis 1919 entstanden innerhalb dieses Rahmens in 175 Internierungslagern 2670 Aufnahmen, 700 davon im so genannten »Halbmondlager« in Wünsdorf. Mall Singhs Stimmaufzeichnung erhielt die Registriernummer PK-619. Die Aufnahmen wurden in verschiedenen Medien komplementär dokumentiert: Neben phonetischen Transkriptionen und vorläufigen Evaluationsnotizen, die die Beschaffenheit der Stimmen klassifizierten, wurden auch normierte Fotografien der Probanden angefertigt. Die Lautaufzeichnungen sind erhalten geblieben, während die dazugehörigen Fotografien nur noch vereinzelt und teilweise anonymisiert in Nachlässen der damals beteiligten Wissenschaftler auftauchen. Die Kriegsgefangenen wurden unter diesen Vorzeichen einer kolonialistisch geprägten Wissensproduktion je zweimal fotografisch erfasst: en face und im Profil. In der 15. Minute von THE HALFMOON FILES werden einige dieser Fotografien kaderfüllend gezeigt. Sie stammen aus dem Nachlass des Indologen Heinrich Lüders, der sie mit dem handschriftlichen Vermerk »Fotografien einzelner Inder« rubriziert hatte. Die Doppel-Fotografien, bestehend aus Frontal- und Profilansicht, ergeben im heterogenen Materialgeflecht des Films einen eingefrorenen Split Screen. Ein Riss trennt beide Perspektiven, die dem gleichen taxonomischen Diskurs entstammen und auf die Geschichte der anthropologischen Fotografie als »Medium instrumenteller Macht«[63] (Elizabeth Edwards) verweisen. THE HALFMOON FILES exponiert fünf dieser Fotografien, reiht sie, getrennt durch kurze Schwarzblenden, aneinander und betont dabei den seriellen Charakter der vorgenommenen rassistischen Typisierung.

Von Mall Singh ist kein offizielles Bild überliefert. Ob er auf anderen Bildern, beispielsweise Gruppenfotos der Lagerinsassen, zu sehen ist, lässt sich nicht mehr rekonstruieren. Seine Geschichte wird zur Geistererzählung, weil sich Scheffners historische Recherche auf der Folie einer abwesenden Fotografie entfaltet. Die Stimme der Lautaufzeichnung, Singhs Stimme, wird zu einer geraubten Stimme, der die filmästhetische »mise-en-corps«[64] verwehrt bleibt. Die Stimme wandert unerlöst und akusmatisch anschwellend über die visuellen Archivbestände, auf der Suche nach einem Bild, das der Film nicht findet: das Bild eines Körpers, an den sie sich haften kann. In Scheffners Materialmontage verfehlen sich Stimme und Fotografie gewissermaßen systematisch, weil beide Aufzeichnungsverfahren im Rahmen eines arbiträre Kategorien einführenden taxonomischen Verfahrens implementiert wurden. So gesehen nutzt THE HALFMOON FILES die filmästhetische Dynamik, die entsteht, wenn eine Stimme akusmatisch ausströmt, um auf jene Konstellation der Macht zu verwei-

---

63 Elizabeth Edwards: »Andere ordnen. Fotografie, Anthropologien und Taxonomien«, in: Herta Wolf (Hg.): *Diskurse der Fotografie. Fotokritik am Ende des fotografischen Zeitalters*, Frankfurt/M. 2003, S. 335–355.
64 Vgl. Michel Chion: *The Voice in the Cinema*, New York 1999.

sen, die ihr den Körper vorenthält. Hinzu kommt, dass die filmische Deakusmatisierung eine Bewegung ist, die nicht ohne weiteres an eine diegetische Fotografie delegiert werden kann. In Chions Modell befreit nur das bewegte Bild eines lebendig-präsenten Körpers die Stimme von ihrer rastlosen Wanderung.

THE HALFMOON FILES erzeugt die Position eines »pensive spectator«, indem Mall Singhs suchender Stimme immer nur die ›falschen‹ Körper fotografischer Typisierung angeboten werden. Die ›Nachdenklichkeit‹ des Betrachters bezieht sich dann auf die erzwungene Pose des taxonomischen Verfahrens, den Blick einer kolonialen Wissensproduktion, der sich in den abgefilmten Fotografien artikuliert. Dieser Blick wird sichtbar, weil »die ZEIT stockt«[65] – die Zeit des fotografisch infizierten Films. Scheffners kritische Historiographie löscht die historischen Machteinschreibungen nicht durch eine verlebendigende Re-Präsentation ›geborgener‹ Archivbestände, sondern setzt sie filmästhetisch zweifach unter Spannung, indem er die akusmatische Dynamik durch die Fotografie mit einem temporalen Wechsel kombiniert, der die Zeit des Films mit Barthes' zweitem *punctum* konfrontiert: »… *das wird sein* und *das ist gewesen*; mit Schrecken gewahre ich eine vollendete Zukunft, deren Einsatz der Tod ist.«[66] Mall Singhs Geschichte wird also über eine archivkritische Nicht-Kongruenz von Phonographie und Fotografie geöffnet, die so nur im filmischen Medium herstellbar ist. Durch die Stimme, der die Archivquellen keine inkorporierende Aufnahme bieten können, wirken die fotografierten Körper und Gesichter zusätzlich absent – als habe sie die Geschichte stumm gemacht, im Barthes'schen Sinne »objektiviert«, also zeitlich entrückt und mortifiziert. Aus Sicht des Betrachters vertieft sich dadurch das »past of the past« der Fotografien, die eingesperrt bleiben in eine historische Ordnung des Wissens und eine andere Zeit, die sich der Vergegenwärtigung als Verlebendigung verweigert.[67] THE HALFMOON FILES gibt der Stimme Mall Singhs

---

65 Barthes: *Die helle Kammer*, a.a.O., S. 101.
66 Ebd., S. 106.
67 Der Effekt intensivierter Absenz resultiert dabei auch aus den unterschiedlichen Wirkungsweisen des räumlichen Off in Fotografie und Film, wie Garret Stewart ausgeführt hat: »A photograph seems to *contain* its image, we might say, while a film seeks to *constrain* what it places in view, to keep back all that might from moment to moment crowd upon its moving visual field, while always seeming to promise that something more will soon appear. One

keinen nachträglichen Körper und erlöst die Fotografien nicht aus der Zeit ihrer Aufnahme: »time returns to us brushed by death.«[68] Die Grenzziehungen, die die fotografischen und phonographischen Archivquellen markieren, werden aufeinander bezogen, aber nicht nachträglich zur *living history* einer filmischen Erzählung versöhnt.

Facing Death

Wenn der Film im Freeze Frame ›fotografisch‹ wird oder, subtiler, wenn er ein fotografisches Bild als diegetisches Objekt kadriert, bricht Bellour zufolge die petrifizierte Zeit der Fotografie durch, die ohnehin am Grund des Films lauert. Die Berührung beider Medien produziert eine Zuschauerposition, die aus der Verlebendigungswirkung des filmischen Bewegungsbildes herausgerissen und unvermittelt auf die ›tote‹ fotografische Zeit bezogen wird. Wenn die filmische Dynamik momenthaft aussetzt, wird das Medium zur Mumie ohne Veränderung, dann manifestiert sich ein auch im Film aktualisierbares »thanatographisches«[69] Potential. Die kaderfüllend zitierten Fotografien aus THE HALFMOON FILES übersetzen dieses Hereinbrechen des »past of the past«, der radikalen Alterität und Abgetrenntheit der aufgenommenen Vergangenheit von der Gegenwart der Rezeption in eine Kritik kolonialer Objektivierungsmacht, die sich im fotografischen Medium materialisiert. Die Fotografie erscheint hier als Technik, die einer polizeilichen Logik der Erfassung angehört, die eine Person gefangen nimmt und im Bild einfängt, sie innerhalb einer Ordnung des Wissens indexikalisch markiert und taxonomisch festschreibt. Sean Cubitt hat darauf hingewiesen, dass die Indexikalität des fotografischen Bildes theoriegeschichtlich tendenziell zu

effect of a photograph filling the cinematic frame is to deny to this cinematic »constraint« – in its sudden coincidence with the borders of the photographic »enclosure« – any sense of a world impinging upon it from off-screen, any latent indexing of the contiguous. The film camera seems to trespass upon the photographic space without at all broadening the perimeters of that space. A photograph filling the screen frame, like a freeze frame, thus tends to cancel rather than just block off the *imminently* visible, even as it exposes the illusion of its own *immanence*, stressing instead the absence upon which any second-hand materialization must rest.« Stewart: »Photo-gravure: Death, Photography, and Film Narrative«, in: *Wide Angel*, a.a.O., S. 18.

68 Bellour: »The Pensive Spectator«, in: *Wide Angel*, a.a.O., S. 6.

69 Vgl. zum Topos der Thanatographie Dubois: *Der fotografische Akt. Versuch über ein theoretisches Dispositiv*, a.a.O., S. 163–170.

sentimentalistisch – zu nostalgisch, könnte man mit Cavell sagen – interpretiert worden ist. Für Cubitt gehört es zu den Vorzügen des filmischen Bildes, den ›Polizei-Aspekt‹ des fotografischen Index zu destabilisieren:

»The subjects of nineteenth-century medical, police, and social photographic archives [...] were promised whole and discrete moments of indexicality [...]. Scientists, police officers, and bureaucrats poring over the files believed that the power over images translated into power over the world. By contrast, because every frame of a film is incomplete, it cannot produce that imperial or bureaucratic gaze. Against the tyranny of scientific certainty premised on the distance between observer and observed and the fixity of their relationship, the cinematograph constitutes the viewer as a temporal and temporary subject of the procession of images.«[70]

Auch in s-21 spielen Fotografien eine wichtige Rolle, die im Rahmen einer disziplinären Praxis des Identifizierens und Ordnens produziert wurden und aus heutiger Sicht auch insofern Quellenstatus haben, als sie Zeugnisse der Implementierung eines »bureaucratic gaze« sind. In Tuol Sleng war eine eigens eingerichtete Fotoabteilung für die Produktion von *mug shots* zuständig. Dabei handelt es sich vor allem um Bilder, die die Gefangenen bei ihrer Ankunft erkennungsdienstlich erfassten (en face), wobei sich auch solche darunter befinden, die die Leichen von Insassen zeigen, die unter Folter starben oder sich dieser durch Suizid entzogen. Etwa 6000 dieser Fotografien sind erhalten geblieben. Die meisten von ihnen werden im Tuol Sleng Museum of Genocide ausgestellt. In der Gedenkstätte sind ganze Wandflächen bedeckt mit diesen letzten Aufnahmen zum Tode Verurteilter; Unschuldige, die direkt in die Kamera blicken, einem Apparat ausgeliefert, der ihnen das Leben nehmen wird. Die Fotografien sind Teil der diegetischen Welt von s-21, weil sie, als Wandinstallationen, Teil der Gedenkstätte sind, die den Schauplatz des Films bildet. Ein lakonischer, wiederum von links nach rechts geführter Kameraschwenk gegen Ende des Films gleitet diese endlos

---

70 Sean Cubitt: *The Cinema Effect*, Cambridge, London 2004, S. 40. Vgl. dazu auch Susanne Regner: *Fotografische Erfassung. Zur Geschichte medialer Konstruktionen des Kriminellen*, München 1999.

scheinenden Wände entlang. Es ist die einzige Einstellung, in der s-21 aus der Versuchsanordnung des Sozialexperiments, der Intimität der Täter-Opfer-Begegnung ausbricht und auf die Dimension des Verbrechens hindeutet. Dennoch exponiert Rithy Panh die *mug shots* nicht, sondern belässt sie in ihrer realräumlich-profilmischen Situierung. Oft sind die Fotografien, deren Abzüge von Hand zu Hand gereicht werden, Gegenstand deiktischer Gesten:

»Die Geste des Zeigens – ›hier‹, ›dieser‹, ›das da‹, etc. – findet sich in s-21 vielfach, man könnte sogar sagen, dass sie den Film interpunktiert. Fast immer […] wird sie in Richtung eines Fotos ausgeführt, und wo sie ausgeführt wird, ist darin eine Bezugnahme chiffriert, über den zeitlichen Abstand hinweg, auf die Gesichter und Geschehnisse der Vergangenheit. ›Die hier habe ich verhört.‹ – ›Diesem Gefangenen ist es gelungen, sich umzubringen.‹ – ›Die Kugel ist bei ihm hinten am Kopf ausgetreten.‹ Es sind ehemalige Wachsoldaten, die so sprechen, Halbwüchsige damals, mittleren Alters jetzt: Sie befassen sich sorgfältig mit dem Bildmaterial, und niemals wird einer von ihnen sagen, dass er mit den fotografischen Aufzeichnungen nichts anfangen kann.«[71]

In s-21 fungieren die Fotografien als Requisiten, deren angenommene (und nie zurückgewiesene) Evidenz die Wächter ganz materiell zu gestischen und sprachlichen Bezugnahmen auf eine üblicherweise mit Schweigen belegte Vergangenheit verleitet. Das Reenactment, das Nachspielen der Haftroutinen in den leeren Räumen der heutigen Gedenkstätte, beginnt mit den Zeige-Gesten, die auf die fotografisch repräsentierten Toten deuten. Kaum einmal sind die Einstellungen so kadriert, dass nur die Fotografien in ihnen zu sehen sind. Fast immer ist eine Hand, ein Finger im Bild, fast immer geht es um eine konkrete Interaktion zwischen den Akteuren der Geschichte und den Archivdokumenten – Dokumente, deren Herstellung zu ihren Aufgaben gehörte. Oft zeigt der Film wie die Wächter auf die Bilder blicken und dabei die historische Asymmetrie zwischen Apparat und Opfer, zwischen Subjekt und Objekt des Blicks wiederholen. Die

---

71 Stefanie Diekmann: »Das Haus auf dem Foto. Über Rithy Panhs Dokumentarfilm s-21. LA MACHINE DE MORT KHMÈRE ROUGE«, in: *Fotogeschichte. Beiträge zur Geschichte und Ästhetik der Fotografie*, Jg. 25, Heft 98, Dezember 2005, S. 13–16, hier: S. 14.

Wächter sehen Bilder von Toten, die sie produziert haben, indem sie einen mortifizierenden Blick wiederholen, der am Anfang der Todesmaschine Tuol Sleng stand, einer Institution, die unaufhörlich Dokumente generierte, um die eigenen Handlungsweisen mit pseudo-legitimierender Gesetzmäßigkeit aufzuladen. Die Filmbilder der auf die *mug shots* blickenden Wächter reinszenieren ein Machtverhältnis, indem sie eine Blickachse nachstellen. Die Kluft, die Insassen und Wächter im historischen Raum separierte, wird durch die fotografisch vermittelte Anwesenheit/Abwesenheit der Toten im Zeit-Raum des aktuellen Reenactment zusätzlich vertieft. Die Vergegenwärtigung des Opfer-Täter-Verhältnisses vernäht die Kluft, die beide (historisch, politisch, moralisch) trennt, entlang der fotografisch-filmischen Mediendifferenz. Zusätzlich kompliziert wird diese Konstellation, weil sie sich in zwei Richtungen weiter auffächert: Die eine Komplizierung betrifft das filminterne Verhältnis der *mug shots* zu den Gemälden von Van Nath, einem der beiden Überlebenden, die in s-21 agieren, d.h. mit ihren Peinigern von einst interagieren; die andere betrifft die Zirkulation der *mug shots* außerhalb des Films – und außerhalb der Gedenkstätte. 1997 waren 22 dieser Fotografien im Rahmen einer Kunstausstellung des New Yorker MoMA zu sehen, die den Titel »Photographs From s-21: 1975–1979« trug und auf einen kontextualisierenden Informationsapparat offenbar weitestgehend verzichtete.[72] Die Ausstellung war zuvor bereits u.a. in San Francisco (The Anselm Adams Center of Photography), Boston (The Photographic Resource Center), Zürich (Design Museum) und Sidney (Australian Center for Photography) zu sehen gewesen (meist unter dem Titel »Facing Death«).[73] *Die New York Times* veröffentlichte eine

---

72 Lindsay French: »Exhibiting Terror«, in: Mark Philip Bradley, Patrice Petro (Hg.): *Truth Claims and Human Rights*. New Jersey 2002, S. 131–154, hier: S. 134.
73 Der Hintergrund ist folgender: 1993 stießen die beiden US-Fotografen Chris Riley und Douglas Niven auf das fotografische Material und gründeten in Absprache mit der kambodschanischen Regierung die Non-Profit-Organisation *Photo Archive Group*, die mit Unterstützung der Cornell University begann, die unzähligen Negative aufzuarbeiten und zu entwickeln. In diesem Rahmen erschien 1996 der Fotoband *The Killing Fields* (Twin Palms Press), der 78 Bilder enthielt. Zum Motiv für die Initiierung der Ausstellung wird Riley mit folgenden Worten zitiert: »We thought the images were powerful and spoke with a kind of directness about peoples' experience under the Khmer Rouge. But so few people go to Phnom Penh and visit the Tuol Sleng Museum themselves.

Rezension von Michael Kimmelman, in der Bildbeschreibungen und kunstgeschichtliche Assoziationen überwiegen:

»The names of the people in the 70's photographs are not known, although they're surely now dead. Most pictures show them sitting or standing against a bare wall, eyes at the camera, with hands tied behind their backs or chained to other prisoners, numbers pinned to their shirts. One woman cradles a baby. An image of another woman shows only the tiny arm of a child reaching up to grasp her sleeve. [...]. One image here shows a girl, seemingly calm, against a white background and without a number to identify her as a prisoner. It might almost be a yearbook picture, except that, in this context, the calm seems to be incrompehension, which makes the image unbearable. Another shows a boy, maybe 12 years old, hands tied behind his back, his expression only slightly less placid. The wrenching detail is the number safety-pinned straight into his bare chest: he is like St. Sebastian.«[74]

Das Ausstellungs-Dispositiv lässt sich in diesem Zusammenhang sicherlich auf verschiedenen Ebenen problematisieren – die Kernfrage ist dabei aber die nach der Positionierung des Betrachters. »Eyes at the camera«, schreibt Kimmelman und paraphrasiert anschließend die einschlägige Lewis Payne-Passage aus Barthes' *Die helle Kammer*.[75] Was in seinen Ausführungen fehlt, ist eine Analyse der prekären Attraktion dieser Bilder, sofern sie sich daraus speist, dass der Blick der grundlos zum Tode Verurteilten einem Apparat gilt, den ihre zukünftigen Mörder auf sie gerichtet haben: »The directness of the people's gaze holds us. They are, in effect, facing their executioner in the lens of the camera, and we stare back at them from the place of the executioner.«[76] Unweigerlich produzieren diese foto-

---

Our goal was to get the pictures out into the world, to enable more people to see them, and perhaps be inclined to learn something more about Cambodia.« Zitiert nach: French: »Exhibiting Terror«, in: *Truth Claims and Human Rights*, a.a.O., S. 134.

74 Michael Kimmelman: »Poignant Faces of the Soon-to-Be-Dead«, in: *The New York Times*, 20.6.1997.

75 »Das *punctum* aber ist dies: er wird sterben.« Barthes: *Die helle Kammer*, a.a.O., S. 106. Vgl. dazu auch: Jacques Derrida: *Die Tode von Roland Barhes*, Berlin 1987, S. 28ff.

76 French: »Exhibiting Terror«, in: *Truth Claims and Human Rights*, a.a.O., S. 135.

grafischen Dokumente eine perspektivische Identifikation mit einem Blick der Macht, von dem sich der Betrachter zwar kognitiv distanzieren kann, indem er die Fotografien beispielsweise als Dokumente genau dieses historischen Blickverhältnisses rationalisiert – außer Kraft setzen, verschieben, reperspektivieren kann er ihn nicht. Wer die Fotografien anblickt, konsumiert über die raumzeitliche Distanz hinweg das Produkt eines Täterblicks bzw. einer institutionellen Praxis des Tötens – und es ist diese Distanz, die das ästhetische Privileg des Betrachters konstituiert. Lindsay French weist daraufhin, dass die Ausstellung nicht nur von einer historischen Machtkonstellation handelt, sondern zugleich das Resultat einer gegenwärtigen ist:

»That these photographs are on exhibition at MoMA at all is a demonstration of a complicated and particular set of power relations. In fact they *do not* belong in the control of anyone in the U.S. art community. They are part of Cambodia's ›national heritage‹ and properly belong in the control of the Cambodian people. But ›the Cambodian people‹ do not control anything; specific people in positions of power do. [...]. This is the reality of Cambodia's position in the world today; few people are able to make legitimate use of those things of value to which they have unique access, and many are willing to trade them away for what constitutes an extremely low price anywhere else in the world. [...]. The possibilty that the images will be exhibited in ways that fail to represent their specific historical weight and significance will always exist. The MoMa show is a good example of this.«[77]

Rithy Panhs s-21 bildet zunächst einmal einen weiteren ästhetischen Kontext, in dem die Tuol-Sleng-Fotografien global zirkulieren. Der Film setzt ihnen dabei jedoch einen erinnerungspolitischen Rahmen, der die Fotografien nicht aus der historischen Perspektive entlässt, der sie ihre Existenz verdanken. Das erste Bild, das s-21 von Tuol Sleng zeigt, noch bevor der Film den Raum, in dem er spielen wird, filmisch etabliert, ist, in Großaufnahme kadriert, ein Gemälde von Van Nath, das dieser gerade fertig stellt, indem er in ruhigen Bewegungen einen Pinsel über die Oberfläche einer Leinwand führt. Es stellt eine Szene dar, die der Maler selbst erlebt, aber nicht gese- [Stills I.2.2] hen hat: Zu sehen ist eine Reihe aneinandergeketteter, verängstigter

---

77 Ebd., S. 144f.

Männer, die bei ihrer Einlieferung in Tuol Sleng Augenbinden tragen. Van Nath, der überlebte, weil dem Lagerkommandanten Kaing Guek Eav alias Duch die Porträts gefielen, die er von ihm anfertigte, eignet sich im Medium der Malerei eine Szene an, die er erinnert, ohne einen direkten visuellen Eindruck von ihr memoriert zu haben. Rithy Panh inszeniert diesen Moment ganz buchstäblich als Kontaktaufnahme: Der Pinsel des Malers berührt die Leinwand, die Erinnerung materialisiert sich als Bild und etabliert einen Zeugen, der sich genügend Distanz zur Vergangenheit erarbeitet hat, um die direkte Auseinandersetzung, die eigentlich unvorstellbare Kontaktaufnahme mit den Tätern, nicht scheuen zu müssen. Durch die Berührungsgeste und den dazu sich sprechend erinnernden Maler werden die Gemälde zu den privilegierten Geschichtsbildern des Films, während die Fotografien nur Vehikel bleiben, um die Täter in den historischen Raum zurückzuversetzen, den sie in ihren Erinnerungsperformanzen vergegenwärtigen. In einer späteren Szene werden die Gemälde endgültig mit jener Dignität des Zeugnisses aufgeladen, die der Film den Fotografien sukzessive entzieht: »Einmal [...] legt der Maler seinen Finger auf das Gemälde und sagt: ›Der hier [eine Figur in der vierten Reihe des Gemäldes] war sehr krank.‹ Es ist eine deiktische Geste, etwas unvermutet und so bestimmt ausgeführt, wie es eigentlich nur bei einem Foto denkbar ist. Für einen Moment (einmalig) wird für das gemalte Bild dieselbe referenzielle Qualität beansprucht wie für das fotografische [...].«[78]

Wenn gegen Ende des Films die Wächter ein vergrößertes Foto von Choeung Ek, das die Topographie des Hinrichtungsortes zeigt, auf dem Boden des ehemaligen Verhörraums ausrollen und in die staubige Oberfläche des Bildes aus der Erinnerung Markierungen einzeichnen, die den Ablauf der Exekutionen nachvollziehen (»Hier hat man sie ausgeladen«, »Hier tötete man sie«), wird die ›indexikalische‹ Berührung des Malerpinsels direkt gespiegelt. Die Fotografie gehört in s-21 zur Ordnung der Täter, sie ist deren Erinnerungs-Medium und Ausdruck jener Macht, die gegen die Opfer ausgeübt wurde. Nie kadriert Rithy Panh eine Fotografie so, dass sie den gesamten Kader ausfüllt, während die Gemälde Van Naths in Detailaufnahmen

---

78 Diekmann: »Das Haus auf dem Foto. Über Rithy Panhs Dokumentarfilm s-21. LA MACHINE DE MORT KHMÈRE ROUGE«, in: *Fotogeschichte. Beiträge zur Geschichte und Ästhetik der Fotografie*, a.a.O., S. 13–16, hier: S. 14.

vergrößert, abgetastet und dabei filmisch beglaubigt werden. Eine allegorische, universalistische Lektüre, welche die MoMA-Ausstellung zu befördern scheint,[79] wird dadurch blockiert. Der bürokratische, der historische Blick wird nicht durch einen nachträglichen (Kamera-)Blick ästhetisch um- und aufgewertet. Die Fotografien von Tuol Sleng zeigt s-21 im Prinzip nur dann, wenn auch ein Täter im Bild ist, weil sie genau das sind: Täterbilder.

I.3 Zeitreisen, geformte Zeiten

Die Vergegenwärtigung von Vergangenheit kann sich in unterschiedlichen Medien und Modi vollziehen, diverse Zwecke verfolgen, der Erfahrung oder der Erkenntnis dienen. Das *time shifting* von Kinematographie und Historiographie, die audiovisuell oder textuell, ästhetisch und epistemisch formatierte Zeitreise, die beide kulturellen Formen der Bezugnahme auf Vergangenheit organisieren, wirft auf verschiedenen Ebenen die Frage nach dem zu Grunde liegenden Verständnis geschichtlicher Zeit und deren genereller Darstellbarkeit auf. Auch diesbezüglich kann die Antwort letztlich nur im Hinblick auf konkrete historiographische respektive filmische Praktiken und deren (Re-)Konstruktion geschichtlicher Ereignisreihen gegeben werden. Vergegenwärtigung bedeutet hier, den historischen Verlauf in eine temporale Sequenz zu übersetzen und so zu organisieren, dass er als Objekt des Verstehens und der Wahrnehmung nachvollziehbar wird.

Aus Sicht der Geschichtswissenschaft, der Disziplin, die sich mit »den Menschen in der Zeit«[80] (Marc Bloch) befasst, ist damit ein

---

79 »The people in these photographs are individuals, caught up in a particular historical moment. Each has his or her own specific story. But we do not know their stories; we know nothing about them as individuals and, on the basis of this exhibition, almost nothing about the circumstances that brought them here. We can only recognize in each person's evident uniqueness a common condition of being human. They cannot speak to us for themselves because *we* do not know anything about *them*. They can only convey something more abstract or general. They can speak to what we all share by virtue of our humanity.« French: »Exhibiting Terror«, in: *Truth Claims and Human Rights*, a.a.O., S. 138f.
80 Bloch: *Apologie der Geschichtswissenschaft oder Der Beruf des Historikers*, a.a.O., S. 32.

zentrales epistemologisches Problemfeld benannt, weil Subjekt wie Objekt des Erkenntnisinteresses in einem starken Sinn zeitgebunden sind. In Kracauers *Geschichte – Vor den letzten Dingen* zieht sich eine weit ausholende Diskussion der »Natur der Zeit«,[81] die sich auf die geschichtstheoretischen Implikationen von Zeitverhältnissen, Zeiträumen, Zeitschichtungen konzentriert, durch mehrere Kapitel[82] – wobei auffällt, dass Kracauer in dieser Hinsicht die behauptete Analogie zwischen den »Vorraum-Medien« Historiographie und Kinematographie nur sehr punktuell in Anschlag bringt. Eröffnet wird die Diskussion durch eine Auseinandersetzung mit der Frage, inwiefern »historische Wahrheit eine Variable des Gegenwart-Interesses«[83] ist. In einer etwas aktuelleren Terminologie formuliert geht es um die Problematik des Standortwandels: »[...] dass sich mit dem Wandel der Geschichte auch die historischen Äußerungen über diese Geschichte wandeln.«[84] Für Koselleck steht die moderne Geschichtsschreibung unter den Prämissen der »verzeitlichten« Geschichte[85] vor dem Problem, dass die neu entfachte temporale Dynamik die Vergangenheit gewissermaßen schneller und absoluter wegsinken lässt. Die Entkleidung der Geschichte von Metaphysik und Wiederholungszwang setzt sie zwar frei, produziert aber zugleich eine neue Form ihres Verschwindens. Gemeint sind hier weniger die rhetorischen

---

81 Kracauer: *Geschichte – Vor den letzten Dingen*, a.a.O., S. 219.
82 Vgl. vor allem die Kapitel III (Gegenwarts-Interesse), IV (Die Reise des Historikers) und VI (Ahasver oder das Rätsel der Zeit).
83 Kracauer: *Geschichte – Vor den letzten Dingen*, a.a.O., S. 74.
84 Koselleck: *Vergangene Zukunft*, a.a.O., S. 176.
85 Zum terminologischen Hintergrund: In Kosellecks historischer Semantik ist der moderne »Kollektivsingular« Geschichte ein Produkt der Sattelzeit 1770–1830, wobei die begriffsgeschichtliche Ebene zugleich einen Erfahrungswandel indiziert, also in einem »epochalen Zusammenhang« steht. Das im Kontext der Französischen Revolution dominant werdende Modell der Geschichte, »die selbst zu einem Subjekt [wird]« Ebd., S. 50. weist die eschatologische Erwartung einer Endzeit zurück, die die christliche Geschichtserfahrung prägte, und entdeckt die geschichtliche Zeit in Abgrenzung zur »naturhaften Zeit«: »Wenn man so will, handelt es sich um eine Verzeitlichung der Geschichte, die sich seitdem von naturalen Zeitkategorien abhebt. Zwei naturale Zeitkategorien hatten bis in das achtzehnte Jahrhundert die Abfolge und die Berechnung historischer Ereignisse gewährleistet: der Umlauf der Gestirne und die natürliche Erbfolge der Dynastien.« Ebd., S. 58. Die Denaturalisierung der Geschichte dynamisiert diese und überführt das zyklische (bzw. statische) Verständnis der Geschichte in eine neue Form nicht-reversibler, direktionaler Prozesshaftigkeit.

Indienstnahmen der Geschichte durch die Politik und die neue Metaphysik idealistischer Geschichtsphilosophie, sondern die methodologischen Konsequenzen des »Einmaligkeitsaxioms« (Koselleck) für die historiographischen Erkenntnisinteressen. Oder anders formuliert: Das neuzeitliche Bewusstsein von der geschichtlichen Bedingtheit jedes angenommenen Fundaments historischer Erkenntnis erodiert dieses und hinterlässt der Historiographie die epistemologische Herausforderung, ihre referentielle Ambition, auf die sie nicht verzichten kann, ohne den Dienst zu quittieren, wissenschaftstheoretisch neu zu plausibilisieren. Für Koselleck ist der temporaldynamisch induzierte historische Relativismus selbst historisierbar – als Produkt der neuzeitlichen »Entdeckung der geschichtlichen Welt«.[86] Die zuvor primär räumlich-geographisch begriffene Standortgebundenheit historischer Erkenntnis wird nun auch als Problem zeitlicher Relativität virulent. Die neue Wertschätzung zeitlicher Distanz als notwendigem »Erkenntnisabstand« ersetzte das methodisch zunehmend skeptisch betrachtete Projekt einer Geschichtsschreibung vergehender Gegenwart (Zeitgeschichte) durch eine Hinwendung zur »vergangenen Geschichte«.[87] Die »Temporalisierung der Perspektive« wird in der modernen Historiographie durch ein Akkumulations-Theorem kompensiert. Je weiter die Vergangenheit der Gegenwart entrückt, desto klarer kann sie demzufolge von einer expandierenden historiographischen Praxis erfasst werden, die im (Selbst-)Gespräch mit der Geschichte der Geschichtswissenschaft immer mehr Erkenntnisse von dieser Vergangenheit ansammelt: »Seitdem sie in die zeitliche Perspektive ihrer geschichtlichen Erkenntnis getaucht wird, ist aus der historisch relativen Wahrheit eine überlegene Wahrheit geworden.«[88]

Kracauer argumentiert diesbezüglich vor allem gegen Vertreter der Theorie des Gegenwarts-Interesses wie Benedetto Croce und Robin George Collingwood, denen er vorhält, sie gingen von einer falschen Prämisse aus, nämlich der, dass es einen homogenen Zeitraum gibt, dem der Historiker – als ›Kind seiner Zeit‹ – mit determinierender Konsequenz zugehörig ist. Darin impliziert sei, dass »der Gegenwarts-

---

86 Ebd.
87 Ebd., S. 331f. u. 189.
88 Ebd., S. 195.

moment virtuell alle vorherigen Momente in sich fasst«,[89] womit der entscheidende Unterschied von »Gegenwarts-Interesse als Ausgangs- und Endpunkt historischer Forschung«[90] verwischt werde und eine faktisch nicht vorliegende Einheitlichkeit unterstellt würde: »Auch Gleichzeitigkeit begünstigt Kohäsion. Aber wenn der Zeitraum überhaupt eine Einheit ist, dann eine diffuse, fließende und wesentlich unfassbare.«[91] Kracauer geht es letztlich nicht darum, eine nicht-relative Erkenntnisposition außerhalb der Geschichte zu postulieren, sondern einerseits um eine Problematisierung von ›Gegenwart‹ (als Zeit-Container, der sich über alle historiographischen Erkenntnisformen stülpt, die dann vor allem das sind: Ausdruck jener Gegenwart, die sie hervorgebracht hat)[92] und andererseits um eine Kritik der Chronologie als privilegiertes Ordnungsmodell der Geschichtsschreibung. Die Hinterfragung der Vorstellung eines homogenen Zeitraums, der die in ihm stattfinden Ereignisreihen nicht nur durchwirkt, sondern auch in der Deutung zusammenbindet, zielt bei Kracauer auf Möglichkeiten und Grenzen eines nicht-linearen Verständnisses geschichtlicher Zeit. Es gelte, »unser Vertrauen in die Kontinuität des Geschichtsprozesses und dementsprechend in die Macht chronologischer Zeit zu erschüttern«, weil »Geschichte [in Wirklichkeit] aus Ereignissen [besteht], deren Chronologie uns nur wenig über ihre Beziehungen und Bedeutungen mitteilt. Da gleichzeitige Ereignisse häufig an sich asynchron sind, ist es in der Tat nicht sinnvoll, sich den geschichtlichen Prozess als einen homogenen Fluss vorzustellen.«[93] Im Unterschied zu auf den ersten Blick ähnlichen Positionen wie Benjamins Postulat »das Kontinuum der Geschichte aufzusprengen«,[94] in dem sich Historismus- und eine bestimmte Spielart der Fortschrittskritik verbinden[95] und auch im Gegensatz zu Foucaults genealogischem

---

89 Kracauer: *Geschichte – Vor den letzten Dingen*, a.a.O., S. 74.
90 Ebd., S. 87.
91 Ebd., S. 77.
92 »Wenn das ›historische und soziale Milieu‹ des Historikers nicht ein in sich geschlossenes Ganzes, sondern ein zerbrechliches Kompositum häufig inkonsistenter Strebungen im Fluss ist, hat die Behauptung, es forme seinen Geist, wenig Sinn.« Ebd., S. 77.
93 Ebd., S. 158 u. 165.
94 Walter Benjamin: »Über den Begriff der Geschichte«, in: ders.: *Gesammelte Schriften*, Band I.2, Frankfurt/M. 1991, S. 693–703, hier: S. 702.
95 »Die Vorstellung eines Fortschritts des Menschengeschlechts in der Geschichte ist von der Vorstellung ihres eine homogene und leere Zeit durch-

Begriff geschichtlicher Diskontinuität, der auf eine Destabilisierung des Erkenntnissubjekts abzielt,[96] schränkt Kracauer seine Absage an die Chronologie durch eine für das Geschichtsbuch typische Vermittlungsfigur schließlich wieder ein. In der Formel der »Antinomie im Innersten der Zeit«[97] verbirgt sich dabei eine Teilrevalidierung des kontinuierlichen Zeitflusses.[98] In mehreren Anläufen spricht Kra-

---

laufenden Fortgangs nicht abzulösen.« Ebd., S. 701. Kracauer kritisiert Benjamin explizit dafür, bei einer geschichtstheologischen Eskamotierung chronologischer Zeit stehen zu bleiben (Kracauer: *Geschichte – Vor den letzten Dingen*, a.a.O., S. 171) und sucht seinerseits nach einer ›zeitkonservativeren‹ Formel, die sich erstens besser mit den metahistoriographischen Diskursen verbinden lässt und die zweitens an der Idee eines Restfundaments historischer Erkenntnismöglichkeit, eines Standortes, der vor den Erosionsdynamiken geschichtlicher Relativität geschützt ist, festhält. In diese Richtung deutet auch die gegen Adorno gemünzte Bemerkung: »[...] einige ontologische Fixierungen sind erforderlich.« Ebd., S. 221.

96 Die von Foucault geforderte »Zerstörung des Erkenntnissubjekts« ist mit Kracauers Projekt einer kritischen Würdigung des »Historiker-Ichs« zwar kaum vereinbar, dennoch wird auch im Geschichtsbuch ein Konzept brüchiger Identität angedeutet: »Konvergieren nicht desgleichen die Fragmente von jenem Ich, das jeder von uns zeitweilig zu sein glaubt, und fügen sich zu einer Einheit oder einem Schein zusammen?« Kracauer: *Geschichte – Vor den letzten Dingen*, a.a.O., S. 145. Auch in anderer Hinsicht ließen sich Übereinstimmungen weiterverfolgen. So wird Kracauers auffällige Distanz zum Begriff des »Ursprungs« in Foucaults Nietzsche-Deutung zum Programm erhoben: »Sie [die Genealogie] muss sich vielmehr bei den Einzelheiten und Zufällen der Anfänge aufhalten [...].« Michel Foucault: »Nietzsche, die Genealogie, die Historie«, in: Christoph Conrad, Martina Kessel (Hg.): *Kultur und Geschichte. Neue Einblicke in eine alte Beziehung*, Stuttgart 1998, S. 43–71, hier: 47 u. 69. Bereits im Fotografie-Aufsatz argumentiert Kracauer gegen die Annahme, »irgendeine Erscheinung rein aus ihrer Genesis erklären zu können«. Kracauer: »Die Photographie«, in: *Das Ornament der Masse*, a.a.O., S. 24. Vgl. dazu auch den Abschnitt »Der Götze Ursprung« in Bloch: *Apologie der Geschichtswissenschaft oder Der Beruf des Historikers*, a.a.O., S. 33ff.

97 Vgl. dazu auch Johann Kreuzer: »Augenblick und Zeitraum. Zur Antinomie geschichtlicher Zeit«, in: *Siegfried Kracauer: neue Interpretationen*, Stauffenburg, a.a.O., S. 159–170.

98 Für Jakob Tanner markiert Kracauer in der Verteidigung eines gleichwohl brüchigen geschichtlichen Kontinuums auch die Faktizität historischer Ereignisse: »Mais si l'histoire n'est plus un processus homogène, mais plutôt un mélange de modifications kaleidoscopiques, si le fleuve du temps n'est qu'une fantasmagorie mentale, comment peut-on analyser les discontinués alors privées d'une causalité déterministe? Il est nécessaire, en tous le cas, de repousser l'idée d'un temps comme principe prométhéen ayant la capacité de créer la réalité historique.« Jakob Tanner: »Le voyage de l'historien. Temps et contingence

cauer von »der paradoxen Beziehung zwischen der Kontinuität des geschichtlichen Prozesses und ihren inneren Brüchen«, der »unentwirrbaren Dialektik [...], die zwischen dem Fließen der Zeit und den zeitlichen Abfolgen herrscht«.[99] Sieht man von den geschichtsphilosophischen Exkursen ab, die Kracauer rund um seine Deutung der legendarischen Figur des Ahasvers und der messianistischen Idee vom Ende der Geschichte anlegt,[100] scheint das Geschichtsbuch auf dieser Ebene vor allem auf den Begriff der »geformten Zeiten«[101] zuzulaufen. Gegen die Überschätzung der Chronologie und für die Notwendigkeit, bestimmte historische Zusammenhänge nach anderen Ordnungskriterien zu gruppieren, zu Mustern, die die Bedeutsamkeit des Zeitpunktes relativieren bzw. daraus keine weitergehenden Kausalitäten im Prozess des historischen Verstehens ableiten, argumentiert Kracauer mit dem US-amerikanischen Kunsthistoriker George Kubler[102] und dessen Lehrer Henri Focillon. Beide gehen davon aus, dass Kunstgeschichte – hier verstanden als Geschichte der Entfaltung von Kunstformen – einer eigenen temporalen Logik gehorcht, dass »gleichzeitige Kunstereignisse oft verschiedenen ›Zeitaltern‹ angehören«.[103] Kracauer macht sich dieses Argument zu eigen, um eine fast systemtheoretisch anmutende Idee zu vertreten, die von einer Teil-Autonomie der einzelnen »Bereiche« der historischen Welt ausgeht:

> »Der ›geschichtliche Prozeß‹ umfasst unvermeidlich eine Vielzahl von Bereichen. Die Kunstgeschichte ist nur einer davon; andere Bereiche beinhalten politische Angelegenheiten, soziale Bewegungen, philosophische Lehren usw. Nun haben aufeinanderfolgende Ereignisse in ein und demselben Bereich offensichtlich mehr Aussicht, sinnvoll aufeinander bezogen zu sein, als jene, die über verschiedene Bereiche verstreut

---

chez Kracauer«, in: *Siegfried Kracauer: penseur de l'histoire*, a.a.O., S. 65–75, hier: S. 72. Ähnlich argumentiert Lucian Hölscher für die Idee einer relativen »Einheit« der Geschichte – als unverzichtbarer »spekulativer Prämisse« moderner Historiographie (vgl. Hölscher: *Neue Annalistik*, a.a.O., S. 23ff.).

99 Kracauer: *Geschichte – Vor den letzten Dingen*, a.a.O., S. 175.

100 Vgl. dazu Jay: *Permanent Exiles*, a.a.O., S. 189 und Koch: *Kracauer zur Einführung*, a.a.O., S. 152.

101 Kracauer: *Geschichte – Vor den letzten Dingen*, a.a.O., S. 178.

102 Kubler scheint derzeit eine kleine Renaissance zu erfahren, vgl. Hans-Jörg Rheinberger: »Wissenschaftsgeschichte mit George Kubler«, in: *Texte zur Kunst* 76, Dezember 2009, S. 46–51.

103 Kracauer: *Geschichte – Vor den letzten Dingen*, a.a.O., S. 158.

sind [...]. Um die Sache zu vereinfachen, darf man annehmen, daß die Ereignisse in jedem einzelnen Bereich nach einer Art immanenter Logik aufeinanderfolgen. Sie bilden eine verständliche Abfolge. Jede solche Abfolge entfaltet sich in einer ihr eigentümlichen Zeit.«[104]

Der gleiche Gedanke findet sich auch bei Claude Lévi-Strauss, mit dem Kracauer während der Arbeit am Geschichtsbuch korrespondierte:

»Die Geschichte ist ein diskontinuierliches Ganzes, das aus Geschichtsgebieten besteht, von denen jedes durch eine Eigenfrequenz und eine differentielle Kodierung des Vorher und des Nachher definiert ist. Zwischen den Daten, aus denen jedes sich zusammensetzt, ist der Übergang ebenso wenig möglich wie zwischen rationalen und irrationalen Zahlen. Genauer gesagt: die jeder Klasse eigenen Daten sind irrational in Bezug auf alle Daten der anderen Klasse. Es ist also nicht nur illusorisch, sondern auch widerspruchsvoll, das historische Werden als einen kontinuierlichen Ablauf aufzufassen. [...]. Die berühmtesten Episoden der neueren und der Zeitgeschichte verlieren ihre Relevanz, wenn sie im System der Vorgeschichte kodiert werden, abgesehen vielleicht (aber auch darüber wissen wir nichts) von einigen massiven Aspekten der im Weltmaßstab betrachteten demographischen Entwicklung, der Erfindung der Dampfmaschine, der Elektrizität und der Atomenergie.«[105]

Im Geschichtsbuch gibt Kracauer nur wenige Hinweise,[106] wie einem solchen Verständnis geschichtlicher Zeit, das Chronologie und

---

104 Ebd., S. 161f.
105 Claude Lévi-Strauss: *Das wilde Denken*, Frankfurt/M. 1968, S. 299f.
106 Jacob Burckhardts *Kultur der Renaissance in Italien* findet Kracauers Anerkennung: »Folglich hat man sich die Renaissance nicht als eine unzusammenhängende Anhäufung von Ereignissen vorzustellen, sondern als ein Ganzes mit einer Bedeutung, die jegliches seiner Elemente durchdringt. Das heißt, Burckhardt tritt aus der chronologischen Zeit nur heraus, um sich am Ende von ihrem Fluss tragen zu lassen. So scheint es zumindest. Denn ist ein Zeitraum erst in seiner Komplexität als ein integriertes Ganzes erkannt, sinken die geformten Zeiten der Bereiche wie von selbst in die Vergessenheit zurück und die Chronologie neigt zusammen mit dem totalen Geschichtsprozess dazu, erneut Bedeutung anzunehmen.« Kracauer: *Geschichte – Vor den letzten Dingen*, a.a.O., S. 175.

Kontinuität auf der einen Seite zu delegitimieren versucht,[107] anderseits aber auch von der Idee eines radikal fragmentierten, uneinheitlichen, unverbundenen historischen Universums Abstand hält, in der historiographischen Praxis Rechnung zu tragen wäre. Auch die Auslotung eines Standortes, der dem geschichtlichen Wandel epistemologisch standhält, fällt relativ vage aus.[108] Bemerkenswert ist zudem, dass Kracauer den Film in diesem Zusammenhang nur an einer Stelle ins Spiel bringt:

> »Aus der Sicht der hier skizzierten Aussagen sind alle Geschichten, die den ›Lauf der Zeit‹ darstellen, Trugbilder – Bilder auf einer Leinwand, die die Wahrheit, die sie dem Schein nach wiedergeben, verbirgt. Es ist anzunehmen, daß jeder Zeitraum ein neues Bild beisteuert und die so hergestellten sukzessiven Bilder Schicht um Schicht die immer größer werdende Leinwand auf eine Art bedecken, die sehr schön von dem Dokumentarfilm LE MYSTÈRE PICASSO von Clouzot illustriert wird. Dieser zeigt den Künstler beim Schaffensprozeß. Wir sehen, daß Picasso unmittelbar, nachdem er skizziert hat, was er im Sinn zu haben scheint, seinen ersten Entwurf mit einem zweiten überdeckt, der sich nur noch indirekt auf ihn bezieht. Und so geht es immer weiter; jedes neuentstehende System von Linien oder Farbflecken hat so gut wie nichts mit seinem Vorgänger gemein.«[109]

Es ist interessant, dass Kracauer den Film zwar mit dem Begriff des »Trugbildes« in Verbindung bringt – man könnte auch sagen: die Kontinuitätsillusion des Bewegungsbildes mit dem zu überwindenden »A-priori-Vertrauen«[110] in die Kontinuität der Geschichte –, zugleich aber ein Beispiel anführt, in dem der Film historische Diskontinuität »illustriert«. Folgt man dieser Spur ein Stück weiter, lässt sich

---

107 An einer Stelle deutet Kracauer auch an, dass seine Position sich vor allem von der Vorstellung einer Totalität des historischen Prozesses und dem »Hirngespinst der Universalgeschichte (jenem phantomgleichen Gegenstück zur fließenden Zeit)« (ebd., S. 158) abgrenzen soll.
108 »Wir leben in einem Katarakt der Zeiten. Und inmitten dieser zeitlichen Ströme gibt es Hohlräume und Blasen, die undeutlich an Interferenzphänomene erinnern. Das führt mich dazu, auf eine vorläufige Art von der ›begrenzten‹ Relativität bestimmter Ideen zu sprechen.« Ebd., S. 218f.
109 Ebd., S. 172f.
110 Ebd.

das Verhältnis zwischen »gleichförmigem Zeitfluss« und »geformter Zeit« durchaus auch in einem allgemeineren Sinn auf die temporalen Eigenschaften des Films, d.h. die Konfiguration seiner drei Zeiten beziehen. Die äußerliche, medientechnische Zeit des Films, die Zeit der Aufführung, in der kontinuierlich 24 Bilder pro Sekunde projiziert werden, ist die Voraussetzung für das Wahrnehmbarwerden der synthetischen Zeit der Diegese, die ihrerseits das Produkt einer Formung gespeicherter Zeit ist. Entscheidend ist vor allem, dass die filmische Vergegenwärtigung aufgezeichneter Zeit diese nicht einfach wiedergibt, sondern in einer anderen und als eine andere Zeit re-produziert. *In einer anderen Zeit*, weil, im Metz'schen Sinn, Zeit filmisch nur indirekt und vermittelt reproduziert wird, nämlich in der Form einer neu produzierten zeitlichen ›Einheit‹, die der Dauer der jeweiligen Projektion entspricht. *Als eine andere Zeit*, weil sich die »geformte« (montierte, zwischen Erzählzeit und erzählter Zeit sich entfaltende, fiktionale) Zeit der Diegese variabel auf die Aufzeichnungszeit beziehen kann. Der Film mag zwar auf einem technisch garantierten »Lauf der Zeit«, einer kontinuierlichen (Projektions-) Zeit basieren, das bedeutet aber nicht, dass er in irgendeiner Form auf die Darstellung und Erzählung chronologischer Geschichten festgelegt wäre. Im Gegenteil: Das Zeitmedium Film hat nicht nur eine ganze Reihe an Konventionen (Rückblende, Parallelmontage, Split-Screen usf.) entwickelt, um mehr oder weniger komplexe raum-zeitliche Konstellationen, Gleichzeitigkeiten und Ungleichzeitigkeiten zu figurieren, sondern ist, wie mit Blick auf S-21 und HALFMOON FILES bereits analysiert, auch jenseits etablierter Erzähltechniken dazu in der Lage, filmische Zeit historiographisch produktiv zu »formen«.

Rückblenden

Gerade weil Kracauer ›Gegenwart‹ als epistemologisch problematischen Standort betrachtet, beschreibt er die »Reise des Historikers« als einen Vorgang, der Objekt und Subjekt der Recherchebewegung aufeinander zubewegt, wechselseitig verschiebt, destabilisiert. Dabei stellt sich ihm vor allem die Frage, wie das historiographisch gesichtete Material wiederholt, gesichert und in die Gegenwart überführt werden kann:

>»Wie Orpheus muß der Historiker in die Unterwelt hinabsteigen, um die Toten ins Leben zurückzubringen. Wie weit werden sie seinen Lockun-

gen und Beschwörungen folgen? Sie sind für ihn verloren, wenn er beim
Auftauchen ins Sonnenlicht der Gegenwart sich umwendet, aus Furcht,
sie zu verlieren. Aber ergreift er nicht genau in diesem Augenblick zum
ersten Mal von ihnen Besitz – in dem Augenblick, wo sie auf immer fortgehen, um in einer Geschichte zu verschwinden, die er selbst gemacht
hat? Und was stößt dem Rattenfänger auf seinem Weg nach unten und
oben zu? Denken wir daran, dass seine Reise nicht einfach in einer Hin-
und Rückfahrt besteht.«[111]

Kracauer betont hier sowohl den subjektiven als auch den konstruktiven Aspekt der Historiographie, die das Material der Vergangenheit, die Quellen, nicht einfach in ihrem Medium transparent
macht, sondern einer Transformation, einer ›Machart‹ unterzieht,
das Material also deutet, narrativisiert und in einen Erklärungszusammenhang einfügt. Im »Sonnenlicht der Gegenwart« bewahrt der
Text der Geschichtsschreibung lediglich eine Ansicht des historischen Zusammenhangs, eine Perspektive, die durch das »bewegliche
Ich«[112] des Historikers, seine Erkenntnisinteressen und Recherchersa-
ter hindurchgegangen ist. Er reist mit seiner Interpretation der Quelle
»durch Zeit – ein Medium, dessen Komplexität sein Fortschreiten
zusätzlich behindert«[113] und zugleich ein Darstellungsproblem aufwirft: Wie ist ein Reisebericht vorstellbar, der nicht lediglich vor-
gibt, ein gesichertes Ergebnis zu protokollieren, sondern zugleich die
Reisebewegung zwischen den Zeiten, den Prozess der Akquise und
Deutung und vor allem die Dynamik zwischen Anfangs- und Endpunkt der Reise mitartikuliert?

SERRAS DA DESORDEM beantwortet diese Frage ähnlich wie S-21: mit
der insistierenden Gegenwärtigkeit eines inszenierten Reenactments.
Im Unterschied zu Rithy Panh arbeitet der brasilianische Regisseur
Andrea Tonacci mit ›Rückblenden‹, genauer: mit Überblendungen,
die mit der Konvention der Rückblende spielen. Wiederum werden
vergangene Handlungen und Zusammenhänge vergegenwärtigt,
ohne dass der Gegenwartsstandpunkt aufgegeben würde. Genau
genommen handelt es sich um Überblendungen, die eine Rückblende anmoderieren, welche dann aber, im Sinne der Konvention,

---

111 Ebd., S. 91.
112 Ebd., S. 93.
113 Ebd., S. 116.

76

ausbleibt, weil die diegetische Gegenwart nur partiell zugunsten der Evokation einer diegetischen Vergangenheit ausgeblendet wird; sie bleibt also im Bild, obwohl sie ganz zurücktreten müsste. SERRAS DA DESORDEM vergegenwärtigt einen historischen Ereigniszusammenhang, ohne in die Vergangenheit ›einzutauchen‹; dennoch wird diese in der Gegenwart der Wiederholung evoziert. Wiederum spielt jemand sich selbst, d.h.: die eigene Geschichte nach, um von einer zu erzählen, die die subjektive Rückschau transzendiert.

Das Reenactment ist hier eher loser Rahmen als minutiös programmierte Nachstellung und organisiert sich über die Wiederholung einer Reise: Carapirú, Angehöriger eines indigenen Stammes im Dschungel des westbrasilianischen Bundesstaates Maranhão, wiederholt eine Fluchtbewegung, zu der er etliche Jahre zuvor gezwungen wurde, nachdem lokale Siedler ein Massaker im Dorf der Tupi-Guaja verübt hatten. Carapirú überlebte, verbarg sich über 10 Jahre lang allein im Urwald, wurde dann von wohlmeinenden Farmern aufgenommen und schließlich von der umstrittenen staatlichen Behörde für »indianische Angelegenheiten« (FUNAI) mit anderen Überlebenden und deren Nachkommen ›wiedervereinigt‹. Der Film erzählt diese gerade chronologisch sortiert wiedergegebene Geschichte vermittelt und in Distanz zur chronologischen Schilderung – indem er dokumentiert, wie Carapirú wesentliche Stationen seiner Reise wiederholt, relevante Personen (eine Farmerfamilie, einen Anthropologen) und Orte (eine Dorfschule, die modernistisch-urbane Landschaft Brasílias) erneut besucht, alte Kontakte revitalisiert.

Durch das Spiel mit einer einfachen filmischen Konvention – und zwar jener, mit der gewöhnlich intradiegetisch ›Vergangenheit‹ signifiziert wird – weist Tonacci die aktuelle Reise immer wieder als Wiederholung einer historischen aus: den spontanen und im Verlauf des Films zunehmend untermarkierten Wechsel in das Schwarzweißbild. Eingeführt wird diese Strategie gleich zu Beginn mit einer in Schwarzweiß gefilmten Szene, die Carapirú zeigt, wie er ein Lagerfeuer entfacht und sich niederlegt. Durch eine Überblendung wird das Bild gleich darauf farbig, das Feuer lodert orange, woraufhin der Film noch einmal für wenige Sekunden in den SchwarzweißModus zurückwechselt und den schlafenden (man könnte auch sagen: die Gegenwart träumenden) Carapirú zeigt, bevor dann eine ausgedehnte klassisch ethnographisch anmutende Passage folgt, die den gegenwärtigen Alltag des Stammes ohne Off-Kommentar, ohne Untertitelung der Dialoge beobachtet – im Farbbild.

Im fließenden Wechsel zwischen den konventionellen filmischen Zuschreibungen von ›Vergangenheit‹ und ›Gegenwart‹ formt SERRAS DA DESORDEM keine filmische Zeit außerhalb der Geschichte, sondern eine Art geschichtsästhetischer Kippfigur, einen Modus, der jede Einstellung des Films immer zugleich zwei Zeiten vergegenwärtigen lässt. Im Ergebnis entsteht eine Pendelbewegung, die nie einrastet, sondern zwischen beiden Reisen, der ursprünglichen und der wiederholten, oszilliert. In Deuleuze'scher Terminologie reformuliert: SERRAS DA DESORDEM figuriert seine Geschichtsschreibung nicht in Erinnerungsbildern, sondern in Kristallbildern. Erinnerungsbilder sind privilegierte Produkte der klassischen Rückblende, die durch eine Überblendung initiiert und in der Regel zudem narrativ eingeführt und plausibilisiert werden. Deleuze spricht deshalb von einem »extrinsischen« Verfahren, von Bildern, die ihr »inneres Vergangenheitszeichen anderswoher erhalten müssen.«[114] Im konventionellen Spielfilm kommt es demzufolge nur dann zu dieser Form der Rückblende, wenn ausgeschlossen ist, »dass man die Geschichte in der Gegenwart erzählen könnte.«[115] Für das zweiseitige Kristallbild ist demgegenüber kennzeichnend, dass es die »Koaleszenz«-Option von aktuellem und virtuellem Bild exponiert.[116] Deleuze geht es dabei letztlich um gedächtnis- und zeitphilosophische Argumente: die permanente Konstituierung des Gedächtnisses in der Gegenwart und die Bifurkation des Zeitstrahles, die Gleichzeitigkeit von Wahrnehmung und Erinnerung, von vorübergehenden Gegenwarten und sich bewahrenden Vergangenheiten.[117] Dementsprechend sind seine filmischen Lektüren gleichsam programmatisch ›anti-historiographisch‹ konstelliert und ausgerichtet: In verschiedenen Anläufen führt Deleuze Beispiele aus, bei denen die Erzählung einer konkreten Vergangenheit zugunsten ihrer »anarchischen Mobilisierung«[118] suspendiert wird, in denen das Erinnerungsbild seine (sensomotorische, repräsentative) Gewissheit einbüßt und zunächst dem »freischwebenden«

---

114 Gilles Deleuze: *Das Zeit-Bild. Kino 2.* Frankfurt/M.: Suhrkamp 1997, S. 69.
115 Ebd.
116 Ebd., S. 108.
117 Vgl. ebd., S. 108–113.
118 Ebd. S. 79.

Traumbild[119] weichen muss – auf dem Weg zu einem unmittelbaren Zeit-Bild, das die Darstellung von ›Geschichte‹ nur in der Form temporaler Modulationen kennt, die sich allerdings auch in historischen Verläufen manifestieren können (Viscontis »Zu spät« ist das Beispiel von Deleuze).[120]

Wie S-21 ist auch SERRAS DA DESORDEM kaum als Film deutbar, der der »falschen Pietät des Erinnerungsbildes«[121] bzw. den Fallstricken einer historistischen Repräsentation erliegt, die die Vergangenheit als einen trennscharf abgeschlossenen und deshalb objektiv vorliegenden, also auch nach- und darstellbaren Zeitraum postuliert. Dennoch lässt sich der historiographische Anspruch des Films nicht mit dem Deleuze'schen Gegenmodell, der »reinen Erinnerung«, dem »verborgenen Grund der Zeit«,[122] die sich im Kristallbild artikulieren, begreifen, obwohl Tonacci das Prozesshafte, Mäandernde, Unfixierbare der Vergegenwärtigung von Vergangenem und Erinnertem betont. Chronologie und Linearität werden in SERRAS DA DESORDEM nur in ihrer exzessiven Übersteigerung angeführt: in Form einer polemischen Montage-Sequenz, die die Fortschrittserzählung der brasilianischen Siedlungsgeschichte invertiert – als Geschichte fortschreitender industrieller Zerstörung, die von gigantischen Rodungen über Schlachtfabriken bis zu den Massenornamenten der Spektakelgesellschaft führt. Die ausgezehrte Natur, die toten Tierkadaver und die resonanzlosen Bilder der Kulturindustrie bilden hier ganz im Sinne Kracauers die »intelligible Sequenz« einer anti-imperialistischen Geschichtsschreibung, die in der Tradition des Dritten Kinos die Bilder der ›offiziellen‹ Geschichte[123] gegen ihre Urheber kehrt. Der komprimierten Zeit der offiziellen Geschichte mit ihrer monotonen Fortschrittsdynamik, die sich filmästhetisch in eine Attraktionsmontage übersetzt, setzt Tonacci – auch hier ganz der politischen Didaktik des Dritten Kinos[124] verpflichtet – fast diametral die davon

---

119 Ebd.
120 Ebd., S. 130f.
121 Ebd., S. 163.
122 Ebd., S. 132.
123 Vgl. Teshome H. Gabriel: »Third Cinema as Guardian of Popular Memory: Towards a Third Aesthetics«, in: Jim Pines, Paul Willemen (Hg.): *Questions of Third Cinema*, London 1989, S. 53–64.
124 Vgl. Mike Wayne: *Political Film. The Dialectics of Third Cinema*, London, Pluto 2001, S. 108ff.

entkoppelte und zugleich bedrohte ›Eigenzeitlichkeit‹ des Stammes-Alltags gegenüber. In langen Plansequenzen bewegt sich die Kamera hier scheinbar ziellos und ungerichtet durch den Raum, etabliert keine Hauptfigur, inszeniert keine Alltagsdramen, wird oft von den Figuren ignoriert, manchmal aber auch direkt adressiert (mit Pfeil und Bogen); ihre Anwesenheit wird zur Kenntnis genommen, aber in den gemeinschaftlichen Binnenraum, in die Codes, das spezifische Leben in der und mit der Natur, dringt sie nicht ein.

In der Exposition ist es ein unvermittelter, fast brutaler Schnitt, der die filmisch vorsichtig umkreiste Binnenzeit des Stammes zerstört: eine Eisenbahn fährt frontal auf die Kamera zu, zerteilt den Raum entlang ihrer dominanten Bewegung und figuriert den Einbruch jener Geschichte, die im direkten Anschluss daran in der Attraktionsmontage auf den Punkt gebracht wird. Zu welcher Geschichte das filmische Medium gehört, lässt Tonacci offen: Am Ende holt er, in einer letzten ›Rückblende‹, jene Kamera ins Bild, die die Schwarzweißbilder der ersten Einstellung aufgenommen hat. Das Bild, jetzt farbig, zeigt den Regisseur, der seinen Hauptdarsteller beim Feuermachen filmt. Nicht nur weil zuvor die Geschichte vom Feuerzeug des Anthropologen erzählt wurde, das auf einen Schlag eine andere Kulturtechnik irreversibel entwertet hat, handelt es sich um eine *mise en abyme*, die an den Anfang des Films zurückführt: Die Rückblende als Loop lässt den Versuch, einer ›anderen‹ Vergangenheit im Medium filmischer Vergegenwärtigung gerecht zu werden, in einer Kreisbewegung, einem ständigen Oszillieren zwischen Vergangenheit und Gegenwart auslaufen – auch weil die Geschichte von Carapirú eine ist, die nur in der Gegenwart erzählt werden kann.

I.4 Offene Zukunft

Unter dem Vergegenwärtigungsaspekt des Films ist dessen Vermögen zu verstehen, eine ästhetisch erfahrbare Präsenz der Vergangenheit in der Gegenwart einer Rezeptionssituation zu organisieren. Dementsprechend arbeitet die Theoriebildung auf diesem Feld in erster Linie mit Verhältnisbestimmungen dieser beiden Zeitebenen: Vergangenheit, *pastness/thenness* auf der einen, Gegenwart, *presentness* auf der anderen Seite. Mit Christian Metz wurde eingangs schon erläutert, dass die etablierten fotografietheoretischen Argumente, die diesen Nexus des Jetzt mit dem Damals – bzw. des Hier mit dem Da – untersuchen, für den Film nur eingeschränkt gelten. In einem Text, der einige filmtheoretische Aporien des Index-Diskurses genau benennt, hat Tom Gunning noch einmal auf die Bedeutung eines schlichten Faktums hingewiesen: »movies move«. Ebenfalls mit Blick auf das bewegungstheoretisch basierte Modell des Realitätseindrucks von Metz schreibt Gunning:

> »Cinema, the projected moving image, demands, that we particpate in the movement we perceive. Analysis of perceiving motion can only offer some insights into the way the moving image exceeds our contemplation of a static image. Motion always has a projective aspect, a progressive movement in a direction, and therefore invokes possibility and a future. Of course, we can project these states into a static image, but with an actually moving image we are swept along with the motion itself.«[125]

Ähnlich wie Sean Cubitt, lehnt auch Gunning den Index als theoretische Beschreibungsfigur des Filmbildes nicht einfach ab, sondern fragt nach den Implikationen der Temporalisierung des fotografischen Bildes, seiner filmischen Performanz als Bewegungsbild. Die Formel »moving away from the index« bringt die dazugehörige Logik auf den Punkt, ohne die historische Zeitmarkierung, die im Begriff des Index aufgerufen wird, als Objekt eines automatischen Löschvorgangs aufzufassen, wie Laura Mulvey es nahezulegen scheint.

In gewisser Hinsicht bietet sich die hier vertretene geschichtstheoretische Perspektive auf den Film an, um das Spur-Argument – »the image [points] back into the past, to a preexisting object or event whose traces could only testify to its having already been«[126] – und das Bewegungs-Argument – Film bedeutet nicht Reproduktion, sondern Produktion von Bewegung – aufeinander zu beziehen. Es ist der von Gunning erwähnte projektive Aspekt von Bewegung bzw. Bewegungssehen, der die filmische Logik der Vergegenwärtigung rezeptionsästhetisch wesentlich formatiert. Die filmische Performanz der Zeit in der Projektion produziert eine spezifische Form der Über-

---

125 Tom Gunning: »Moving Away from the Index: Cinema and the Impression of Reality«, in: *differences: A Journal of Feminist Cultural Studies* 18(1), 2007, S. 30–52, hier: S. 42.
126 Ebd., S. 47.

brückung von Vergangenheit und Gegenwart, die nur unter Berücksichtigung eines Zeitvektors zu begreifen ist, der weder in die Vergangenheit, noch in die Gegenwart, sondern in die Zukunft weist:

> »[...] the filmic representation of the past as image has the peculiar effect of being simultaneously past and future, because the past, as that which is completed, is now cast in a different time, the time that unfolds with the process of watching. The retrospective look back that comes with film-as-document is at the same time a look ahead at images moving spontaneously in front of us. The projectional effect of film – throwing images on the screen – means that the time of retrospection is now, paradoxically, also a futuristic casting-in-front.«[127]

Im Unterschied zur Fotografie, die sich wie der Film als Speichermedium auf eine vollendete und in diesem Sinn unzugängliche Vergangenheit bezieht, verleiht das jüngere Zeitmedium den indexikalisch fixierten Bildern in der und durch die Projektionssituation die Illusion einer offenen Zukunft. Die »vollende Zukunft« der Fotografie, die Barthes als ihren entscheidenden rezeptionsästhetischen Effekt (und als Zentrum ihrer affektiven Potenz) beschreibt,[128] wird im Film immer wieder neu geöffnet. Der Film vergegenwärtigt, darin ist Metz zuzustimmen, keine Spur einer vergangenen Bewegung, aber eine Spur, die sich, vermittelt durch den technischen Apparat, aus der Vergangenheit in die Zukunft bewegt – eine relative Zukunft, die vom Gegenwartsstandort der Rezeption aus zwar als Vergangenheit erkannt wird, aber in der Aktualisierung keinem Schließungseffekt unterliegt.

Geschichtstheoretisch interessant an diesem ästhetischen Effekt ist, dass der Film damit qua Medieneigenschaft den Postulaten der »annalistischen Geschichtsschreibung« in die Hände spielt, wie sie Lucian Hölscher im Anschluss an Kosellecks historische Semantik skizziert hat:

---

127 Rey Chow: *Primitive Passions. Visuality, Sexuality, Ethnography, and Contemporary Chinese Cinema*, New York, Chichester 1995, S. 42.
128 Das vollständige Zitat lautet: »Ich lese gleichzeitig: *das wird sein* und *das ist gewesen*; mit Schrecken gewahre ich eine vollendete Zukunft deren Einsatz der Tod ist. Indem die Photographie mir die vollendete Vergangenheit der Pose (den Aorist) darbietet, setzt sie für mich den Tod in die Zukunft.« Barthes: *Die helle Kammer*, a.a.O., S. 106.

»Um dieser anhaltenden Vernichtung vergangener Zukunftsperspektiven zu entgehen, ist es für die Geschichtswissenschaft notwendig, einen Blick für die Vergangenheit als Gegenwart zu gewinnen. [...] Nötig ist eine Ausmessung der Offenheit vergangener Zukunftshorizonte, mithin die Einsicht, dass das, was dann geschah, nicht notwendig geschehen musste und deshalb auch nicht eindeutig vorhersehbar war, sondern bestenfalls nur eine von mehreren Möglichkeiten darstellte; eine Perspektive auf die vergangene Zukunft als Zukunft bzw. als Möglichkeit, statt als Illusion bzw. Antizipation des tatsächlich Eingetretenen.«[129]

Der Film spielt so gesehen mit dem ›fotografischen‹ Problem der Historiographie: dass diese die Geschichte zu sehr auf der Folie vollendeter Zukünfte perspektiviert. Die projektive Dynamik des Bewegungsbildes verleiht der filmisch repräsentierten Vergangenheit den Anschein einer Zukunft, die zwar vergangen ist, aber aktuell offen scheint. Anders formuliert: Die Präsenz der Bewegung stattet die dynamische Spur des Films mit ausreichend Präsens-Ressourcen aus, um für die Bilder der Vergangenheit die Illusion offener Zukunftshorizonte zurückzugewinnen – eine Als-ob-Illusion, das Produkt einer ästhetischen Erfahrung, nicht das einer kognitiven Täuschung.

Der Film enthält die Option, die gespeicherte Vergangenheit als vergangene Gegenwart erfahrbar zu machen, als Gegenwart, die ihre ›eigene‹ Zukunft hatte und somit auch einen Möglichkeitsraum, der nicht deckungsgleich ist mit dem, was dann tatsächlich eintrat. Damit ist die allgemeine filmische Affinität zur Kontingenz bereits angesprochen, die im nächsten Kapitel unter der Überschrift *Details sammeln* verhandelt wird. Entscheidend ist jedenfalls, dass die Gegenwart nur dann einen Sinn für die Vergangenheit als vergangene Gegenwart entwickelt, wenn deren Zukunftsperspektiven als offene vorgestellt werden. Für Hölscher ist darin eine regulative Idee für die Praxis der Geschichtsschreibung enthalten, eine Art Mahnung an die Gegenwart der Recherche, ihren Wissensvorsprung gegenüber der untersuchten Vergangenheit nicht in deterministische Verlaufserzählungen zu übersetzen, die sich beispielsweise in Wendungen wie »aber es sollte anders kommen« verraten. Der Film kann hier Modell stehen: nicht nur weil der Moment der Aufzeichnung tatsächlich ›blind‹ ist gegenüber der Zukunft, sondern auch, weil diese gespei-

---

129 Hölscher: *Neue Annalistik*, a.a.O., S. 52.

chert vorliegende Entwicklungsoffenheit sich im Vollzug der Projektion wiederholt. Innerhalb der Gattung ›historisches Dokument‹ ist der Film in diesem Sinn automatisch ›Zeitgenosse‹, ein Medium, das in jeder Aufführung die Ex-post-Perspektive, die aus der Logik des Gedächtnisspeichers ableitbar ist, ästhetisch zur Disposition stellt und ›Vergangenheit‹ im Wechselspiel zwischen vergangener Gegenwart und vergangener Zukunft vergegenwärtigt und redynamisiert.

* * *

[Stills I.4.1] In James Bennings ONE WAY BOOGIE WOOGIE / 27 YEARS LATER wird dieses Potential des Films in ein experimentelles Gedächtnisspiel übersetzt, das gerade aus der Öffnung und Schließung von Zukunftshorizonten seinen ästhetischen Reiz bezieht. 1977 drehte Benning in Milwaukee sechzig unbewegte, rund einminütige 16mm-Einstellungen – Ansichten des im Verfall begriffenen Industriegebietes seiner Heimatstadt; sechzig geometrisch komponierte Miniaturen, Zeitkapseln, die sich, bevorzugt in Totalen, einem ästhetisch unterbewerteten urbanen Raum – bestehend aus Fabriken, Stahlgießereien, Lagerhallen – widmen. 27 Jahre später wiederholte Benning die Aufzeichnungen so exakt wie es die räumlichen und baulichen Veränderungen der letzten drei Dekaden zuließen.

ONE WAY BOOGIE WOOGIE / 27 YEARS LATER besteht aus zweimal sechzig einminütigen Einstellungen, die sich wie Original und Remake zueinander verhalten, was auch den erneuten Auftritt einzelner Personen einschließt, die ihre historische Rolle nachstellen. 27 YEARS LATER wiederholt ONE WAY BOOGIE WOOGIE im Modus eines filmischen Memory-Spiels, das den Zuschauer in der zweiten Hälfte des Films ONE WAY BOOGIE WOOGIE / 27 YEARS LATER mit der Aufgabe konfrontiert, sich die jeweils passende Einstellung aus der ersten Hälfte erinnernd zu vergegenwärtigen (was weder immer gelingt, noch immer gelingen soll). Häufig sind im aktuellen Bild, das in manchen Fällen einen völlig veränderten Raum zeigt, Hinweise (vor allem: re-inszenierte Bewegungen) enthalten, die dem Gedächtnis beim Finden der virtuellen Entsprechung auf die Sprünge helfen sollen.

ONE WAY BOOGIE WOOGIE / 27 YEARS LATER ist in verschiedener Hinsicht ein Film über Zeit: über Zeit im Film und geschichtliche Zeit. Vor allem ist es ein Film über jene Zeit, die zwischen beiden Filmen liegt, die *offscreen*, also realgeschichtlich vergangen ist, während die

Kamera nicht lief. Hundertzwanzigmal formt Benning eine Minute Filmzeit, spielt mit der unterschiedlich empfundenen Dauer dieser Minute, den unzähligen Möglichkeiten, sie durch ein Ereignis (häufig: jemand oder etwas durchquert horizontal das Bild) zu dramatisieren, die objektive Zeit subjektiv kürzer oder länger erscheinen zu lassen. In der gleichsam strukturalistischen Gegenüberstellung zweier identischer, aber zeitversetzter Zeit-Reihen, wird ästhetisch präpariert, dass Film trotz aller projektiven Dynamik kein ahistorisches Gegenwärtigkeitsmedium ist, das nostalgiefrei nur das ewige Werden und jederzeit wiederholbare Präsenz kennt.

In der Kombination aus Minutentaktung und Zeit-Spiegelung verweist ONE WAY BOOGIE WOOGIE / 27 YEARS LATER auch auf jene Zeit, die Cavell wie Bazin hinter all den kinematographischen Versprechungen auf Archivierung und Reversibilität am Grund der filmischen Vergegenwärtigung vermutet – die unwiederholbar ablaufende:

>»The roundness of clocks is convenient, but it naturally misleads us about something clocks tell, because its hands repossess their old positions every day and every night. The reels on a projector, like the bulbs of an hourglass, repeat something else: that as the past fills up, the future thins, and that the end, already there against the axle, when time comes for its running, seems to pick up speed.«[130]

Das filmisch dokumentierte und (re-)produzierte Vergehen der Zeit läuft bei Benning letztlich auf den immer nur vermittelt sichtbaren Prozess des Historischwerdens hinaus, sofern die Veränderungen im Raum von der Geschichte Zeugnis geben, die zwischen beiden Filmen ihre Spuren hinterlassen hat. Zugleich sind die aktuellen Bilder, die Bilder der Gegenwart, lesbar als Zukunftsbilder jener historischen Bilder, die 27 Jahre zuvor aufgenommen wurden. Während der zweite Film läuft, schließt sich Einstellung für Einstellung der Zukunftshorizont des ersten Films, weil sich im Bild festschreibt, was tatsächlich der Fall geworden ist. In der gleichen Bewegung öffnet sich aber eine neue Zukunft, die vom Standort der Rezeption aus schon wieder eine neue Vergangenheit mit einer neuen vergangenen Zukunft ist. Weil Benning 27 YEARS LATER mit der Tonspur von

130 Cavell: *The World Viewed*, a.a.O., S. 75. Vgl. dazu auch Cavell: »What Photography Calls Thinking«, in: *Cavell on Film*, a.a.O., S. 124.

1977 unterlegt, die Geschichte somit nicht nur in der Erinnerung des Zuschauers und als sichtbare Differenz im Raum, sondern auch als Sound materialisiert in den aktuellen Bildern arbeitet, ist aber auch der zweite Film in seiner projektiven Dynamik explizit historisch gebunden. Die filmische Vergegenwärtigung öffnet vergangene Zukunftshorizonte auf der Basis eines Speichers, der zwar wiederholbar, aber nicht mehr zu ändern ist.

II. Details sammeln

Im Modus filmischer Vergegenwärtigung lässt sich Zeit als ›historische‹ inszenieren. Damit verbunden ist eine besondere Erfahrbarkeit vergangener Zukunftshorizonte, die historiographisch ›formatierbar‹ sind, also auf geschichtliche Zeitschichtungen bezogen werden können. In der Theoriebildung findet sich zu dieser rezeptionsästhetisch geöffneten Möglichkeitsform der Vergangenheit in gewisser Weise eine produktionsästhetische Entsprechung: Die relativ unkontrollierbare Zeichenproduktion des filmisch-fotografischen Bildes, dem zugeschrieben wird, immer mehr (und anderes) aufzunehmen, als intendiert war. Roland Barthes hat aus diesen im Bild festgehaltenen Nebensachen die eine Hälfte seines Punctum-Begriffs abgeleitet;[1] Jacques Rancière ordnet den Film aufgrund seiner Eigenschaft, gleichsam unwillkürlich »a-signifikante Momente« mitlaufen zu lassen, in die Tradition der romantischen Poetik ein und erkennt darin eine politische Gleichheitsutopie ästhetisch figuriert;[2] Mary Ann Doane fasst den Zusammenhang innerhalb eines modernisierungstheoretischen Frameworks und unter dem Oberbegriff »Kontingenz«.[3] Bazin wiederum leitet die »Objektivität« des fotografischen Bildes aus einer damit zusammenhängenden partiellen Ausschaltung ansonsten »unvermeidlicher Subjektivität« im Prozess der Bildgenese ab[4] und auch Kracauer deutet in diese Richtung, wenn er dem Film eine »Affinität« zum »Unbestimmbaren«[5] attestiert. Für den cinéphilen Diskurs stellt Paul Willemen diesbezüglich fest, dass es darin eine generelle Tendenz zur Fetischisierung einer schwer fassbaren Überschüssigkeit des Filmbildes gibt, für Momente des »Exzesses«, in denen sich absichtslose Einschreibungen manifestieren, die schein-

---

1 Barthes: *Die helle Kammer*, a.a.O., S. 53.
2 Jacques Rancière: »Die Geschichtlichkeit des Films«, in: Eva Hohenberger, Judith Keilbach (Hg.): *Die Gegenwart der Vergangenheit. Dokumentarfilm, Fernsehen und Geschichte*, Berlin 2003, S. 230–246.
3 Doane: *The Emergence of Cinematic Time*, a.a.O.
4 Bazin: »Die Ontologie des photographischen Bildes«, in: *Was ist Film?*, a.a.O., S. 36.
5 Kracauer: *Theorie des Films*, a.a.O., S. 53

bar außerhalb des Zugriffs künstlerisch-intentionaler Gestaltung liegen, also jenseits des diegetischen »Codes«.[6]

In all diesen Modellen erscheint der Film als Sammler auf eigene Rechnung, als Akteur einer unbewussten Akquise, die aus den technischen Eigenschaften des Mediums gleichsam natürlich hervorzugehen scheint, sofern diese sich dem formgebenden, kontrollierenden Zugriff einer nachgeordneten Instanz, wie dem Autorensubjekt, gerade entziehen. Die Fragen, wie und was der Film sammelt, inwiefern dabei ein historiographisches Potential aufgerufen wird und warum dieses über eine bloße Hypostasierung der Zufalls-, Kontingenz-, bzw. Detailaffinität des Films kaum zureichend beschreibbar ist, stehen im Zentrum dieses zweiten Kapitels und sollen vor allem in der Auseinandersetzung mit einer Reihe von Filmen diskutiert werden, die die Detail- und Sammelkompetenz des Mediums nicht zum End-, sondern zum Ausgangspunkt ihrer historiographischen Bewegung machen.[7] Im Begriff des Aleatorischen ist eine wichtige Dimension der dazugehörigen Vorstellung enthalten: Der Film sammelt demnach nicht einfach Zufallsereignisse, sondern bildet aus Zufallsoperationen bzw. einer Praxis der Zeichengenerierung, die den Zufall *in bestimmten Grenzen*[8] zulässt, ästhetische Strukturen,

---

6 Paul Willemen: *Looks and Frictions. Essays in Cultural Studies and Film Theory,* London 1996, S. 236ff.

7 In der Filmtheorie werden die Begriffe ›Kontingenz‹ und ›Zufall‹ in Bezug auf das filmische Bild weitestgehend synonym verwendet und beschreiben sowohl einen Aspekt der Bildgenerierung als auch eine Dimension des Bildobjektes. In der Geschichtstheorie gibt es Versuche, beide Termini zu trennen, ohne sie aus einem geteilten semantischen Feld des Nicht-Notwendigen, Möglichen, Unbestimmten, aber auch des Unvorhergesehenen und Überraschenden zu entlassen. Arnd Hoffman schlägt hier vor, ›Zufall‹ als »Ereignisbegriff« zu fassen und ›Kontingenz‹ im Gegenzug für Strukturen und als »Bereichsangabe« zu reservieren (Arnd Hoffmann: *Zufall und Kontingenz in der Geschichtstheorie,* Frankfurt/M. 2005, vgl. S. 49ff.). Rückübersetzt in die Filmtheorie ließe sich am ehesten daran anschließen, indem der Zufallsbegriff primär für profilmische Ereignisse zum Zeitpunkt der Bildgewinnung benutzt wird und ›Kontingenz‹ dementsprechend eher eine Eigenschaft des Bildproduktes ist, dessen Zufallseinschreibungen davon zeugen, dass es auch anders hätte sein können.

8 Mit Renate Lachmann könnte man an dieser Stelle von einem »Referenzrahmen« sprechen – ein Begriff, den sie für Praktiken der »écriture automatique« verwendet: »Man überlässt die Zeichen sich selbst. Sie ordnen sich selbsttätig, fügen sich zu einem Kunstobjekt, das sich keinem personalen Subjekt verdankt. Allerdings: der Zufall ist arrangiert, ist ein aus einer anderen Ordnung freigesetzter Mechanismus (in dem die Regel insistiert), dessen Produkte aus der

die dem mehr oder weniger kontingenzgesättigten Material eine Form geben – beispielsweise eine, die auf Geschichtsschreibung aus ist.

Eine prominente geschichtstheoretische Interpretation dieser strukturellen Unausrechenbarkeit respektive Undeterminierbarkeit des filmischen Bildes stammt von Marc Ferro, der darin eine prinzipielle Deutungsoffenheit materialisiert sieht. In der Filmgeschichte verwirklicht sich demnach eine untergründige Praxis »anonymer« Geschichtsschreibung, entfaltet sich ein historisches »Museum der Gesten«, das insbesondere »Gegen-Analysen« offen steht.[9] Ähnliche Passagen finden sich auch beim späten Kracauer, der die filmische Zeichenproduktion für geeignet hält, Prozesse verspäteter Anerkennung zu initiieren. Weil der Film in seinen ästhetischen Routinen ständig Randphänomene und Ambiguitäten exponiert, die »von einem Saum undeutlicher, mannigfaltiger Bedeutungen umgeben [sind]«,[10] biete er Gelegenheit, sein mitgeschleiftes Geschichtsmaterial »gegen den Strich zu bürsten« (Benjamin): »Das ›Genuine‹, das in den Zwischenräumen der dogmatisierten Glaubensrichtungen der Welt verborgen liegt, in den Brennpunkt stellen und so eine Tradition der verlorenen Dinge (*lost causes*) begründen; dem bislang Namenlosen Namen geben.«[11] In beiden Versionen finden die historiographisch relevanten Prozesse hinter der ›Ereignisgeschichte‹ der Diegese statt. In diesem materiellen Untergrund verortet Kracauer unscheinbare Phänomene, »leblose Objekte, Gesichter, Massen, Leute, die sich mischen, leiden, hoffen«,[12] die jenseits dramaturgischer Gerichtetheit und gegen die Teleologie des »theatralen« Films operieren, widerständige Dynamiken der Abweichung entfalten und den Film auf eine Weise historisch aufladen, die diametral zum Geschichtsbegriff des gewöhnlichen Historienfilms anzusiedeln ist. Kracauer betrachtet das in aller Regel opulent ausgestattete Genre als

---

Kontingenz in die Kunstsphäre überführt werden.« Renate Lachmann: »Zum Zufall in der Literatur, insbesondere in der Phantastischen«, in: Gerhart v. Graevenitz, Odo Marquard (Hg.): *Kontingenz, Poetik und Hermeneutik* Band XVII, München 1998, S. 403–433, hier: S. 404.

9 Marc Ferro: »Gibt es eine filmische Sicht der Geschichte?«, in: Rainer Rother (Hg.): *Bilder schreiben Geschichte: Der Historiker im Kino,* Berlin 1991, S. 17–36.

10 Kracauer: *Geschichte – Vor den letzten Dingen,* a.a.O., S. 70.

11 Ebd., S. 239.

12 Ebd., S. 69.

besonders ahistorisch und »unfilmisch«, weil die produktionsästhetische Vorliebe des Historienfilms für Studiokulissen die Fähigkeit des
Mediums unterdrücke, als »Treffpunkt von Zufallsbegegnungen« zu
fungieren.[13]

Generell ist Kracauers Vorstellung vom Film als Sammler auf den
ersten Blick nicht frei von einer Problematik, die Nietzsche unter
dem Stichwort der »antiquarischen Historie« diskutiert hat. In »Vom
Nutzen und Nachtheil der Historie für das Leben« heißt es zunächst
noch: »Das Kleine, das Beschränkte, das Morsche und Veraltete erhält
seine eigene Würde und Unantastbarkeit dadurch, dass die bewah-
rende und verehrende Seele des Menschen in diese Dinge übersiedelt
und sich darin ein heimisches Nest bereitet.«[14] Diese Aufmerksamkeit für geschichtliche Details, die den »antiquarischen Sinn« kennzeichnet, assoziiert Nietzsche im Folgenden dann aber vor allem mit
einem Mangel an Distanz und der Gefahr, dass zu große Nähe ein
»beschränktes Gesichtsfeld« erzeugt: »[...] und das Wenige, was er
sieht, sieht er viel zu nah und isolirt; er kann es nicht messen und
nimmt deshalb alles als gleich wichtig und deshalb jedes Einzelne zu
wichtig. Dann giebt es für die Dinge der Vergangenheit keine Werth-
verschiedenheiten und Proportionen, die den Dingen unter einander wahrhaft gerecht würden [...].«[15] Für Nietzsche gehorcht die
antiquarische Geschichtsschreibung vor allem einer »blinden Sammelwuth«; sie erschöpft sich im »rastlosen Zusammenscharen alles
einmal Dagewesenen«.[16] Die bloße Akkumulation geschichtlicher
Materialien erscheint ihm gerade in ihrer Unterschieds- und Interes-
selosigkeit reaktionär, weil der Bewahrungsimpuls verhindere, dass
die Einsicht in die geschichtliche Gewordenheit aller Verhältnisse
in eine kritische Aufkündung des nur scheinbar natürlich Bestehen-
den übersetzt werde: »[...] dann soll es eben gerade klar werden,
wie ungerecht die Existenz irgend eines Dinges, eines Privilegiums,

13 Ebd., S. 166.
14 Friedrich Nietzsche: »Vom Nutzen und Nachtheil der Historie für das
Leben«, in: ders.: *Die Geburt der Tragödie / Unzeitgemäße Betrachtungen, Kritische Studienausgabe* Band 1, hg. von Giorgio Colli und Mazzino Montinari,
Berlin 1999, S. 265.
15 Ebd., S. 267.
16 Ebd., S. 268.

einer Kaste, einer Dynastie zum Beispiel ist, wie sehr dieses Ding den Untergang verdient.«[17]

Kracauers späte Filmtheorie scheint auf den ersten Blick, wie andere Positionen, die das Medium als gleichsam unbewussten Material-, Kontingenz- und Detailspeicher begreifen, der historiographischen Problematik der »blinden Sammelwuth« wenig entgegenzusetzen zu haben. Auch im Geschichtsbuch finden sich an verschiedenen Stellen Bemerkungen zum Motiv des Sammelns, die durchaus unter Nietzsches Verständnis der antiquarischen Historie subsumierbar sind. In diesem Zusammenhang ist in der Kracauer-Forschung verschiedentlich darauf hingewiesen worden, dass das Motiv des Sammelns im Kern ein messianistisches ist, »Bewahrung« eigentlich »Errettung« meint.[18] Bei genauer Betrachtung zeigt sich jedoch, dass das einschlägige Zitat aus dem Geschichtsbuch[19] in erster Linie den Abschluss einer skeptischen Diskussion der faktographischen »technischen Geschichte« (Herbert Butterfield) bildet. Wie im nächsten Abschnitt, der Thomas Heises Wende-Film MATERIAL untersucht, zu zeigen sein wird, bleibt Kracauer im Geschichtsbuch aber nicht bei einer Vorstellung des ungerichteten, proportionslosen Sammelns stehen (wie noch im Epilog der *Theorie des Films*), sondern setzt den Materialzugriff des filmischen Mediums, seine Sammelpraxis, in Bezug zum Wechselspiel historiographischer Perspektivierung: zwischen Mikro- und Makroebene.

Folgt man der einfachen Version einer Beschreibung des Films als Sammler, erschöpft sich die historiographische Valenz des Mediums letztlich darin, besonders interessantes, weil vieldeutiges und subkutan möglicherweise sogar relativ ›herrschaftsfreies‹ Quellenmaterial bereitzustellen.[20] So gesehen liefert der Film mehr oder weniger

---

17 Ebd., S. 269f.

18 Jay: *Permanent Exiles,* a.a.O., S. 186.

19 »So scheint es, daß die Frage nach der Bedeutung ›quellenorientierter Geschichte‹ nicht zu beantworten ist. Es gibt nur ein einziges Argument zu ihren Gunsten, das ich für schlüssig halte. Es ist jedoch ein theologisches Argument. Ihm zufolge ist die ›vollständige Sammlung der kleinsten Fakten‹ aus dem Grund erforderlich, daß nichts verlorengehen soll. Es ist, als sollten die tatsachenorientierten Darstellungen Mitleid mit den Toten haben. Dies rechtfertigt die Gestalt des Sammlers.« Kracauer: *Geschichte – Vor den letzten Dingen,* a.a.O., S. 150.

20 So plädiert Ferro im Sinne der Annales-Schule im Kern lediglich dafür, den Film in das Register historiographisch untersuchenswerter kultureller Archive

belastbare geschichtliche Dokumente, ist aber selbst nicht Medium der Historiographie, sondern steht bestenfalls Modell für eine bestimmte Idee potentiell kritischer Überlieferung, die ihrerseits aber Produkt einer nachträglichen Deutung in einem anderen Medium ist. Dass Kracauer im Geschichtsbuch gerade nicht bei dieser Position stehen bleibt, sondern im Bereich der Filmästhetik nach einem Modell für die historiographische Konfiguration des ›gesammelten‹ Materials sucht (siehe II.1), ist aufgrund der ansonsten erheblichen Limitiertheit filmischer Geschichtsschreibung ein wichtiger Einsatzpunkt für eine Perspektive, die den Film in einem stärkeren Sinn als Medium der Historiographie zu fassen versucht. Gleichwohl ist weiterhin zu bedenken, dass filmische Geschichtsschreibungen natürlich gerade deshalb besonders sind, weil sie ihre Narrative nicht in historisch ›neutralem‹ Material verfassen und kommunizieren, sondern vermittels Aufnahmen vorfotografischer Welt, also mit Material, das selbst einen historischen Index trägt. Der Film konstruiert seine Historiographien mit Material, das unter Umständen unmittelbaren Quellenstatus hat.

Aus einer anderen Warte kritisch gegenüber der romantisch-technizistischen Vorstellung einer unvermittelt-epiphanischen Kontingenzartikulation im filmischen Bild ist Mary Ann Doane, die den Film gerade in seiner Rolle als Zufallssammler in das hegemoniale Rationalisierungsprogramm der Moderne verstrickt sieht.[21] Grundsätzlich geht Doane wie etwa auch David E. Wellbery von der Annahme aus, dass die fotografischen Medien an einer Kontingenzverschiebung beteiligt sind: »Der historische Wandel des Kontingenzbegriffs [...] ist mit anderen Worten eine Funktion der Apparaturen, die in verschiedenen historisch-kulturellen Situationen sowohl die Wahrnehmung als auch die Registrierung von Kontingenz ermöglichen. Nicht nur die Gedanken, sondern auch die Zufälle, die dem Menschen bedeutsam sind, müssen sich irgendwo und -wie aufschreiben las-

---

aufzunehmen. Als hermeneutische Methode schlägt er eine Variante psychoanalytischer Deutung vor, die das »Unbewusste« des filmischen Textes präpariert. Filme erweisen sich demnach in erster Linie als Speicher latenter Tendenzen der Sozial- und Mentalitätsgeschichte, die auf die Gegenwartszeit der Produktion verweisen.

21 Doane: *The Emergence of Cinematic Time,* a.a.O. Vgl. ergänzend: dies.: »Aesthetics and Politics«, in: *Signs: Journal of Woman in Culture and Society* 30(1), 2004, S. 1229–1235.

sen, sollen sie als kulturelle Referenzen verfügbar sein.«[22] Im Unterschied zu Wellbery hat Doane jedoch nicht nur Verschiebungen der Kontingenzsemantik im Blick. Was bei Philip Rosen noch eine soziologische These ist – die Vorstellung, dass die temporale Modernität des Films mit der allgemeinen Rekonfiguration der gesellschaftlichen Temporalstrukturen zusammenhängt[23] –, wird bei Doane zu einem verschiedene Kulturtechniken zusammenbindenden Projekt: »the making legible of the contingent«.[24] Hintergrund ist hier die Beobachtung, dass Modernisierung zwar Kontingenz steigert – beispielsweise durch die Auflösung traditionaler Gesellschaftsstrukturen –, zugleich aber auch reduziert. Auf der einen Seite entsteht Dynamik, auf der anderen bilden sich passgenaue Strukturen der Pfadabhängigkeit und Stasis aus. Luhmanns Bonmot »Alles könnte anders sein – und fast nichts lässt sich ändern«[25] verweist auf den dazugehörigen Effekt. Für Doane ist der entscheidende Punkt, dass Kontingenz im Kontext der Modernisierung nicht zu einer wie auch immer gearteten Freiheitszunahme führt, sondern vor allem im Sinne kapitalistischer Produktivitätssteigerung kanalisiert, also eingehegt und funktionalisiert wird. Die Dynamik der Modernisierung beruht demnach auf der Entfesselung und gleichzeitigen Bindung von Kontingenz; sie befeuert sich gewissermaßen selbst. Das Kino wird entlang dieser Linie als Technologie der Erfahrung bestimmt, deren ideologische Funktion darin besteht, einen kontingenzgesättigten symbolischen Außenraum im Inneren der dominanten Rationalisierung aktualisierbar zu

---

22 David E. Wellbery: »Mediale Bedingungen der Kontingenzsemantik«, in: Gerhart v. Graevenitz, Odo Marquard (Hg.): *Kontingenz, Poetik und Hermeneutik* Band XVII, München 1998, S. 447–551, hier S. 447.
23 »Cinema appeared during the later nineteenth century, with its intensified time awareness. It can be argued that the institutionalization of the movies as a leading mass entertainment medium was intertwined with the pervasiveness of time-based organization, because the remarkable success that the new medium achieved by the end of World War I was dependent on temporal ordering at the level of the day symbolized by the diffusion of the watch. [...] Consequently, the kinds of cinema that became economically and culturally dominant could only exist in societes where powerful, large-scale forces sought to organize and regulate the week and the day, such that, as a relief from or reward for work, there were a certain number of hours regularly allotted to leisure among large segments of the population.« Rosen: *Change Mummified,* a.a.O., S. 99.
24 Doane: *The Emergence of Cinematic Time,* a.a.O., S. 19.
25 Niklas Luhmann: »Komplexität und Demokratie«, in: ders.: *Politische Planung,* Opladen, 1971, S. 44.

halten: Es archiviert Kontingenz, exponiert sie ästhetisch, spielt mit ihrem utopischen Potential, schreibt sie dabei aber vor allem systematisch fest:

>»In the face of the abstraction and rationalization of time, chance and the contingent are given the crucial ideological role of representing an outside, of suggesting that time is still allied with the free and the indeterminable. Contingency and ephemerality are produced as graspable and representable, but nevertheless antisystematic. The isolation of contingency as embodying the pure form of an aspiration, a utopian desire, ignores the extent to which the structuring of contingency, as precisely asystematic, became the paradoxical basis of social stability in modernity.«[26]

Doanes etwas schematische ideologiekritische Pointe – der Film als Medium der Bereithaltung scheinbarer Freiheit, als kulturindustrielle Technik, die Kontingenz ins Spiel bringt, um sie, als binäres Anderes der Rationalisierung, zu fixieren, zu zähmen – mag als modernisierungstheoretisch formatiertes Update der Apparatustheorie erscheinen.[27] Gleichwohl ist Doane zumindest insofern zuzustimmen, als Kontingenz im Film nicht einfach als intentionsloses Sammeln von Zufällen beschrieben werden kann, als >subjektlose< Einschreibung/ Artikulation vorgefundener Welt, die sich nur an den Rändern und in den Details des Bildes in ihrer Geschichtlichkeit zeigt. Produktionsästhetische Prozesse des Auswählens, Rahmens, Konstellierens etablieren ästhetische Strukturen, die Kontingenz – in Form von auf-

---

26 Ebd., S. 230.
27 Vgl. Vinzenz Hediger: »Dann sind Bilder also nichts!«, in: montage/av, 14.1.2005. Wie vor allem Miriam Hansen mit ihrer Rekonstruktion des Spiel-Begriffs bei Benjamin gezeigt hat, lässt sich an dieser Stelle auch eine dialektischere Beziehung denken, die den Film, gerade weil er die (perzeptiven) Zumutungen der Rationalisierung in die filmische Erfahrung hinein verlängert, als Medium einer ästhetisch-reflexiven Aneignung der technologischen Moderne begreift: »Spiel [...] provides Benjamin with a term, and concept, that allows him to imagine an alternative mode of aesthetics on a par with modern, collective experience, an aesthetics that could counteract, at the level of sense perception, the political consequences of the failed – that is, capitalist and imperialist, destructive and self-destructive – reception of technology.« Miriam Bratu Hansen: »Room-for-Play: Benjamins Gamble with Cinema«, in: October 09, Sommer 2004, S. 3–45, hier S. 28.

genommenen Marginalien – anordnen, gestalten, mit diegetischen Bedeutungssystemen in Kontakt bringen. Das von kontingenten Details durchzogene Bild wird dabei nicht zwangsläufig enthistorisiert, sondern zum Ausgangspunkt von kombinatorischen Praktiken gemacht, die ihrerseits durchaus so angelegt sein können, dass sie den Zufallsaspekt der Aufnahme betonen und in historiographische Narrative einbetten. Zudem kann nicht nur die indexikalisch wirklichkeitsvertaute Mikroebene des Bildes ›historische‹ Bezüge hervortreten lassen, sondern auch die Montage.

In der Geschichtstheorie ist es vor allem ein Aufsatz von Reinhart Koselleck, der den Zufall als historiographisches Problem konturiert hat – und zwar als Gefahr, den Zufall in der historiographischen Praxis zu eskamotieren:

> »Vielleicht könnte sich dann zeigen, dass gerade das Ausräumen jeder Zufälligkeit zu hohe Konsistenzansprüche stellt, und zwar gerade deshalb, weil im Horizont geschichtlicher Einmaligkeit durch die Beseitigung jeden Zufalls die Zufälligkeit verabsolutiert wird. Was im Raum der vorhistoristischen Geschichtsauffassung von Fortuna geleistet wurde, das wird in der Moderne zur Ideologie, die in dem Maß zu immer neuen Manipulationen nötigt, als sie im Gewand unverrückbarer Gesetzlichkeit auftritt.«[28]

Der Zufall verschwindet demnach in zum Zwecke geschichtlichen Verstehens konstruierten Kausalketten, in der nachträglich gestifteten Sinngebung des historiographischen Textes. Kosellecks tentativer Alternativvorschlag besteht darin, den Zufall als »Perspektivbegriff« der Geschichtswissenschaft einzuführen, als »Möglichkeit der historiographischen Darstellung, zwischen der Ex-post-Perspektive des Historikers und der Ex-ante-Perspektive der Zeitgenossen zu wechseln« wie Arnd Hoffmann, an Koselleck anschließend, schreibt:

> »Der Zufall soll dementsprechend als ein Moment des ›Dazwischen‹ beschrieben werden: Er steht zwischen Erfahrungsraum und Erwartungshorizont, zwischen Ex-post-Darstellung und In-eventu-Wahrnehmung, zwischen Faktizität und Perspektivierung und schließlich zwischen Kontinuität und Diskontinuität des vergangenen Geschehens.

---

28 Koselleck: *Vergangene Zukunft,* a.a.O., S. 174.

Der Zufall im Sinn des ›Dazwischen‹ ist Intervall und Unterbrechung. Er funktioniert jenseits seiner negativen Bedeutungen der Abwesenheit von Wissen, Abwesenheit von Ursachen/Gründen oder Abwesenheit von Sinn als unbestimmte Anwesenheit von Störungen, die regelmäßige, sich wiederholende oder kontinuierende Handlungs- bzw. Ereignisverläufe unterbrechen und in ihrer selbstverständlichen Strukturiertheit überhaupt erst sichtbar werden lassen: Der Zufall fungiert im vergangenen Handlungsraum als signifikanter Interdependenzunterbrecher. Er unterbricht geregelte Ordnungen und geordnete Regelmäßigkeiten wie ein Unfall den Verkehr.«[29]

In den Text der Geschichtsschreibung findet der Zufall insofern vor allem als (gebotene) Re-Perspektivierung Eingang. Der Zufall ist nach Koselleck Schlüsselbegriff eines historiographischen Modells, das versucht, sich den vergangenen Handlungsraum soweit wie möglich als offenen vorzustellen, als einen, der deshalb auch *post factum* nicht restlos – im Medium der Historiographie – rationalisierbar ist.[30]

Aus einer geschichtstheoretischen Perspektive auf den Film stellt sich im Anschluss daran die Frage, auf welchen Ebenen das Medium seine zufallsaffinen Detail-Sammlungen historiographisch produktiv machen kann. In Auseinandersetzung mit den dokumentarischen Arbeiten von Thomas Heise (MATERIAL, 2009), Wang Bing (WEST OF THE TRACKS, 2003; CRUDE OIL, 2008; COAL MONEY, 2008) und John Gianvito (PROFIT MOTIVE AND THE WHISPERING WIND, 2008) soll im Folgenden analysiert werden, wie sich ›kontingenzgesättigtes‹ Material zwischen historiographischen Mikro- und Makroperspektiven organisieren lässt, um *ex ante* vom Ende der DDR zu erzählen (II.2); wie die filmische Nähe zu alltäglichen, gewöhnlich nicht registrierten Details in einer Geschichte von unten verdichtet werden kann, um einen epochalen

---

29 Hoffmann: *Zufall und Kontingenz in der Geschichtstheorie*, a.a.O., S. 71.
30 Andernfalls gäbe es im historischen Rückblick auch keinen gehaltvollen Begriff von Freiheit: »Die geschichtlichen Tatsachen der Vergangenheit wie der Zukunft sind verwirklichte oder zu verwirklichende Möglichkeiten, die eine zwingende Notwendigkeit ausschließen. Bei aller Begründbarkeit bleiben die Tatsachen kontingent, sie entstehen im Raum menschlicher Freiheit. Insofern ist die vergangene wie die kommende Zukunft immer zufällig [...].« Koselleck: *Vergangene Zukunft*, a.a.O., S. 173.

Transformationsprozess zu behandeln (II.3); und abschließend: durch welche Operationen filmische wie historiographische Sammlungen beginnen, Geschichte zu machen (II.4).

II.1 »Material« zwischen Mikro- und Makrogeschichte

Thomas Heises Dokumentarfilm MATERIAL besteht aus Aufnahmen, die der Regisseur im Lauf der letzten 20 Jahre produziert hat. Es handelt sich fast ausnahmslos um Material, das keinen Eingang in einen der zwölf Filme fand, die Heise seit 1988 fertig stellen konnte. MATERIAL versammelt Outtakes, Reste, bislang Unveröffentlichtes; Material, das zufällig und en passant, »links und rechts neben den Filmen« (Heise) entstanden ist. In großen Blöcken montiert Heise diese auf den ersten Blick ungefiltert und relativ ungeordnet wirkenden Sequenzen, die gleichwohl konzentriert um das Wendejahr 1989 kreisen: Kinder, die in Ruinen spielen (Halle, Anfang der 1990er Jahre); die Räumung der Mainzer Straße am 14. November 1990; Fritz Marquardt und Heiner Müller bei den Proben zu *Germania Tod in Berlin* am Berliner Ensemble 1988/1989; die Massendemonstration auf dem Alexanderplatz am 4. November 1989; die SED-Parteikonferenz zum neuen Politbüro am 8. November 1989; eine Bürgerversammlung in Berlin-Hessenwinkel im Herbst 1989; Selbsterklärungen von Gefängnisaufsehern und Gefängnisinsassen der Strafvollzugsanstalt Brandenburg am 7. Dezember 1989; die von autonomen Jugendlichen unterbrochene Premiere von STAU – JETZT GEHT'S LOS am 3. Oktober 1992; die letzte reguläre Volkskammersitzung am 28. September 1990; Bilder des entkernten Palastes der Republik, 2008.

Heises Film betont auf verschiedenen Ebenen die Eigenrechtlichkeit des Materials gegenüber der Ordnung der Geschichtsschreibung: Die Szenen sind lose gekoppelt, werden weder durch Schrifteinblendungen kontextualisiert, noch durch eine kommentierende Off-Stimme äußerlich aufeinander bezogen. Die Montage synthetisiert die Sequenzen nicht zu einem komponierten Panorama ›1989‹, sondern stellt sie ohne Rücksicht auf die Chronologie und Bedeutsamkeit der Ereignisse nebeneinander – ein Verfahren, das bei jedem neuen Block einen Abstoßungseffekt erzeugt; harte Schnitte trennen die übergeordneten Einheiten voneinander und akzentuieren die jeweiligen Materialgrenzen. Zum inneren Konstruktionsprinzip von MATERIAL gehört nicht nur die Aufhebung der chronologischen Abfolge, sondern auch die nivellierte Differenz zwischen autobiographisch konnotierten Szenen (die vornehmlich um Marquardt herum organisiert sind) und solchen, die auf der Ereignisebene den Status von ›Weltgeschichte‹ beanspruchen können (wie etwa die Versammlung am 4. November auf dem Alexanderplatz). Die Einebnung hat den Effekt einer wechselseitigen Durchdringung von privater und öffentlicher, Mikro- und Makrogeschichte. Die Auseinandersetzung zwischen Fritz Marquardt und seinem Bühnenbildner Karl Kneidl, die im Kontext eines Films über ›die Wende‹ zunächst kleinteilig und privatistisch anmutet, erweist sich rückblickend als gleichsam vorweggenommener Kommentar der politischen Kernthematik von MATERIAL: das in Bewegung kommende Verhältnis zwischen Bühne und Zuschauerraum, Oben und Unten, sichtbaren Akteuren und unsichtbaren Rezipienten. Umgekehrt filmt Heise die (medien-) öffentlichen Großereignisse durchgehend mit mikrogeschichtlicher Intuition. Auf beide Aspekte wird unten genauer einzugehen sein.

Bereits der Titel des Films enthält eine Geste, die gegen die Erwartung einer großen Erzählung der Wende gerichtet scheint: nur Material, mehr nicht. Jede Form der Historiographie ist zwar auf Material, auf Quellen angewiesen (die nicht unbedingt materielle Objekte sein müssen), geht aber zugleich über deren bloße (Re-)Präsentation hinaus. Die Geschichtsschreibung veröffentlicht nicht einfach Archivfunde, sondern stellt sie in Erklärungszusammenhänge. Das Material wird epistemisch prozessiert und in eine Ordnung gebracht, die Annahmen über geschichtliche Verläufe beinhaltet und historisches Verstehen ermöglichen soll. Der Status des Materials im Text der Geschichtsschreibung ist prekär, weil seiner Einordnung und Verarbeitung grundsätzlich eine nachträgliche Deutungsperspektive eingeschrieben ist. Das Material stützt eine Erzählung, in der es selbst tendenziell verschwindet, weil es nur als zitierter, ausschnitthafter Beleg und unter Vorgabe einer bestimmten Argumentationsweise sichtbarer Bestandteil des Textes der Geschichtsschreibung wird.

Diamonds Traum

Der ›Materialfrage‹, die MATERIAL schon auf den ersten Blick vielschichtig aufwirft, widmet Siegfried Kracauer in *Geschichte – Vor den letzten Dingen* aus metahistoriographischer Sicht eine ausführliche Diskussion. In erster Linie geht es um die oben mit Nietzsche skizzierte Problematik des »beschränkten Gesichtsfeldes«, das aus einem Mangel an Perspektive, Proportion und Distanz resultiert und den »antiquarischen« Sammelsinn epistemisch wie geschichtspolitisch defizitär erscheinen lässt. Eingebettet in eine Untersuchung des Verhältnisses von Mikro- und Makroebene der geschichtlichen Betrachtung und ausgehend von der Annahme, dass es zwischen beiden »keinen unbehinderten Verkehr in beide Richtungen«[31] geben kann, benennt Kracauer zwei Prinzipien, die diesen Verkehr regulieren und erschweren: das Gesetz der Perspektive und das Gesetz der Ebenen. Ersteres verweist auf die Problematik der Verdeckung von Evidenz im Prozess der Materialsichtung, -sicherung, und -sichtbarmachung; Zweiteres darauf, dass die Intelligibilität der Quelle nicht stabil ist, sondern sich je nach Abstand der Betrachtung transformiert. Materialnähe ist für den Kracauer des Geschichtsbuches zwar im Sinne seiner allgemeinen Präferenz für Mikrogeschichte geboten, aber kein Garant für den adäquaten Zugriff, den besten Blick auf die Quelle.

Das *Perspektiv-Gesetz* thematisiert einerseits die Unhintergehbarkeit eines Beobachterstandpunktes, zunächst als Frage nach dem »Abstand des Historikers von seinem Material«.[32] Je mehr die Geschichtsschreibung auf der Makro-Ebene historische Verläufe in allgemeinen Synthesen zu fassen versucht, desto eher verliert »das Belegmaterial seine bindende Macht und lädt die weniger gebundene Subjektivität dazu ein, das Steuer zu übernehmen.«[33] Generell bevorzugt Kracauer in Kontinuität zu seiner filmtheoretischen Präferenz für die »realistische Tendenz« die mikrogeschichtliche Vorgehensweise, denn dort »kanalisiert ein mehr oder weniger dichtes Gewebe gegebener Daten die Einbildungskraft des Historikers, seine Deutungsabsichten«,[34] während Makrogeschichte Verzerrungseffekte produziert, die Kracauer mit dem Blick durch ein »Teleskop«[35] assoziiert. Zur »Funktion perspektivischer Ansichten«[36] gehört aber nicht nur die durch Materialdistanz erst ermöglichte perspektivische Verformung im teleskopischen Blick des zu allgemeinen Synthesen nei-

31 Kracauer: *Geschichte – Vor den letzten Dingen*, a.a.O., S. 136.
32 Ebd., S. 137.
33 Ebd.
34 Ebd.
35 Ebd., S. 129.
36 Ebd., S. 138.

genden Historiker-Typus,[37] sondern auch die durch eine bestimmte Ansicht bewirkte Logik der Verdeckung, die Kracauer argumentativ mit den Effekten filmischer Kadrierung engführt. Gemeint sind hier Phänomene und Prozesse, die »aus dem Bild herausfallen«, Objekte, die durch Vorgelagertes verborgen werden: »Was der Makro-Historiker nicht sieht, kann er (zum Teil) nicht sehen, weil es von dem, was er sieht, überschattet wird.«[38] Die einmal fixierte und gespeicherte Ansicht produziert ein definitives Bild, das *post festum* nicht mehr preisgibt, welche obskuren Phänomene sich hinter den faktisch abgebildeten und somit überlieferten verbergen: »ein Teil der Belege [fällt] automatisch aus«.[39] Der Preis jeder Sichtbarmachung ist das Verschwinden von etwas, das in dieser Perspektive nicht ansichtig und nur durch ein weiteres Bild zugänglich wird, welches das erste ergänzt, potentiell korrigiert, kritisiert etc. In der Historiographie und für die meisten Filme gilt jedoch Cavells Hinweis, dass das Nichtüberlieferte und Nichtthematisierte als Bezugssystem nicht einfach irrelevant wird:

> »You can always ask, pointing to an object in a photograph – a building, say – what lies behind it, totally obscured by it [...]. You can ask these questions of objects in a photograph because they have answers in reality. The world of a painting is not continuous with the world of its frame, at its frame, a world finds its limits. [...] The camera, being finite, crops a portion from an indefinitely larger field, continuous portions of that field could be included in the photograph in fact taken; in principle it could be all taken.«[40]

---

37 Wobei Kracauer hier durchaus in der historiographischen Literatur zu differenzieren weiß: »Wie schon in früheren Zusammenhängen ausgeführt, neigen Geschichtswerke großen Maßstabs dazu, einen existentiellen Charakter anzunehmen. Der Konflikt der Thesen von Pirenne und Bark über den Ursprung des Mittelalters geht entschieden auf diese Perspektivenwirkung zurück; aber man denkt nicht gleich an Perspektive bei Großaufnahmen wie Panofskys ›Prinzip der Disjunktion‹ oder Jedins Analyse des Konstanzer Konzils.« Ebd., S. 137.
38 Ebd., S. 139.
39 Ebd., S. 140.
40 Cavell: *The World Viewed,* a.a.O., S. 23f.

Kracauer interessiert sich für diesen Zusammenhang zwischen faktischer Unsichtbarkeit und mittelbarer Anwesenheit auch hinsichtlich des Verhältnisses von Allgemeinem und Besonderem:

»Zum Beispiel können allgemeine Geschichtswerke der Feudalgesellschaft gewöhnlich nicht deren Verschiedenartigkeit gerecht werden, die durch den Versuch verdeckt wird, die allgemeinen Züge dieser Gesellschaft herauszustellen; genau diese Verschiedenartigkeit ist jedoch eine ihrer wesentlichen Eigenschaften.«[41]

Trotz dieser durchgehaltenen Kritik an Geschichtsschreibungen, die ihre Quellen in synthetischen Deutungsperspektiven zum Verschwinden bringen, bleibt Kracauer im Geschichtsbuch nicht beim Topos emphatischer Materialnähe und mikrohistorischer Selbstbeschränkung stehen. Zum einen problematisiert er unter dem Stichwort *Gesetz der Ebenen* jene »Mikro-Ereignisse, die nicht von der Perspektive überschattet werden, sondern sichtbar bleiben«.[42] Diese erfahren im Prozess ihrer historiographischen Verarbeitung eine Transformation und können nicht einfach eins zu eins abgebildet werden, weil sie »bei der Beförderung in höhere Regionen vom Verlust einiger ihrer Eigenarten und Bedeutungen bedroht sind. Sie kommen dort oben in beschädigtem Zustand an.«[43] Diese »Beschädigung«, lässt sich mit Michel de Certeau hinzufügen, ist bereits im historiographischen Akt der Definition eines Materialkorpus als Quellenbasis angelegt:

»In der Geschichte beginnt alles mit der Geste des *Beiseitelegens*, des Zusammenfügens, der Umwandlung bestimmter, anders klassifizierter Gegenstände in ›Dokumente‹. Diese neue kulturelle Aufteilung ist die erste Aufgabe. In Wirklichkeit besteht sie darin, derartige Dokumente durch Kopieren, Transkribieren, Photographieren dieser Gegenstände zu *produzieren*, da sie gleichzeitig ihren Ort und ihren Status verändert. Diese Geste besteht – wie in der Physik – im ›Isolieren‹ eines Körpers und im ›Denaturieren‹ der Dinge, um sie in Teile zu verwandeln, die die

---

41 Kracauer: *Geschichte – Vor den letzten Dingen*, a.a.O., S. 138.
42 Ebd., S. 139.
43 Ebd., S. 140.

Lücken in einem *a priori* gesetzten Ganzen füllen werden. Sie gestaltet die ›Sammlung‹ von Dokumenten.«[44]

Auch für Kracauer produziert die vergleichsweise weniger ›transfer-intensive‹ Nahsicht, die mit der Einstellungsgröße des Close-up in Verbindung gebracht wird, keine automatische Evidenz: »Diese vorgeblich kleinste historische Einheit ist selbst ein unerschöpflicher Makrokosmos. So weicht Realität wieder zurück [...].«[45] Zum anderen ruft auch das Entfremdungsmotiv eben nicht die Idee einer besonderen Nähe zwischen Fotografie und historischer Wirklichkeit auf, sondern fokussiert eher eine spezifische Differenz und Diskontinuität. Kracauer spricht in diesem Sinn von einem »Mindestabstand [...], der zwischen dem Forscher und seinem Material eingehalten werden muß«,[46] und von der Bestimmung einer Grenze der »Einfühlung und Versenkung in das Beweismaterial«.[47] Bei Roland Barthes wird diese notwendige Abspaltungsbewegung als »Spannung« der Geschichte bezeichnet: »[...] sie nimmt erst Gestalt an, wenn man sie betrachtet – um sie zu betrachten, muss man von ihr ausgeschlossen sein.«[48]

---

44 Certeau: *Das Schreiben der Geschichte*, a.a.O., S. 93.
45 Kracauer: *Geschichte – Vor den letzten Dingen*, a.a.O., S. 129.
46 Ebd., S. 98.
47 Ebd., S. 67. In diese Richtung weisen auch Stellen, an denen Kracauer sehr viel deutlicher als in der *Theorie des Films* auf die Bedeutung und Legitimität der »formgebenden Tendenz« abhebt und von der (allein schon physiologischen) Notwendigkeit spricht, »das visuelle Rohmaterial im Akt des Sehens zu organisieren«: »Der naive Realismus ist längst vorüber; und niemand dächte heute im Traum daran, die Kamera einen Spiegel zu nennen. Selbst Prousts idealer Photograph muß dreidimensionale Erscheinungen auf eine Fläche bringen und ihre Verbindungen mit der Umgebung kappen. Wichtiger ist jedoch, daß er gar nicht anders kann, als die einströmenden Eindrücke zu strukturieren [...].« Ebd., S. 63. Nicht übersehen werden sollte auch, dass der Film schon in der *Theorie des Films* jenseits abbildrealistischer Festlegungen als ein Medium vermittelter Sichtbarkeit charakterisiert wird. Einschlägig hierzu ist das Medusa-Kapitel (Kracauer: *Theorie des Films*, a.a.O., S. 467ff.), in dem es nicht um ein kommentarloses Spiegeln der Welt geht, sondern um das Bild als Abstraktionsleistung – Perseus entzieht Medusa ihr grauenerregendes Potential buchstäblich im und durch das Bild.
48 Barthes: *Die helle Kammer*, a.a.O., S. 75.

Für den späten Kracauer ist der Historiker aus der Geschichte, die er schreibt, auf ähnliche Weise ausgeschlossen wie der Zuschauer aus der filmischen Welt, in die er sich nur unter den Prämissen des ästhetischen Spiels hineinbewegen kann. Beide machen Erfahrungen der Immersion, stoßen aber immer wieder an Grenzen der Standortgebundenheit. Der haltlos in seine Materialfunde verstrickte Historiker trägt keinen Erkenntnisgewinn davon, wie ein hypothetischer Filmzuschauer, der nicht dazu in der Lage ist, die diegetische Welt von der realen zu unterscheiden, keine ästhetische Erfahrung machen kann. In der Entfremdungsformel des Geschichtsbuchs verbirgt sich so gesehen tatsächlich keine Bestimmung eines historisch spezifischen Zustands oder Weltverhältnisses, sondern die zweite Hälfte eines epistemischen Ideals der historiographischen Praxis, die mit bloßer Materialempathie ein einigermaßen limitiertes Unterfangen bliebe. Der Historiker soll dem Material nah kommen und fremd bleiben, es von Innen verstehen und sich doch nicht von ihm vereinnahmen lassen[49] – Kracauer vergleicht die »Lockrufe« des Materials mit Prousts Geisterbäumen und warnt vor dem undurchdringlichen »Dickicht der Dinge«,[50] aus dem distanzlose Verstrickung nicht herausführt.

Für Ginzburg ist das Geschichtsbuch gerade deshalb »the best introduction to microhistory«,[51] weil Kracauer trotz seiner Präferenz für die kleinen, lokalen Einheiten der Geschichte ein komplexeres Wechselspiel zwischen Mikro- und Makrodimension begrifflich auszuloten versucht. Voraussetzung dafür ist die Annahme einer »heterogenen Struktur des historischen Universums«.[52] Kracauer wendet sich hier

49 Despoix bezeichnet diese Vorgehensweise als »le mode d'un paradoxal et-et« und erkennt darin einen Grundzug des Geschichtsbuches; Oppositionspaare werden ohne dialektischen Synthesezwang gegenüber- und gleichgestellt: »Il s'agit là d'une co-présence des contraires asymétriques: cru et cuit du quotidien; champ et hors-champ caractéristique du document; détail, gros-plan et vision d'ensemble de l'historien; organisation narrative et porosité du sens de l'histoire; empathie et aliénation de l'object de l'historique – ou encore : temps chronologique et temporalité propre de l'observateur.« Despoix: »Une histoire autre? (Re)lire ›History. The Last Things Before the Last‹«, in: *Siegfried Kracauer: penseur de l'histoire*, a.a.O., S. 22.
50 Kracauer: *Geschichte – Vor den letzten Dingen*, a.a.O., S. 108.
51 Carlo Ginzburg: »Microhistory: Two or Three Things That I Know about it«, in: *Critical Inquiry* 20(1), Herbst 1993, S. 10–35, hier: S. 27.
52 Kracauer: *Geschichte – Vor den letzten Dingen,* a.a.O., S. 148.

gegen die Tolstoi zugeschriebene Vorstellung,[53] die historische Realität sei ein »endloses Kontinuum mikroskopisch kleiner Vorfälle, Handlungen [...], die durch ihre bloße Anhäufung die makroskopisch bedeutenden Umwälzungen, Siege, Katastrophen hervorbringen, wie sie in den meisten Lehrbüchern dargestellt werden«,[54] und erkennt in dieser Position vor allem den naturwissenschaftlich-deterministisch überformten Zeitgeist des 19. Jahrhunderts, der die Geschichte sukzessive in ein »Reich der Notwendigkeit« verwandeln wollte. Für Kracauer setzt sich historische Realität zwar nicht einfach aus einem Netzwerk von Mikrovorgängen, also gleichsam additiv von unten nach oben zusammen, sondern verläuft auch in »höheren Regionen«;[55] gleichwohl bleibt die Historiographie auf die materialnahe Mikro-Analyse angewiesen, »Detailstudien« sind Universalgeschichten vorzuziehen:

»Die historische Wirklichkeit lässt sich nicht vollständig in mikroskopische Elemente zerlegen. Das Ganze der Geschichte umfasst ebenso Ereignisse und Entwicklungen, die sich oberhalb der Mikro-Dimension abspielen. Aus diesem Grund sind Übersichtsdarstellungen ebenso wesentlich wie Detailstudien. Aber sie leiden an Unvollständigkeit; und wenn der Historiker ihre Lücken nicht ›aus eigenem Verstand und eigenen Vermutungen‹ ausfüllen will, muß er die Welt der kleinen Ereignisse ebenso erforschen. Makro-Geschichte kann nicht Geschichte im idealen Sinn werden, wenn sie nicht auch Mikro-Geschichte beinhaltet.«[56]

Auch an dieser Stelle kommt die Analogie der »Vorraum-Medien« Film und Historiographie ins Spiel. Kracauer vergleicht die mikro-

---

53 Vgl. dazu Isaiah Berlin: *The hedgehog and the fox. An essay on Tolstoy's view of history*, London, 1953.
54 Kracauer: *Geschichte – Vor den letzten Dingen*, a.a.O., S. 121.
55 »Obwohl die Namen, unter denen man sie kennt, ungenaue Abkürzungen sein mögen, die ein Gewirr von mikroskopischen Ereignissen in Dunst hüllen, sind diese Ereignisse mehr als bloße Projektionen – vorausgesetzt, sie wurden zur Zeit ihres Auftretens als Einheiten erfahren. Im Europa des 15. Jahrhunderts war die Streitfrage der Kirchenreform ein geläufiger Begriff, ungeachtet ihrer hohen Allgemeinheit. Historische Ereignisse von diesem Typ sind real in dem Maß, wie sie die Menschen dazu anregten, deren Konsequenzen zu bedenken, Alternativen zu erörtern und mögliche Lösungen voranzutreiben.« Ebd., S. 128.
56 Ebd., S. 133f.

geschichtliche Betrachtung mit der Großaufnahme und ordnet die Makro-Geschichtsschreibung der Totale (»Gesamtaufnahme«) zu, wobei der entscheidende Punkt der flexible Perspektivwechsel zwischen den Einstellungsgrößen ist: »Das Große ist aus verschiedenen Abständen anzusehen, um verstanden zu werden; seine Analyse und Interpretation schließen die konstante Bewegung zwischen den Allgemeinheitsebenen ein.«[57] Filmische und historiographische Praktiken ähneln sich demzufolge nicht nur darin, dass sie mit zeitlichem Abstand aus vorgefundenem und nicht beliebig formbarem Material eine Repräsentation der Welt erschaffen, die keine bloße Rekonstruktion oder Nachahmung ist. Beide montieren zugleich ausgewählte Ansichten, die in variablem Abstand zur profilmischen respektive historischen Quelle stehen. In der Montage werden die Fragmente zu größeren sinnlich-epistemischen Einheiten konstelliert, die mehr bedeuten als die Summe ihrer Teile. Erst in dieser Phase wird für Kracauer geschichtliches Verstehen generiert – wenn das Material erzählerisch verknüpft und durch ein Netzwerk an Interpretamenten geschleust wird.

In der filmischen Multiperspektivität und Montage erkennt Kracauer das Modell einer »permanenten Bewegung, die vom Ganzen zu einem beliebigen Detail geht und zurück zum Ganzen usw.«.[58] Geschichtstheoretisch anschlussfähig erscheint hier vor allem der Modus des Ebenenwechsels: »[...] a constant back and forth between micro- and macrohistory, between close-ups and extreme long-shots, so as to continually thrust back into discussion the comprehensive vision of the historical process through apparent exceptions and cases of brief durations.«[59] Kracauer argumentiert einerseits gegen ein dichotomisches Verständnis von Mikro- und Makroperspektiven und spricht sich wie Ginzburg oder Jacques Revel für ein experimentelles Hin- und Herschalten aus, wobei die Historiker hier durchaus von den »zu Brüchen führenden Intentionen der modernen Schriftsteller und Künstler« lernen können.[60] Die Vorstellung einer

---

57 Ebd., S. 135.
58 Ebd., S. 136.
59 Ginzburg: »Microhistory: Two or Three Things That I Know about it«, in: *Critical Inquiry*, a.a.O., S. 27.
60 Ebd., S. 201. Eine ähnliche Hoffnung auf den Einzug ästhetischer Modernität in die (chronologische) Darstellungskonventionen der Historiographie formuliert de Certeau mit Blick auf das Kino: »Forschungsergebnisse werden

prinzipiellen Unvermittelbarkeit beider Ebenen wird also zurückgewiesen, gleichwohl markiert Kracauer immer wieder die jeweiligen Grenzen und beharrt auf ihrer autonomen Dimension, wie Rodowick schreibt: »History has no identity as a totality but rather can be represented only as a series of shifting configurations where differing periods or classes of dates, or even different kinds of history (history of art, economy, technology, social life etc.), are each informed by their own intrinsic system of temporal reference.«[61] Einem Kollegen, dem Columbia-Professor Sigmund Diamond, schreibt Kracauer jenen »Traum« zu, dessen Kern bei Revel unter dem Stichwort »jeux d'échelles« als regulative Idee der Geschichtsschreibung firmiert:

>»Diamond fragt sich, ob der mit einer Schilderung großen Maßstabs befaßte Historiker es nicht vermeiden könne, alle Ereignisse in der einen Perspektive darzustellen, die dem Abstand entspricht, den der Umfang seiner Schilderung erfordert. Warum sollte er auf seinem Weg die Dinge nicht aus unterschiedlichen Abständen betrachten? […] Viele Filme verfahren so. […] Diamond träumt von einer amerikanischen Geschichte, in die er unter anderem Großaufnahmen einzublenden plant, und zwar nicht als Illustration seiner allgemeinen Annahmen, sondern im Gegenteil als in sich geschlossene Wesenheiten, die dem, worauf er insgesamt Nachdruck legen will, zuwiderlaufen können.«[62]

Die Selbstverständlichkeit, mit der der Film unterschiedliche Einstellungsgrößen und Perspektiven kombiniert und so ineinanderwebt, dass das (profilmische) Material sich stets ungefragt zu Wort melden kann, ist für die Historiographie gerade deshalb modellhaft, weil dort die von Koselleck beschriebene Gefahr besteht, die Vieldeutigkeit und Widerständigkeit der Quelle »mit Effekt zu handhaben«,[63]

---

in chronologischer Ordnung dargelegt. Gewiß, das Bilden von Serien, die Isolierung globaler ›Umstände‹ ebenso wie die Techniken des Romans oder des Kinos haben die Strenge dieser Ordnung gemildert, die Einführung synchroner Tafeln ermöglicht und die traditionellen Mittel, verschiedene Momente miteinander spielen zu lassen, erneuert.« Certeau: *Das Schreiben der Geschichte*, a.a.O., S. 115.

61 Rodowick: *The Virtual Life of Film*, a.a.O., S. 157.

62 Kracauer: *Geschichte – Vor den letzten Dingen*, a.a.O., S. 142.

63 Ebd., S. 134.

also gemäß übergeordneter Annahmen funktional einzupassen. Diamonds epistemologischer Traum einer experimentellen Historiographie bezieht sich auf etwas, das in der Filmästhetik medienspezifisch immer schon gegeben ist: den Materialabstand fließend zu variieren und dabei die Autonomie und Diskontinuität der ›Quellen‹ in abweichenden Details durchscheinen zu lassen.

Periphere Perspektiven
MATERIAL ist ein Film über das Ende der DDR ohne Bilder vom Mauerfall. Das Brandenburger Tor, geöffnete Grenzübergänge, West-Berliner, die Ost-Automobile umringen, Begrüßungssekt ausschenken und Deutschlandfahnen schwenken, kommen nicht vor. Ähnlich wie die anderen Filme von Thomas Heise interessiert sich MATERIAL räumlich wie thematisch für die gesellschaftlichen Ränder, orientiert sich dorthin, wo die ›große Geschichte‹ kleinteilig wird und sich Lebenswege vollziehen, die gewöhnlich nur Gegenstand von jenen »Kneipengesprächen« werden, die der Regisseur in den 80er Jahren im Prenzlauer Berg führte und auf Tonband mitschnitt.[64] Insbesondere VATERLAND (2002) zeichnet nicht nur zwischen die Zeiten geratene biographische Verläufe auf, sondern handelt auch in einem allgemeineren Sinn vom schieren ›Rausgefallensein‹ aus der Geschichte.

In MATERIAL sind es Aufseher und Insassen einer Strafvollzugsanstalt in Brandenburg – und somit Protagonisten einer Einrichtung, die in der monotonen Wiederholung täglicher Abläufe geschichtliche Zeit quasi institutionslogisch suspendiert – die von dem Epochenwechsel 1989 mehr gestreift als mitgerissen werden: das Gefängnis als Raum ›außerhalb der Geschichte‹, als Ort, der von Prozessen des gesellschaftlichen Wandels nur äußerst vermittelt erreicht wird.

Zu Beginn dieser Sequenz fährt die Kamera in einem gedehnten Travelling Shot ein Modell der Strafvollzugsanstalt entlang, dessen Funktion offenbar im Wesentlichen darin besteht, die Logik der dazugehörigen Sicherungssysteme zu repräsentieren. In der Miniaturversion einer ›Musteranstalt‹ veranschaulicht sich die überwachungspolitische Vision einer vollständig geschlossenen und idealerweise ferngesteuerten Institution, die die Insassen automatisch, [Stills II.1.1]

---

64 Vgl. Thomas Heise: *Spuren. Eine Archäologie der realen Existenz,* Berlin 2010, S. 9–23.

mit minimalem Personalaufwand verwaltet und die Kontaktpunkte mit der Restgesellschaft auf das Minimum reduziert. Der Häftling ist primär als Störfaktor kalkuliert, kommt hier nicht mehr als Adressat von Resozialisierungsmaßnahmen vor, sondern nur noch als Entität, die gegebenenfalls Alarmsignale auf einem in Detailaufnahmen gezeigten Display auslöst (»Lichtschranke durchbrochen«).

[Stills II.1.2] Den Kern der insgesamt 40-minütigen Sequenz bilden derart institutionskritisch gerahmt die frei formulierten Erklärungen zweier Sprechergruppen. Zuerst kommen Mitglieder des Wachpersonals zu Wort. Beamte unterschiedlicher Dienstgrade und Tätigkeitsbereiche legen in umständlichen, technisch-bürokratischen Formulierungen dar, wie sich die aktuelle Situation – es hat Aufstände und Amnestie-Forderungen gegeben – im Bereich der Strafvollzugsanstalten auswirkt und weshalb sie sich innerhalb der Hierarchie der DDR-Sicherheitsbehörden generell als Polizisten zweiter Klasse fühlen. Die Ereignisse im Land werden nicht explizit thematisiert, sind aber erkennbar der Auslöser für eine temporäre Instabilität, die die Aufseher als subordinierte Protagonisten des ›Systems‹ unter Rechtfertigungsdruck setzt. Die Beamten beklagen sich über einen angeblich generellen Mangel an gesellschaftlicher Anerkennung für ihre (vergleichsweise gut bezahlte) Arbeit, sind aber insbesondere darüber beunruhigt, im Zuge einer allgemeinen Umwälzung institutioneller Machtverhältnisse mit einem Staat identifiziert zu werden, der gerade in seiner Unrechtmäßigkeit exponiert wird. Anschließend kommen die Insassen zu Wort; von den Mitgefangenen gewählte Sprecher, darunter mehrere verurteilte Mörder. Auch hier sind die Wende-Ereignisse bis auf eine Ausnahme nur in Andeutungen Gegenstand der Erklärungen.

Diese filmisch gespeicherten Äußerungen sind als historische Dokumente nicht deshalb interessant, weil sie konkrete Informationen über die Auseinandersetzung in einem bestimmten Gefängnis enthalten. Die Gefangenen sind augenscheinlich durchaus gewöhnliche (Schwer-)Verbrecher und insofern keine unmittelbar ›repräsentativen‹ politisch Verfolgten eines Unrechtsstaates. Relevant ist so gesehen weniger der Gegenstand der Rede (Wächter verteidigen ihre Arbeit, Häftlinge hoffen auf frühzeitige Entlassung), als das darin zum Ausdruck kommende Bedürfnis, sich jetzt und hier, im historischen Moment einer allgemeinen Auflösung staatlicher Strukturen öffentlich zu artikulieren.[65]

Dabei blicken die Insassen direkt in die Kamera, adressieren sie wie den Stellvertreter einer allgemeinen Öffentlichkeit. Für die Gefangenen verkörpert die Kamera die Möglichkeit einer Rückkehr in die Geschichte; sie ist Eintrittsmedium zu einem öffentlichen Raum, dessen historisch neuer Zustand (relative Unordnung, Polyphonie) zu diesem Zeitpunkt auch an der Peripherie, in einer abgeschotteten Strafvollzugsanstalt angekommen ist. Zu entnehmen ist den Äußerungen der Strafgefangenen die Wahrnehmung einer gesellschaftsweit erfahrbaren Dynamik; sie reichte bis an einen Ort, der an der Wende gewissermaßen systemlogisch nicht oder nur nachrangig teilhat. Einer der Gefangenen, der einzige, der sich direkt auf die Wende bezieht, formuliert es schließlich ausdrücklich:»Wir sehen jeden Tag die Bilder und es wird jeden Tag bitterer, nicht daran teilnehmen zu können, jeden Tag schlimmer hier sitzen zu müssen, um anzuschauen, was da draußen geschieht und man ist absolut passiv hier drinnen [...] das Leben geht an uns vorbei.« Die Sequenz dokumentiert eine Situation, in der unwahrscheinliche Kommunikationen stattfinden, ohne dass es tatsächlich zu einem expliziten Diskurs über den »besseren Knast« (Heise) käme.

Mikrogeschichtlich im Sinne des Ginzburg'schen Ansatzes ist hier vor allem die Strategie einer »reduction of scale«,[66] die das Makro-Ereignis ›Wende‹ relokalisiert. Der »shift towards the fragment«[67] ist dennoch nicht gleichzusetzen mit einer verringerten Reichweite des Erklärungsanspruchs, sondern folgt eher der Annahme, dass der

---

65 In der Tat ist das Desiderat öffentlicher Sichtbarkeit (und ein darauf reagierendes Täuschungsmanöver) ursächlich dafür, dass die Aufnahmen überhaupt existieren, wie Heise in Interviews erzählt:»Das ist etwas ganz Merkwürdiges. Ich bin nachts angerufen worden von einem Kollegen. In der Nacht vom 7. auf den 8. Dezember 1989 waren da Unruhen, die Gefangenen hatten es irgendwie geschafft aus den Zellen herauszukommen und aufs Dach zu klettern. Die Situation ist dadurch beruhigt worden, dass der Gefängnisdirektor sagte: ›Ich kümmere mich darum, dass das Fernsehen kommt.‹ Und wir waren ›das Fernsehen‹. Wir wurden da auch benutzt. Eine völlig irre, absurde Situation.« Interview auf Telepolis:»Was ist der besser Knast?«, 12.11.2009, http://heise.de/tp/blogs/6/print/146517, aufgerufen: 30.12.2010.
66 Ginzburg:»Microhistory: Two or Three Things That I Know about it«, in: *Critical Inquiry*, a.a.O., S. 15.
67 Ebd., S. 31.

marginale Fall repräsentativ ist für die allgemeine gesellschaftliche Wahrnehmung einer Erosion staatlicher Ordnung.

Andererseits verlegt sich MATERIAL nicht allein darauf, die Geschichte der Wende von den Rändern her zu erzählen, Mikroeinheiten (eine Strafvollzugsanstalt, eine Bürgerversammlung in Hessenwinkel usf.) makroskopisch zu vergrößern, um darin Spuren, Rückkoppelungen, Anverwandlungen des ›Gesamtprozesses‹ sichtbar werden zu lassen. Immer wieder kehrt Heises Montage an die Orte der ›großen Geschichte‹ (die Massendemonstration auf dem Alexanderplatz am 4. November, der Auftritt von Egon Krenz vor dem Zentralkomitee der SED am 8. November anlässlich der Parteikonferenz zum neuen Politbüro) zurück, zeigt sie aber aus deformatierten Perspektiven – im Vergleich zu Bildfundus und -grammatik des Nachrichtenfernsehens.

Die Alexanderplatz-Demonstration, die Abschlusskundgebung der größten Protest-Veranstaltung in der Geschichte der DDR, nimmt in dieser Zirkulation der immergleichen Bilder und Ereignishierarchien routinemäßig eine zentrale Stelle ein. Die Gründe hierfür liegen nicht allein in der objektiven Bedeutsamkeit des Ereignisses, sondern auch in seiner medialen Darstellbarkeit. Die Unübersichtlichkeit der Geschehnisse wird hier in ein klassisches Format überführt: Auf dem Platz, im Zuschauerraum, steht das ›Volk‹; auf der Bühne – und insofern: oben – stehen mehr oder weniger repräsentative Sprecher. Markus Wolf und Günter Schabowski, die ausgepfiffen werden, vertreten die alte Elite, die rhetorisch auf die Seite des Neuanfangs zu wechseln versucht; die zahlenmäßig überlegene künstlerisch-wissenschaftliche (Gegen-)Elite des Landes – in unterschiedlichen Graden systemfern – artikuliert auftrittserprobt den Reformanspruch der Protestierenden. Ungeachtet des politischen Status' dieser Stellvertretung bleibt festzuhalten, dass es sich um eine öffentliche Kommunikation handelt, für die es televisuelle Standards der Übertragung gibt: Eine durchgehaltene Fokussierung auf die zum überwiegenden Teil prominenten Sprecher (von Christoph Hein über Heiner Müller bis zu Christa Wolf) wird kombiniert mit Einstellungen, die das Publikum als Masse zeigen. Die Sprecher erscheinen als Individuen in Großaufnahme, die Demonstranten werden in der Totale anonymisiert oder bleiben unsichtbar im *hors-champ*.

MATERIAL reproduziert diese Konstellation – unten die gesichtslose Menge, oben die Protagonisten des Kulturbetriebes – nicht, sondern zeigt zunächst die Hinterbühne. Heise, zu diesem Zeitpunkt beim BE beschäftigt und deshalb im weitesten Sinn Mitveranstalter, bewegt sich relativ frei hinter den Kulissen, richtet seine Kamera dabei auch auf Günter Schabowski, der auf seinen Auftritt wartet und situative Allianzen zu schließen versucht (»Schön sich mal gegenseitig kennenzulernen«). Backstage ist Schabowski noch im Bild, anfänglich in der Form einer irritierenden Detailaufnahme seines Mundes, und befasst mit erkennungsdienstlichen Protokollroutinen (»Ihr seid Schauspieler? Wie heißen Sie?«). Nach einem Schnitt dann der Wechsel auf die Bühne. Das zivilgesellschaftliche Vakuum auf dem menschenleeren Alexanderplatz am »Wahlsonntag« des Jahres 1984, das Heise in seinem Film über das Berolinahaus dokumentiert hatte (verbunden mit dem privaten Projekt, die toten Winkel der staatlichen Überwachungskameras aufzuspüren: DAS HAUS – 1984, 1984), ist einer Agora-Situation gewichen. Heise steht wie die Kameraleute des (West-)Fernsehens mit auf dem Podium, filmt aber nicht die prominenten Redner, sondern ungerichtet in die Menge, die sich in dieser offenen Schwenkbewegung wieder in eine Ansammlung Einzelner auflöst: in Demonstranten, die über ein Ereignis miteinander verbunden sind, eine kollektive Artikulation herstellen, dennoch aber individuell handeln (rauchen, reden, schweigen, beobachten, warten, Richtung Podium drängen, ein Plakat vorbereiten oder hochhalten, mit zwei Fingern pfeifen usf.).

In den Zwischenschnitten kadriert Heise Schabowskis Vortragsnotizen in extremer Großaufnahme und filmt dessen angestrengtes Gesicht kurz im Profil, aus der Untersicht, kehrt aber immer wieder – man könnte sagen: einer historischen Intuition folgend – zu den »wachen Gesichtern vom 4. November«[68] (Heise) zurück, zum Publikum dieser Rede, das auch über postproduktionell herausgefilterte Zwischenrufe individuell kenntlich wird. Die Montage und die gleichsam entleerte Tonspur präparieren den Akteurs-Status des Publikums, wohingegen der tendenziell aus dem Bild entfernte Schabowski nur noch auf die ihm entgegenschlagende Ablehnung reagiert, sie durch leere Formeln (und ohne Erfolg) zu kanalisieren versucht.

[Stills II.1.3]

---

68 »Wo ist vorne? Thomas Heise über seinen Dokumentarfilm MATERIAL«, in: *taz*, 17.08.2009.

Während ›das Volk‹ gewöhnlich in der Totale gezeigt wird (das gilt insbesondere für die Fernsehbilder der Leipziger Montags-Demonstrationen) und dabei im »teleskopischen« Blick (Kracauer) der makrogeschichtlichen Einheit ›Wende‹ als homogener Akteur eines Aufstandes mit bereits feststehender Bewegungsrichtung (›Wiedervereinigung‹) erscheint, liefert MATERIAL den mikrogeschichtlichen Gegenschuss, zeigt das ›revolutionäre Subjekt‹ als Ansammlung gemeinsam rebellierender Subjekte. Im Anschluss an Dirk Baeckers unterscheidungstheoretische Überlegungen zur Differenz Leute/Volk ließe sich sagen, dass die Sequenz vor allem einen »Aggregatswechsel« festhält, eine historische Situation spontaner (revolutionspragmatischer) Kollektivierung:

»›Wir sind das Volk‹ war die Parole, die die Novemberrevolution 1989 in Ostdeutschland bewegte. ›Wir sind ein Volk‹ wurde aus dieser Parole, als die Revolution zur ›Wende‹ wurde, zur Wende unter christdemokratischen und bereits gesamtdeutschen Vorzeichen. Aber die Wahrheit der Revolution wie auch der Wende wurde von jenem Demonstranten ausgesprochen, der neben all die Transparente ›Wir sind das Volk‹ und ›Wir sind ein Volk‹ sein eigenes hielt: ›Ich bin Volker‹. Das Volk hatte sich nur für einen Moment, den revolutionären Moment formiert. Dann traten die Leute an seine Stelle.«[69]

In diesem Sinn zeigt die Sequenz, dass selbst in einem historischen Moment des ›Volkes‹ immer noch Leute da sind: viele Volkers. Als historisches Material funktionieren Heises ›Revolutionsbilder‹ wie die Quellen in Diamonds Traum, die bei näherer Betrachtung eine Vielzahl unterschiedlicher Handlungsweisen und Intentionen freilegen, die im Inneren einer makroskopischen Umwälzung arbeiten. Wenn die Totale einer Revolution von einem mikrogeschichtlichen Gegenschuss abgelöst wird, zeigt sich Vielheit statt Einheit.

Für die Masse interessiert sich MATERIAL bevorzugt in Momenten ihrer Asynchronizität: wie in der Sequenz mit den SED-Parteianhängern vor dem Politbüro, die ihr Liedgut nur noch zeitversetzt, in Fraktionen aufgespalten intonieren können. Der unfreiwillige Kanon als Sinnbild eines Systems, das auch in seinen symbolischen

---

69 Dirk Backer: *Poker im Osten. Probleme der Transformationsgesellschaft*, Berlin 1998, S. 11.

[Stills I.1.1] Vergegenwärtigung als Reenactment einer institutionellen Praxis, S-21, LA MACHINE DE MORT KHMÈRE ROUGE (Rithy Panh)

[Stills I.1.1] Vergegenwärtigung als Reenactment einer institutionellen Praxis, S-21, LA MACHINE DE MORT KHMÈRE ROUGE (Rithy Panh)

[Stills I.2.1] Eingefrorener Split Screen, THE HALFMOON FILES (Philip Scheffner)

[Stills I.2.1] Fotografien aus dem Nachlass des Lagerkommandanten Otto Stiehl, THE HALFMOON FILES (Philip Scheffner)

[Stills I.2.2] Zeugenbilder vs. Täterbilder, Malerei vs. Fotografie,
S-21, LA MACHINE DE MORT KHMÈRE ROUGE (Rithy Panh)

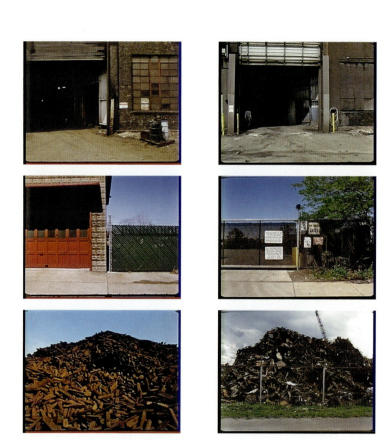

[Stills I.4.1] 1977/2004, ONE WAY BOOGIE WOOGIE / 27 YEARS LATER (James Benning)

[Stills II.1.1] Das Gefängnis als Raum außerhalb der Geschichte,
MATERIAL (Thomas Heise)

[Stills II.1.2] Gefängnisaufseher und Gefängnisinsassen: Rückkehr in die Geschichte, MATERIAL (Thomas Heise)

[Stills II.1.3] Berlin Alexanderplatz, 4. November 1989: »Ihr seid Schauspieler?«, MATERIAL (Thomas Heise)

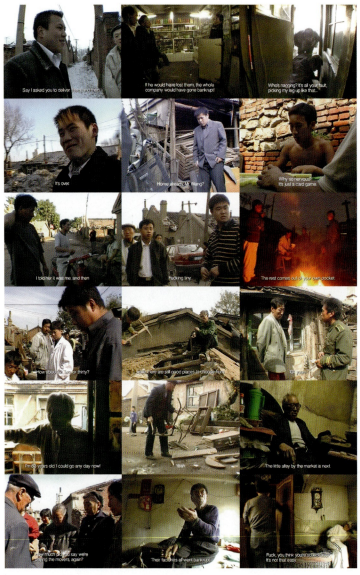

[Stills II.2.1] Vielstimmiges Gewebe subalterner Sichtweisen,
TIEXI DISTRICT – WEST OF THE TRACKS (Wang Bing)

[Stills II.2.2] Rites of passage into history / Cinematic walking with,
TIEXI DISTRICT – WEST OF THE TRACKS (Wang Bing)

[Stills II.3.1] Location/Lektüre

[Stills II.3.2] Wenn Denkmäler ›verrosten‹, entstehen Zeit-Bilder,
PROFIT MOTIVE AND THE WHISPERING WIND (John Gianvito)

[Stills III.1.1] Filmische Gegenwart einer Äußerungssituation,
SOBIBOR, 14 OCTOBRE 1943, 16 HEURES (Claude Lanzmann)

[Stills III.1.2] »Who better to tell it than me?«, HE FENGMING – A CHINESE MEMOIR (Wang Bing)

[Stills III.2.1] Hidden Stage, DR. MA'S COUNTRY CLINIC (Cong Feng)

[Stills III.3.1] Digitale Figurierung, fingierte (Re-)Figurierung,
z32 (Avi Mograbi)

[Stills III.4.1] Inszenierung »echter« und »falscher« Zeugen,
24 CITY (Jia Zhang-ke)

Routinen auseinanderdriftet. In der Logik des Films dynamisiert die dabei freigesetzte Bewegung vor allem das Verhältnis von Produzenten und Rezipienten im Kontext eines öffentlichen Kommunikationszusammenhangs. Hier erreicht die Wende ihren Scheitelpunkt nicht in den patriotischen Feierlichkeiten am Brandenburger Tor in der Nacht des Mauerfalls, sondern eher in einer Vielzahl lokaler Selbstermächtigungen, bei denen passive Zuhörer das Wort ergreifen und erstmals ihren individuellen Sichtweisen (nicht selten auf recht partikulare Aspekte des gesellschaftlichen Lebens der DDR) als Bürger öffentlich Ausdruck verleihen und ›offene Geheimnisse‹ aussprechen – beispielhaft hierfür ist ein Moment in der Hessenwinkel-Sequenz, in der ein älterer Herr bei einer Bürgerversammlung einen BERAG-Bauleiter spontan ins Kreuzverhör nimmt und dabei das bis dato tabuisierte Devisen-System des KOKO-Leiters Schalck-Golodkowski zum Thema der Veranstaltung macht.

MATERIAL zeigt die Wende nicht von einem einmal gewählten mikrogeschichtlichen Standpunkt aus, sondern stellt eine Konstellation aus peripheren Geschichten und Nahaufnahmen des ›Ereigniskerns‹ her. Heises Montage, aber auch seine Kamerapraxis im historischen Moment der Aufnahme, verändert immer wieder den Abstand zu jenen Ereignissen, deren Ansichten *post factum* zum Material von Geschichtsschreibungen werden. Es ist das mikrohistoriographische Prinzip der »Variation des Maßstabs«,[70] das im Wechsel der Einstellungsgrößen und Montageanschlüsse eine multiperspektivische Sicht auf die Wende erzeugt und dabei gerade nicht zur bloßen Ansammlung des besonderen, einmaligen, unverbunden für sich stehenden Details gerät, sondern auch »allgemeingeschichtliche« (Kracauer) Deutungsangebote enthält: Übergeordnete Zusammenhänge (ein Staat löst sich auf), sich wiederholende Muster (Einzelne treten erstmals als individuelle Sprecher in die Öffentlichkeit) werden sichtbar, die Aufstandssituation erscheint als Transformation der Bedingungen historischer Sichtbarkeit, als politisches Instabilwerden des Bühne-Zuschauerraum-Verhältnisses. All das verbindet MATERIAL zu einer Geschichtsschreibung, die ereignisgeschichtliche Hierarchien zur Disposition stellt, um eine eigene Perspektive auf die (offene) Verlaufsform der Wende zu gewinnen.

---

70 Vgl. dazu Jacques Revel: »Présentation«, in: ders. (Hg.): *Jeux d'échelles. La micro-analyse à l'expérience,* Paris 1996, S. 7–14, hier: S. 11.

1989 »ex ante«

In Kosellecks Konzeption des Zufalls als geschichtstheoretischem »Perspektivbegriff« fungiert dieser als Chiffre für historiographische Praktiken, die ihre rekonstruktiven Erzählungen vergleichsweise kontingenzbewusst knüpfen und den vergangenen Handlungsraum nicht durch ein Netzwerk aus nur retrospektiv evident erscheinenden Interdependenzen über Gebühr verengen. Im Zuge nachträglich aufgestellter Erklärungszusammenhänge besteht die Gefahr, einstmals offene Verläufe mit unterkomplexen Kausalitäten überzudeterminieren. Verloren geht dabei der Sinn für jene alternativen Verläufe, die auch möglich gewesen wären und genau deshalb – als vergangene Zukunftsperspektiven – zur Faktizität des vergangenen Handlungsraums gehören. Das bedeutet, dass die historiographische Darstellung in gewisser Hinsicht unvollständig ist, wenn sie sich nur auf das beschränkt, was tatsächlich der Fall gewesen ist. Als vergangene Gegenwart hatte die Vergangenheit mehr als eine Zukunft.

Die relevanten Zukunftsoptionen herauszufiltern, zu konturieren und zu gewichten gehört zu den schwierigsten Aspekten der Geschichtsschreibung, weil es für eine Zukunft, die sich nicht materialisiert hat, nur indirekte Quellenfunde geben kann. Die Geltungsansprüche bezüglich der Faktizität des Gewesenen sind mit diesem Bemühen nicht aufgegeben, sondern um ein Netz ebenfalls möglicher Ereignisketten erweitert. Was Koselleck als Gegenmittel zur Rationalisierungsdynamik der modernen Geschichtswissenschaft postuliert, ist ein in der historiographischen Praxis zugegebenermaßen nicht ohne weiteres einlösbarer Sinn für das Kontrafaktische als Resonanzraum und Folie des tatsächlich Eingetretenen.

Letztlich steht die Frage auf dem Spiel, wie sich in der historiographischen Darstellung die Behauptung der Strukturiertheit, Regelhaftigkeit und Kausalität von Verläufen zu ihrer Kontingenz verhält. Wie Arnd Hoffmann bemerkt, ist der Zufall für Koselleck auf der allgemeinsten Ebene der »Anti-Determinator des Historischen«,[71] zugleich aber auch möglicher Eintrittspunkt in die Beschreibung der In-eventu-Wahrnehmung der historischen Akteure. Eine geschichtliche Konstellation zu rekonstruieren, bedeutet, die dazugehörigen Erfahrungsräume und Erwartungshorizonte, wie es bei Koselleck heißt, gegeneinander zu gewichten, um Möglichkeitsspielräume und

---

71 Hoffmann: *Zufall und Kontingenz in der Geschichtstheorie*, a.a.O., S. 73.

Handlungschancen der Akteure auszumessen. Zum einen geht es dabei um ein prinzipielles Gegengewicht zum Evidenzeffekt der Ex-post-Perspektive, also zu dem Eindruck, dass es zum faktischen Verlauf keine Alternativen gab. Zum anderen führt die Fokussierung auf den Kontingenz-Aspekt zu historiographischen Darstellungen, die »das Bestürzende, das Neue, das Unvorhergesehene und was immer dieser Art in der Geschichte erfahren wird«[72] analytisch zu fassen versuchen. In Kosellecks historischer Erkenntnistheorie steht der Zufallsbegriff einerseits stellvertretend für einen Vorbehalt gegenüber eindimensionalen Kausalitätsketten der historiographischen Erklärung, andererseits funktioniert er wie eine »methodische Sonde«,[73] die in das zu untersuchende Ereignis eingelassen wird, um

> »den Blick in eine andere Richtung zu lenken, weg von den Ergebnissen hin zur Geschichte *im Augenblick ihres Entstehens*, d.h. zu den Handlungen und Wahrnehmungen der Akteure im Lauf ihres Handelns selbst, wobei man gut daran tut – und das fällt gar nicht so leicht – sich stets vor Augen zu halten, dass diese Akteure bei ihren Handlungen nicht das unmittelbare Ergebnis dieser Prozesse kennen, an denen sie teilnehmen, und noch viel weniger die langfristigen Auswirkungen. Es ist nicht erstaunlich, dass diese Verlagerung der Blickrichtung auch anderes zum Vorschein bringt, dass schließlich selbst die ›Fakten‹ ihr Gesicht verändern.«[74]

Die historiographische Praxis steht demnach vor der Herausforderung, nicht nur eine vergangene Ereigniskette plausibel zu rekonstruieren, sondern gleichzeitig die Offenheit der Vergangenheit als vergangene Gegenwart. Wie bereits in Kapitel II.4 erläutert, figuriert der Film, begreift man seinen Vergangenheitsbezug als Modell, in gewisser Weise einen ästhetischen Kompromiss für dieses Problem. Als Speichermedium steht er einerseits strikt auf der Seite indexikalisch ins Bild geleiteter Faktizität: Er zeichnet auf, was vor der

---

72 Koselleck: *Vergangene Zukunft*, a.a.O., S. 159.
73 Hoffmann: *Zufall und Kontingenz in der Geschichtstheorie*, a.a.O., S. 88.
74 Michel Dobry: »Ereignisse und Situationslogik: Lehren, die man aus der Untersuchung von Situationen politischer Unübersichtlichkeit ziehen kann«, in: Andreas Suter, Manfred Hettling (Hg.): *Struktur und Ereignis, Geschichte und Gesellschaft. Zeitschrift für Historische Wissenschaft* Sonderheft 19, Göttingen 2001, S. 75–98, hier S. 82.

Kamera existiert (hat) und archiviert eine Ansicht des Gewesenen. Andererseits verleiht die filmische Vergegenwärtigung einer als Bildausschnitt fixierten Vergangenheit die rezeptionsästhetische Illusion offener Zukunftshorizonte. Um noch einmal Tom Gunning zu zitieren: »Motion always has a projective aspect, a progressive movement in a direction, and therefore invokes possibility and a future.«[75] Folgt man dieser Argumentation, initiiert die filmische Vergegenwärtigung ein »moving away from the index« (Gunning) und ermöglicht eine Unbestimmtheitserfahrung (in Bezug auf das nächste Bild, die nächste Sequenz), die sich paradoxerweise auf der Basis eines fixierten, vollständig determinierten und beliebig oft wiederaufführbaren Speichers realisiert.

Dieses Vermögen des Films erscheint historiographisch gesehen als privilegierte Möglichkeit, »Geschichte im Augenblick ihres Entstehens« ästhetisch zugänglich zu machen. Deshalb ist der Film einerseits das Medium der vergangenen Gegenwart par excellence, andererseits aber stets der Skepsis ausgeliefert, ›zu nah‹ am historischen Moment zu sein, um genuin historiographische Sequenzen zu generieren. In gewisser Weise wird dieses Nahverhältnis durch die produktionsästhetische Kontingenzaffinität des Mediums noch verstärkt, weil durch zufällig ins Bild gelangende Details der Aufzeichnungsmoment in seiner Einmaligkeit ›historisch‹ markiert wird.

In Filmen, die mit einem dokumentarischen Gestus arbeiten, ist Kontingenz ohnehin basales Element der ästhetischen Adressierung. Dort steht von vornherein das Versprechen im Mittelpunkt, dass das, was sich vor der Kamera ereignet hat, im Moment der Aufzeichnung nicht geplant und nicht antizipierbar war (was nicht bedeutet, dass es keinen Inszenierungsanteil gibt). Der Betrachter hat gegenüber den historischen Akteuren, die im Bild handeln, hier zudem immer ein zusätzliches ›geschichtliches‹ Wissen – von einer Vergangenheit, die im Aufzeichnungsmoment noch Zukunft war.

Der Film wird als Medium der Geschichtsschreibung mitunter deshalb nicht Ernst genommen, weil er zu sehr der Ex-ante-Perspektive verhaftet scheint. Diesem Einwand zufolge zeichnet er das historische Ereignis zu konkret auf, gibt es zu detailreich wieder, um jene

---

75 Gunning: »Moving Away from the Index: Cinema and the Impression of Reality«, in: *differences: A Journal of Feminist Cultural Studies*, a.a.O., S. 42. Vgl. I.4, S. 82ff.

epistemische Distanz herzustellen, die als Voraussetzung für den historiographischen Erkenntnisprozess gilt.

Auch in dieser Hinsicht kompliziert sich die allgemeine medientheoretische Annahme jedoch, sobald der Einzelfall näher untersucht wird. MATERIAL ist in diesem Zusammenhang ein aufschlussreiches Beispiel, weil Heises Mikro-Makro-Montage nicht nur etablierte ereignisgeschichtliche Hierarchien umverteilt, sondern auch unterschiedliche temporalästhetische ›Entfernungen‹ zum historischen Moment einnimmt. Genau deshalb ist MATERIAL nicht einfach ein Dokument, eine Quelle, das deutungsbedürftige Endprodukt einer Registratur, sondern ein historiographischer Beitrag *sui generis*. Einerseits besteht der Film aus In-eventu-Nahaufnahmen, die die Wende in kleine Mikroereignisse zerlegen. Heise verzichtet in diesen Passagen – mit Ausnahme des Krenz-Auftritts am 8. November, der durch Charles Ives *Orchestral Set No 2* als Untergangsszenario konnotiert wird – auf jedwede Form der nachträglichen, einordnenden Kommentierung, zeigt das Material relativ ungeschnitten, in einem Modus, der ganz darauf abzielt, so unmittelbar wie filmästhetisch möglich einen vergangenen Handlungsraum in seiner Augenblicksverhaftung und Eigenzeit zu repräsentieren.

Je länger die Sequenzen andauern – vom Standpunkt der stereotypen Grammatik des Nachrichtenfernsehens aus: eine Ansammlung schiefer, amateurhafter Perspektiven, nicht-sendefähige Outtakes ohne Bildwert –, desto deutlicher verschiebt sich der Fokus auf das Prozesshafte der Ereignisse: Am 4. November auf dem Alexanderplatz konzentriert sich MATERIAL nicht auf die mehr oder weniger bedeutsamen Reden der Prominenz, sondern auf die kleinen nebensächlichen Handlungen vieler Einzelner (also auch darauf, wie die unbekannten, namenlosen Demonstranten warten, schweigen, nicht handeln). In Hessenwinkel geht es nicht um die Beschlüsse der Bürgerversammlung, sondern um die mühsame, ungeordnete Suche nach einem neuen Modus demokratischer Artikulation. In der Szene vor dem Gebäude des SED-Zentralkomitees ist nicht der Auftritt von Krenz das Entscheidende, sondern die vorhergehende Diskussion der Parteimitglieder und wie diese abstirbt, als die Scheinwerfer angehen und die neue alte Elite die Bühne betritt.

Heise montiert eine Geschichte der Wende, die in diesen Szenen konsequent die Ereignisse von ihren späteren Ergebnissen abtrennt. Mit Hoffmann könnte man hier von historiographischen Nahaufnahmen sprechen, die »die Ex-ante-Dynamik von Handlungen und Kontingenzen in ›Zeitlupe‹ perspektivieren und vergrößern«.[76] Aus den filmisch aufgesammelten Details webt MATERIAL ein dichtes Bild der Offenheit des Verlaufs, perspektiviert die Geschehnisse – vor allem jene zwischen Oktober und Dezember 1989 – in ihrer vielstimmigen Dynamik, temporären Unbestimmtheit, Richtungslosigkeit und zeigt, wie aus Akteurssicht Strukturen, die bis zu diesem Zeitpunkt nicht kontingent, also nicht zu ändern schienen, aufgeweicht und in neue Handlungschancen übersetzt werden (Bürger, die lernen, öffentlich zu sprechen).

MATERIAL ist also keine beliebig angeordnete Zufallssammlung, sondern an jener »spezifischen Unbestimmtheit« interessiert, die Michael Makropoulos aus sozialtheoretischer Perspektive im Zentrum des modernen Kontingenzbegriffs verortet:

»Auch wenn der Begriff der ›Kontingenz‹ mittlerweile in alle möglichen Konnotationen von ›Unbestimmtheit‹ verschliffen worden ist, gibt es doch eine halbwegs strikte Definition: Kontingent ist, was auch anders möglich ist. ›Kontingenz‹ bezeichnet also nicht einfach Unbestimmtheit überhaupt, sondern jene spezifische Unbestimmtheit, in der etwas weder notwendig noch unmöglich ist und sich darin als wirkliche Alternative manifestiert.«[77]

Der Film erschöpft sich nicht in der Archivierung einer historischen Umbruchsituation, sondern rückt strukturelle, »allgemeingeschichtliche« Anteile in den Vordergrund, die vor allem die Auflösung von Ordnungsverhältnissen und die veränderte öffentliche Sichtbarkeit des Individuums betreffen.

Andererseits hält MATERIAL auch nicht einfach nur einen Moment fest, in dem sich neue Möglichkeitsräume auftun, sondern erzählt zugleich davon, wie diese sich im Verlauf der Ereignisse wieder schließen. Geradezu programmatisch montiert Heise Bilder der Räumung der Mainzer Straße in Friedrichshain an den Anfang seines Films. Die Straßenschlacht in den Morgenstunden des 14. November 1990

---

76 Hoffmann: *Zufall und Kontingenz in der Geschichtstheorie*, a.a.O., S. 87.
77 Michael Makropoulos: »Kontingenz. Aspekte einer theoretischen Semantik der Moderne«, in: *European Journal of Sociology*, 2004, S. 369–399, hier S. 371.

gilt bis heute als einer der umstrittensten Berliner Polizeieinsätze der Nachkriegszeit. Heise selbst will die Szene als antiutopischen Prolog verstanden wissen, als Rahmenhandlung für eine Erzählung der Wende, die keine Erfolgsgeschichte formuliert:

> »Nach der Anarchie ist der erste Akt des neuen Deutschlands, Utopie zu zerschlagen. Und zwar mit massiver militärischer Gewalt. Das ist genau das, was stattgefunden hat in der Mainzer Straße. Deswegen ist das vorn. Und dann geht's zurück nach 1988. Du landest im Theater, wo es um eine Geschichte über das Verhältnis von Bühne und Zuschauerraum geht. Ein Verhältnis wie das zwischen Polizei und Besetzern oder Macht und Volk.«[78]

Die Rede von der ›friedlichen Revolution‹ verdeckt aus dieser Perspektive die konkreten Modalitäten der Wiedervereinigung, die ohne kritische Selbstbefragung der politischen Institutionen und verfassungsrechtlichen Koordinaten der Bundesrepublik abgewickelt wurde.

Die Volkskammer-Sequenz gegen Ende des Films gehört zu diesem Narrativ der Wiederherstellung von Ordnung als Ausschaltung von Partizipation und Öffentlichkeit. Es handelt sich hier um die einzigen Bilder, die Bilder von Bildern sind: Produkte einer Abfilmung der offiziellen Übertragung im deutschen Fernsehen. In der abweichenden Materialität dieser Bilder, dem gespenstischen Flirren des TV-Bildschirms, artikuliert sich ein Ausschluss: Die Politik ist aus der Straßenöffentlichkeit verschwunden, wieder in die hermetischen Institutionen zurückgekehrt, wo direkte Wahrnehmung und Zwischenrufe nicht vorgesehen sind und die Kamera des Filmemachers nicht mehr in freier Bewegung und abweichenden Perspektiven nach Details suchen kann, die andere Geschichten als die offiziell kolportierten erzählen würden. Der Zufall als »Moment des Dazwischen« als »Intervall und Unterbrechung«, wie Arnd Hoffmann schreibt, ist in der normierten Ästhetik einer TV-Übertragung tendenziell ausgeschaltet. Heise reagiert auf den Rückzug der Geschichte in die ›Staatsapparate‹ mit der ausgestellten Geste des Abfilmens, die das

---

78 »Wo ist vorne? Thomas Heise über seinen Dokumentarfilm MATERIAL«, in: *taz*, a.a.O.

Bildmaterial der Debatte distanziert, aber eben nicht anders öffnen kann.

Für die Historiographie ist es eine entscheidende Frage, welchen Zeitraum sie zu ihrem Gegenstand macht, wo sie die Geschichte beginnen und wo sie sie enden lässt. MATERIAL endet in zweifacher Hinsicht im Palast der Republik. Zum einen mit dem appropriierten Found Footage der Volkskammersitzung des 28. September 1990, in der der spätere CDU-Verkehrsminister Günther Krause (letztlich erfolgreich) versucht, der Öffentlichkeit die Befragung von Stasi-Informanten vorzuenthalten, während der belastete PDS-Abgeordnete Peter Stadermann wortreich und ohne Schuldbewusstsein seinen Rücktritt erklärt (16 Tage später saß er für die PDS in einem anderen Parlament, dem Landtag von Mecklenburg-Vorpommern). Zum anderen mit einer Montage von Innenansichten des entkernten und für den Abriss vorbereiteten Palasts der Republik im Jahr 2008, der bekanntermaßen durch die Wiederherstellung eines älteren Gebäudes ersetzt werden soll. Die Polemik ist unmissverständlich: Gegen den revisionistischen Historismus, die simulierte antiquarische Historie, setzt Heise darauf, dass Geschichte eine materielle Seite hat, dass der Historiker wie ein Filmemacher, der in sein eigenes Outtake-Archiv geht, Zeit benötigt, um das aufgesammelte Material, die Ruinen der Geschichte in neue Konstellationen der Lesbarkeit zu bringen: »Immer bleibt etwas übrig. Ein Rest, der nicht aufgeht. Dann liegen die Bilder rum und warten auf Geschichte.« (Thomas Heise).

II.2 Geschichte von unten

Fast 20 Jahre ließ Thomas Heise sein Restematerial »auf Geschichte warten«. Der zeitliche Abstand wird in dieser Formulierung zur Bedingung der historiographischen Deut- und Verwertbarkeit erklärt. Das Material musste ruhen, selbst historisch werden und die Geschichte einen bestimmten Verlauf nehmen, um die Outtakes in Quellen zu verwandeln, in denen sich rückblickend die vergangene Gegenwart als offener Möglichkeitsraum manifestiert. Im Spektrum des zeitgenössischen Dokumentarfilms stellen die digital produzierten Arbeiten von Wang Bing diesbezüglich einen Gegenpol dar, weil sie filmische Formen für eine Geschichtsschreibung der Gegenwart finden, die so extensiv wie detailliert festhalten, was ist, statt aus zeitlicher

Distanz zu erkunden, wie es hätte sein können. Wangs Kino wartet nicht auf Geschichte, sondern untersucht einen epochalen Transformationsprozess, während er noch im Gang ist. Die beschleunigte Modernisierung der Volksrepublik China ist das makrogeschichtliche Sujet dieser Filme. Der unter Deng Xiaoping noch staatspropagandistisch heroisierten, während des forcierten Eintritts des Landes in den Weltmarkt rücksichtslos der Pauperisierung ausgelieferten Arbeiterklasse – ihrem Niedergang und ihrer gegenwärtigen Umverteilung unter staatskapitalistischen Vorzeichen – gilt auf Akteursebene das Hauptinteresse. Nicht nur deshalb sind Wangs Filme als Beitrag einer Geschichte der chinesischen Gegenwart »von unten« zu verstehen, was in der begriffsprägenden Definition des englischen Sozialhistorikers E. P. Thompson sowohl eine historiographische Perspektive als auch einen geschichtspolitischen Horizont benennt:

»Only the successful (in the sense of those whose aspirations anticipated subsequent evolution) are remembered. The blind alleys, the lost causes, and the losers themselves are forgotten. I am seeking to rescue the poor stockinger, the Luddite cropper, the ›obsolete‹ hand-loom weaver, the ›utopian‹ artisan, and even the deluded follower of Joanna Southcott, from the enormous condescension of posterity. Their crafts and traditions may have been dying. Their hostility to the new industrialism may have been backward-looking. Their communitarian ideals may have been fantasies. Their insurrectionary conspiracies may have been foolhardy. But they lived through these times of acute social disturbance, and we did not. Their aspirations were valid in terms of their own experience; and, if they were casualties of history, they remain, condemned in their own lives, as casualties.«[79]

Kracauer kannte das Hauptwerk des marxistischen Historikers, einer Gründungsfigur der britischen New Left, offenbar nicht; sein Rekurs auf die »Namenlosen« und »lost causes« erinnert aber dennoch stark an Thompsons programmatischen Anspruch. Die »enormous condescension of posterity« artikuliert sich vor allem im Vergessen und Unsichtbarmachen geschichtlicher Tatsachen, die weder archiviert noch aufgeschrieben werden. Die Verlierer der Geschichte

---

79 Edward Palmer Thompson: *The Making of the English Working Class* (1963), London 1980, S. 13.

werden zweifach besiegt: zuerst von realgeschichtlichen Siegern, Machthabern, Hegemonialakteuren, dann von einer Historiographie, die primär das Handeln großer Persönlichkeiten festhält, eine »Geschichte der Verträge und Kriege«[80] (Paul Veyne) schreibt und die Besiegten, wenn überhaupt, nur als anonyme, passive, viktimisierte Verfügungsmasse langfristiger Strukturentwicklungen in den Blick nimmt.

Im Modell der ›Gegengeschichte‹ ist der Wunsch enthalten, den Siegeszug der historischen Akteure nicht im Medium der Historiographie zu wiederholen – und somit festzuschreiben –, sondern eine andere Perspektive und Praxis des Aufschreibens, der Tradierung zu etablieren. Dass sich in dem, was aufgezeichnet, überliefert und erforscht wird, Machtverhältnisse nicht nur manifestieren, sondern auch perpetuieren, ist vor allem in der zweiten Hälfte des 20. Jahrhunderts als Diskussionsgegenstand der Geschichtstheorie kanonisiert worden – nicht zuletzt im Umfeld postkolonialer Theoriebildung. Ein wichtiger Grund hierfür liegt in einem generellen Quellenproblem jeder Geschichte von unten: Die Archive gehören den Siegern, das Besiegtwerden geht mit Archiv-Exklusion bzw. Unterdrückung autonomer Überlieferung, also epistemischer Gewalt einher. Auch die kritische Historiographie ist deshalb immer wieder darauf verwiesen, ihr »writing in reverse«[81] (Ranajit Guha) weitestgehend aus vermachteten Hegemonial-Quellen zu destillieren – indem beispielsweise deren Leerstellen, Auslassungen etc. einer alternativen, z.B. dekonstruktivistischen Lektüre unterzogen werden.

Die akusmatischen Strategien in THE HALFMOON FILES sind im ersten Kapitel in diesem Sinn gedeutet worden.[82] Scheffners archivkritischer Rekurs auf die Machteinschreibungen im überlieferten Dokument betont in der blockierten filmischen Verlebendigung – durch das insistierende »past of the past« fotografischer Repräsentation in Kombination mit der ›ortlosen‹ Reproduktion einer Stimme – den ursprünglichen Gewaltanteil bei dessen Produktion. Auf der Ebene der Archivkritik handelt THE HALFMOON FILES von jenem Blick, der die Herstellung der taxonomischen Kataloge erzwungen hat. Die Form

---

80 Veyne: *Geschichtsschreibung – Und was sie nicht ist,* a.a.O., S. 25.
81 Vgl. Ranajit Guha: *Elementary Aspects of Peasant Insurgency in Colonial India,* New Dehli, Oxford 1999, S. 193.
82 Vgl. Kapitel I.2.

der Quelle ist hier mindestens so wichtig wie das, was sie beinhaltet, zeigt, speichert.

Damit wird freilich jener Problemkreislauf, auf den insbesondere Gayatri Spivak hingewiesen hat, nicht aufgelöst:[83] die Anmaßung des Für-andere-sprechens, die Gefahr einer romantisierenden Repräsentation unterdrückter Gegenhelden, die Ersetzung ihres erzwungenen Schweigens durch Fragmente einer nachträglich konstruierten Sprache des Widerstands.

Wang Bings Filme gehören zwar nicht in den nachkolonialen Problemzusammenhang revisionistischer Historiographie, werfen aber dennoch ähnliche geschichtspolitische Fragen auf: nach Möglichkeiten und Grenzen einer ›von außen‹ gestifteten Repräsentation marginalisierter Gruppen und nach der Etablierung alternativer Archive. In den drei zusammengenommen rund 24 Stunden langen Filmen TIEXI DISTRICT – WEST OF THE TRACKS, CRUDE OIL und dem Nebenwerk COAL MONEY dokumentiert Wang mit mikrogeschichtlicher Affinität zu den alltäglichen (Überlebens-)Praktiken und gewöhnlich kaum medial aufgezeichneten Details, also zum »Wald des Nicht-Ereignishaften«[84] (Veyne), die Lebensumstände von Arbeitern, die entweder aus dem Prozess der Modernisierung Chinas ausgeschlossen wurden (WEST OF THE TRACKS), am untersten Ende der Produktionsverhältnisse dem gewaltigen Rohstoffbedarf der gegenwärtigen Transformationsprozesse nachkommen (CRUDE OIL) oder in undefinierten sozio-ökonomischen Binnenräumen des ›chinesischen Kapitalismus‹ als unfreiwillige Entrepreneure nach neuen Existenzmöglichkeiten suchen (COAL MONEY).

Als Historiker ist Wang einerseits Chronist im Off der offiziellen chinesischen Geschichtsschreibung. Er widmet sich Räumen und Lebensformen, die außerhalb seiner Filme niemals zum Gegenstand von Dokumentation und Überlieferung werden. Zugleich bewegt er sich vor allem in seiner monumentalen Arbeit WEST OF THE TRACKS durch die Gegenwart wie ein Archäologe, der in materiellen Ruinen und nutzlos gewordenen Praktiken Vergangenheitsschichten sichtbar macht. Der Ist-Zustand wird als Momentaufnahme eines historischen

---

83 Vgl. Gayatri Chakravorty Spivak: »Can the Subaltern Speak?«, in: Patrick Williams, Laura Chrisman (Hg.): *Colonial Discourse and Post-Colonial Theory*, Hemel Hemstead 1994, S. 66–111.

84 Veyne: *Geschichtsschreibung – Und was sie nicht ist*, a.a.O., S. 28.

Umwälzungsprozesses perspektiviert, der Kollaps der Schwerindustrie als Fanal einer aufgegebenen sozialistischen Utopie, die in Maos China noch ganz explizit an die Formierung einer Arbeiterklasse gekoppelt war, wie Lu Xinyu ausführt:

> »WEST OF THE TRACKS is quite unlike Soviet films of the 1930s that celebrated the mills and furnaces of the Five-Year-Plans. Its tone is not heroic. Not even elegiac. Today the factories have become ruins of an ideal. But the memory of that ideal is not extinguished in the film; it lives on in the majesty of these images, because it is rooted in the peculiarities of *this* industry and those who laboured in it. [...] By the early 20th century, not just Marxists but liberals like Hu Shi – in fact virtually all Chinese intellectuals – agreed not only that industrialization was a prerequisite of modernity, but that it could not be successfully accomplished without true sovereignty. Prior to the People's Republic, no government was equal to either task. But under Mao's leadership, an advanced industrial base was created, bringing into being a working class that was hailed as, and in a real measure felt itself to be, the master of modernization and the builders of independence. This sense formed the subjectvity of the class [...].«[85]

Insofern handelt WEST OF THE TRACKS von einem ›unmaking‹ der chinesischen Arbeiterklasse, die als mobilisierbares Kollektivsubjekt genauso ausgedient hat wie als Adressat für planwirtschaftliche Zielvorgaben. Dem Auslaufen und Anachronistischwerden einer bestimmten Produktionsweise entspricht der Verlust einer offiziell geteilten »Klassen-Subjektivität«, die dem Einzelnen einen Ort innerhalb eines historischen Prozesses wie dem der Modernisierung zuweist.

Der in diesem Sinn postideologischen Vereinzelung, der materiellen und ideellen Verarmung geht Wang auch in seinem bislang nur installativ aufgeführten, 14-stündigen Film CRUDE OIL nach, dessen Kernstück ein langes, ungeschützt systemkritisches Gespräch der Arbeiter einer Hochplateau-Erdölförderanlage über vorenthaltenen Lohn, Korruption und den allgemeinen moralisch-politischen Bankrott der kommunistischen Partei bildet. Über Stunden hinweg hält

---

85 Lu Xinyu: »Ruins of the Future. Class and History in Wang Bing's TIEXI DISTRICT«, in: *New Left Review* 31, 2005.

Wang in langen, ungeschnittenen Einstellungen, quasi in Echtzeit, das Vergehen der (Alltags-)Zeit in einem engen, halbdunklen Pausenraum fest. Geduldig wartete der Film darauf, dass die Arbeiter sich mitteilen; ungerührt wird die Erschöpfung, die diese Tätigkeit hervorruft, aufgezeichnet. Die Arbeitsvorgänge selbst, denen etwa ein Drittel der Spielzeit gewidmet ist, filmt Wang in der gleichen minimalistisch-registrierenden Ästhetik – abgesehen von einigen wenigen James-Benning-artigen Einstellungen, die die gesamte Förderanlage aus großer Distanz kadrieren oder die ›Naturzeichen‹ vergehender Zeit fixieren. CRUDE OIL richtet sich nach keiner auch nur ansatzweise konventionellen Informationsökonomie des Dokumentarfilmgenres: ein Film, der unbeirrt der Ereignislosigkeit, der Wiederholung, der toten, zwischen schwerer körperlicher Arbeit und Erholungsroutinen pendelnden Alltagszeit folgt, sie nachvollzieht und nachvollziehbar macht. Die installative Aufführungsform ist in gewisser Hinsicht von rezeptionsästhetischer Konsequenz, weil sie dem Betrachter in einem stärkeren Sinn als innerhalb des Kino-Dispositivs die Entscheidung überlässt, wie viel Zeit er selbst in die Echtzeit-Ästhetik von CRUDE OIL zu investieren bereit ist, wie lange er dazu in der Lage ist, die filmisch vermittelte Zeit der Arbeiter zu teilen. Gerade weil der Film keine äußerliche Dramaturgie appliziert, sondern vor allem Zeit-Dokument ist, gibt es auch keine nachträgliche Hierarchisierung der im engeren Sinn zeitgeschichtlich relevanten Passagen (vorstellbar wäre eine dichte Montage der Arbeitergespräche, die sich vernichtender über die Nomenklatura ihres Landes äußern als die meisten im Westen gewöhnlich vernehmbaren innerchinesischen Oppositionsstimmen). Die minimalistische Form von CRUDE OIL erzeugt einen radikal geringen Grad an ästhetischer Aufbereitung eines rauen, monotonen Arbeitsalltags »where the droning machinery never seems to stop« (Doug Jones).

Auch WEST OF THE TRACKS – in formaler Hinsicht ein vollkommen anderer Film als CRUDE OIL – reagiert mit einer weit ausholenden Form auf einen vorgefunden Zeit-Raum, der jedoch nicht von endlosen Wiederholungen strukturiert ist, sondern durch einen staatlich definierten und insofern ›zielgerichteten‹ Transformationsprozess. CRUDE OIL hebt in seiner formalen Anlage geschichtliche Zeit tendenziell auf: Diese Arbeitsrhythmen scheinen keinen Anfang, kein Ende, keinen Vektor zu haben, sondern sich immerzu zu wiederholen. WEST OF THE TRACKS hingegen befasst sich mit dem irreversiblen Ablaufen der

Zeit, einem historischen Prozess, der über seine Bewegungsrichtung erzählt wird. Die Arbeiter, die WEST OF THE TRACKS porträtiert, sind aus allen Produktionszusammenhängen – auch solchen der Ausbeutung – fast völlig herausgefallen; wie in Schockstarre verharren sie in den Ruinen längst stillgelegter Produktionsstätten, ohne Orientierung, wie und wo ein Neuanfang möglich sein könnte. Ihre Geschichte zu schreiben bedeutet deshalb nicht zuletzt, das Stumpf- und Passivwerden, die Ereignislosigkeit und Handlungsohnmacht als Folgen einer brutalen gesellschaftlichen Exklusion festzuhalten – auch wenn Wangs Kino die kreativen und solidarischen Mikro-Taktiken des Überlebens gleichfalls genau registriert.

Welche ökonomischen Taktiken der ›sozialistische Kapitalismus‹ hervorbringt, wird in Wangs jüngster Arbeit COAL MONEY anschaulich; ein rund einstündiger Film, der Fernfahrer begleitet, die zwischen den Kohle-Minen der Nordprovinzen Shanxi und Hebei und der Hafenstadt Tianjin verkehren. Die regionale Rückführung planwirtschaftlicher Kontrollen und die Wiederbelebung eines rudimentären Privatsektors mit Eigentumsrechten und Eigeninitiative haben nicht nur zu enormen Ungleichzeitigkeiten in der ›Überwindung‹ des chinesischen Industriezeitalters geführt, sondern auf der lokalen Ebene auch zu fast regellosen Marktpraktiken. In COAL MONEY ist der Staat nicht nur als dirigistischer, sondern auch als ordnungspolitischer Faktor fast völlig abwesend. Die LKW-Fahrer sind zugleich Händler, auf sich gestellte, übermüdete Entrepreneure, die nach langen nächtlichen Fahrten auf staubigen Straßen in endlosen Preisverhandlungen landen. Deals finden auf Zuruf statt, nie fällt ein privates Wort; jeder beutet jeden aus, so gut es geht. Das titelgebende Kohlegeld zirkuliert durch alle Bilder dieses Films und es scheint, als komme es nie zu einem Stillstand, zu einem gesicherten Moment des Profits. In der mikrogeschichtlichen Nahaufnahme erscheint der Transformationsprozess, die Vermarktlichung und Globalisierung Chinas, als sozialdarwinistische Fragmentierung der Gesellschaft. Die Privatisierung setzt alle Transaktionen unter einen neuartigen Druck, produziert einen Verteilungskonflikt, der Gewinner hat, die hier nie ins Bild finden; Profiteure eines auf unterster Ebene halb installierten Kapitalismus, die man nicht sieht. In diesem Sinn untersucht COAL MONEY exemplarisch die Koordinaten einer ökonomischen Realität, die jener, die WEST OF THE TRACKS dokumentiert, folgt. Letzterer handelt vom Ende eines Zeitalters, Ersterer beobachtet den unübersichtlichen Beginn eines neuen.

Für sein Hauptwerk TIEXI DISTRICT – WEST OF THE TRACKS hielt sich Wang vom Winter 1999 bis zum Frühjahr 2001 im gleichnamigen Viertel der Provinzhauptstadt auf, ein fast unüberschaubares Areal, in dem Ende der 1980er Jahre noch rund eine Million Arbeiter beschäftigt waren. Mit einer geliehenen Consumer-Digitalkamera erkundete der Regisseur in einsamen Gängen und langen Zugfahrten das heruntergewirtschaftete Revier – zu einem Zeitpunkt, als gerade die letzten Fabriken, Stahlhütten und Gießereien geschlossen wurden. Aus den dabei produzierten 300 Stunden Material entstand ein 9-stündiger Film, der sich in drei Teile gliedert, die lakonisch mit »Rust«, »Remnants« und »Rails« überschrieben sind. »Rust«, das längste Segment, bewegt sich in einer zweifachen Bewegung vorwiegend durch drei Gebäudekomplexe: die Shengyang Gießerei (eine Art Wahrzeichen von Tiexi), eine Fabrik, die Elektrokabel herstellt, und das Shengyang Stahlwalzwerk. In der ersten Bewegung werden zu diesem Zeitpunkt noch intakte Produktionsprozesse ausführlich dokumentiert: die Gewinnung und Raffination von Kupfer und Blei durch Elektrolyseverfahren und die Weiterverarbeitung im Kabelwerk; Abläufe, die den Arbeitern körperlich alles abverlangen. Immer wieder filmt Wang sie in den heruntergekommenen Waschräumen: nackte, ausgezehrte Körper, die der Fabrik ihre Gesundheit geopfert haben. Statt adäquate Schutzkleidung bereitzustellen, werden die Arbeiter einmal im Monat routinemäßig in eine spezielle Klinik des Tiexi-Viertels gebracht – nicht, um sie zu kurieren, sondern um das Niveau der Vergiftung zu stabilisieren.

Die zweite Bewegung beginnt erneut in der Gießerei, verlegt den Fokus dann aber von den produktionellen Mikroabläufen auf die sukzessive Stilllegung und Demolierung einzelner Einheiten (des Walzwerks etwa) und beobachtet auf verschiedenen Ebenen die Konsequenzen für die Arbeiter:

»Step by step, the film thus completes two interwoven narrative cycles – the cycle of production within the factories, and the life-cycle of the factories themselves, closing in icy silence and stillness. [...] The factory has its own rhythm of life. The steel and iron machinery, the smelting furnace, the conveyor belt, they crane, move and roar like so many automatic giants, their huge mass making the human beings beneath them seem tiny and insignificant. The workers appear mere appendages of this vast complex. This is what the film then explores: the relationship between the individual lives of the workers and the carious industrial routines they face, the inner truths laid bare in the most exterior textures of daily existence.«[86]

Mit der Stilllegung der Produktion endet zugleich auch ein weitergehender »Lebenszyklus«, der die Produktionsstätten materiell mit anderen Orten und Phasen der Industriehistorie verband. Wie ein Insert zu Beginn des Films mitteilt, wurden etliche Anlagen des Viertels 1934 von den Japanern zur Versorgung ihrer Imperialarmee gegründet (darunter auch die Shengyang Gießerei und das Kabelwerk), dann 1949 massiv erweitert durch deinstallierte deutsche Anlagen, die nach dem Zweiten Weltkrieg über die Sowjetunion ihren Weg in die neu geschaffene Volksrepublik fanden. In der Gegenwart des Films löst sich die Physis der Staatsunternehmen auf. Die »Palimpseste der Weltgeschichte« (Jie Li) verfallen zu Industrieruinen ohne weiteren Verwendungszweck oder werden zum eingeschmolzenen Rohmaterial eines staatskapitalistisch gesteuerten Privatisierungsprozesses, der den vormaligen *rust belt* Chinas, in dem sich ganz materiell noch Spuren des Ruhrgebiets befanden, in eine »prioritäre Entwicklungszone« verwandeln soll.

In den Wohnvierteln der Arbeiter setzt sich der Niedergang der Produktion fort; den Massenentlassungen folgen Enteignung und Relokalisierung. Im Januar 2000 begann Wang in »Rainbow Row« zu filmen. Am Ende des gleichen Jahres ist das Arbeiterviertel dem Erdboden gleichgemacht, in spekulatives Bauland umgewandelt, vorbereitet für die Dienstleistungslandschaft, die an gleicher Stelle entstehen soll. In den Segmenten »Remnants« und »Rails« entfernt sich Wang Bing von den Orten der Produktion und weitet seine Industriegeschichte des Tiexi-Viertels dabei zum Porträt der Existenzweisen und Lebensformen, die von den Produktionsweisen hervorgebracht wurden. WEST OF THE TRACKS übersetzt den Auflösungsprozess industrieller Produktion in ein historiographisches Ordnungsprinzip, in dem die Chronologie der Ereignisse in den Hintergrund tritt. Stattdessen voll-

---

86 Lu Xinyu: »Ruins of the Future. Class and History in Wang Bing's TIEXI DISTRICT«, in: *New Left Review* 31, 2005

zieht der Film eine Bewegung der Diffusion nach: Zuerst dokumentiert Wang die materielle Zersetzung der Produktionsstätten, dann die parallel stattfindende Demolierung eines angeschlossenen Wohnviertels, um schließlich dem ›ortlosen‹ Leben einiger Vagabunden zu folgen, die illegal zwischen den Gleisen in ständiger Bewegung dem Zugriff staatlicher Autorität zu entgehen versuchen. Vor allem im zweiten Teil kommen zahllose Arbeiter und deren Familien zu Wort, deuten in kurzen Sätzen weite lebensgeschichtliche Zusammenhänge an, erzählen von der ersten Migrationsbewegung in den 1930er und -40er Jahren, als viele Flüchtlinge aus dem Süden in die Region kamen, und von der nicht weniger massiven zweiten Welle, die von Maos Kollektivierungsprogrammen ausgelöst wurde. Als mittellose Rentner sind sie nun einer erneuten großangelegten Umverteilung von Menschen im Raum ausgesetzt; die postindustrielle Zukunft braucht sie nicht mehr.

WEST OF THE TRACKS entwickelt sich mit zunehmender Dauer zu einer vielstimmigen Oral-History-Erzählung der Modernisierung Chinas. In diesem unzensierten, ungefilterten, dichten Gewebe aus subalternen Sichtweisen – kein Funktionär, kein höherrangiges Parteimitglied, kein offizieller Historiker der Volksrepublik kommt zu Wort – artikuliert sich die historische Erfahrung einer ganzen Generation, deren Wahrnehmungen und Erinnerungen Wang quasi zum letztmöglichen Zeitpunkt, kurz vor der Demolierung des Viertels und der Zerstreuung seiner Bewohner, aufzeichnet – buchstäblich während ihnen der Strom abgestellt wird: »Die Veränderung des ›Archivierens‹ ist Ausgangspunkt und Bedingung einer neuen Geschichte«,[87] heißt es bei Michel de Certeau. Die ästhetische Signatur, die Wangs Kino durch seine mobile, ›kunstlose‹ Kamera erzeugt, erscheint in WEST OF THE TRACKS als das Produkt eines unmittelbar historiographischen Impulses: dass die vielen fragmentarischen und doch untereinander verbundenen Geschichten jetzt und hier aufgeschrieben werden müssen, weil es keine Archive geben wird, in die nachfolgende Historikergenerationen gehen könnten, um herauszufinden, wie die Arbeiter des Tiexi-Viertels gelebt haben, wie sie zwangsenteignet und umgesiedelt wurden. Oder wie sich die jungen Leute in dieser Übergangsphase eine eigene Normalität des Erwachsenwerdens einzurichten versuchten und im abrissbedrohten »Lucky Swan Market«

[Stills II.2.1]

---

87 Veyne: *Geschichtsschreibung – Und was sie nicht ist,* a.a.O., S. 97.

ihre romantischen Chancen ausloteten. Die staatlichen Akteure, die diesen Prozess initiieren und steuern, kommen in dieser Geschichte von unten nur mittelbar vor, gespiegelt in den Konsequenzen, die ihr Handeln zeitigt, einmal aber auch metaphorisch verdichtet: »Remnants« beginnt mit einer Sequenz, die eine staatliche Lotterieveranstaltung (»China Charity Lottery«) zeigt, in der sich ideologische Durchsagen mit der Verlosung von Minibussen abwechseln. Auch hier geht Wang schnell dazu über, sich für die Ränder des Spektakels zu interessieren, das Publikum in Individuen aufzulösen, Einzelne in Großaufnahmen zu kadrieren, wie sie den Boden nach weggeworfenen aber vielleicht noch gültigen, potentiell gewinnträchtigen Lotterielosen absuchen.

»Rails« ist dann einem Raum nochmals gesteigerter Unsichtbarkeit gewidmet: dem Zwischenreich der Vagabunden, die am Rand der Gleise in Bretterverschlägen und von Weggeworfenem leben; geduldet von den etwas besser gestellten Arbeitern, als Illegale unnachgiebig verfolgt von den Behörden. In der Figur des einäugigen Old Du findet Wang Bing einen aus allen historischen Narrativen üblicherweise ausgeschlossenen »infamen Menschen« (Foucault), der hier weniger als Opfer der Geschichte, sondern als Archetypus des Überlebenden aufzufassen ist: »Mon souci était de montrer un personnage représentatif de la société, plus humain. Il est représentatif des gens qui travaillent à l'usine, de ce que je voulais montrer. C'est ›le Chinois typique‹: niveau social bas, mais respect de lui-même il peut survivre dans n'importe quelle situation.«[88]

Die letzten zwei Stunden folgt WEST OF THE TRACKS diesem exemplarischen Individuum in den Untergrund des Viertels, begibt sich mit Old Du in provisorische Wohnstätten, begleitet ihn in die Kabinen der verbliebenen Züge, die phantomgleich und meist ohne Fracht zwischen den leeren Fabriken zirkulieren. Die raumgreifende Dynamik der Eisenbahn in Filmen wie Vertovs ENTUZIAZM ist hier ziellosen Kreisfahrten gewichen; agonische Bewegungen durch die Ruinen der chinesischen Modernisierung. Die kommunistische Geschichtsteleologie hat sich auch als Pathosformel filmischer Kinetik erschöpft. Vertovs sinfonische Montage des Donez-Beckens der 1920er Jahre und das Tiexi-Viertel des ausgehenden Jahrhunderts in der Plan-

---

88 »Plutôt agréable«, Wang Bing im Gespräch mit den *Cahiers du Cinéma*, Juni 2004, S. 34–35, hier: S. 34.

sequenzästhetik Wang Bings markieren so gesehen die jeweiligen Endpunkte eines ästhetischen wie realhistorischen ›Fortschritts‹-Spektrums. Wang, der Avantgardist unter den DV-Dokumentaristen der Gegenwart, inszeniert die Lokomotiven nicht als stolze Motoren der Modernisierung, sondern macht sie zum Standpunkt eines wie erstarrt wirkenden filmischen Blicks, dem sich gewaltige Landschaften aus rostigen Stahlgebirgen öffnen, aber keine Zukunft, die den Planungsoptimismus der 5-Jahres-Pläne atmen würde. Die wiederholten Fahrten führen als »rites of passage into history« (Lu Xinyu) in eine Vergangenheit, deren Gegenwart nur noch aus dystopischen Ansichten besteht. Keine ästhetische Option ist Wangs Kino ferner als eine Montagepraxis, die Produktionsabläufe in ein rearrangiertes Maschinenballett verwandelt. Gleichwohl ist WEST OF THE TRACKS auch von eigentümlicher Schönheit, strukturiert, rhythmisiert durch die insistierenden Travelling Shots, die den filmisch vor- und nachge- [Stills II.2.2] stellten Blick unproduktiv gewordener Geisterzüge teilen.

Neben diesen Einstellungen sind es vor allem instabile, reagierend-registrierende In-actu-Handkamera-Bilder, die den depravierten Verhältnissen eine filmische Form geben. Jie Li führt aus, dass Wangs eigene Produktionsmittelrealität – kein Team, eine billige (und zudem nur geliehene) Consumer-Kamera, der Schnitt erfolgte in heimlichen Nachtschichten ohne offizielle Genehmigung in einem lokalen TV-Studio – zu Einstellungen führt, die auch mit ›subjektiven‹ Erfahrungsspuren imprägniert sind:

»Snowflakes stick to the lens as if to one's eyelashes, and this snow sticking, along with the ocassional small jerk given to the camera by the old railroad tracks, serves to make this cinematography tangible, vulnerable, almost human. Thus the camera [...] stares, it braves, it searches, and it salvages. [...] the images invite us to explore and excavate along with the filmmaker, whose presence, though never directly on camera, is always unmistakably felt. In this work the camera does not just objectively record what stands in front of its lens, but it also traces the imprint of its own experience. [...] As one-man documentarist who cannot be in several places at once, Wang Bing chooses to stay with the last residents as the neighborhood empties itself out [...]. Such a cinematic-*being with*, in Wang Bing's case, is also a *walking with*. [...] Walking with the inhabitants through their disposed neighborhood, Wang Bing adopts their tactic of moving spontaneously, as opposed to a common filmmaking strategy of planned shots with careful framing and smooth movements.«[89]

Der Point of View der Kamera fällt mit dem Blick des Filmemachers als Chronist eines Epochenwechsels zusammen und erzeugt in der Distanzlosigkeit eine solidarische Praxis der Geschichtsschreibung. Die ›Subjektivität‹ dieser Perspektive, deren Bilder zugleich auch als Dokumente einer vermittelten Erfahrung subalterner Lebenswirklichkeit lesbar sind, ersetzt orthodoxe Vorstellungen historiographischer Objektivität, ohne auf damit verbundene Geltungsansprüche zu verzichten. WEST OF THE TRACKS ist gerade deshalb ›wahr‹ in seiner historischen Aussage, weil der Film bis zu einem gewissen Grad auf Empathie beruht, weil er Produkt einer Haltung ist, die den Abstand zwischen Subjekt und Objekt der Geschichtsschreibung ästhetisch reduziert.

WEST OF THE TRACKS enthält zugleich die Utopie einer Praxis der Tradierung, die sich zwar keiner autonomen Sprechweise von unten, keiner unmittelbaren Selbstrepräsentation verdankt, dennoch aber nicht nachträglich einem revisionistischen »writing in reverse« unterzogen werden muss. Foucault verstand seine »Anthologie von Existenzen«,[90] die auch eine Geschichte der unsichtbaren Verlierer und Verstoßenen werden sollte, noch dezidiert als Sammlung hegemonialer Archivquellen: »intensive« Zeugnisse einer »Begegnung mit der Macht«, die von Leben handeln, die »tatsächlich riskiert und verloren worden [sind] in diesen Wörtern«.[91] Zwischen den beiden Optionen einer subalternen Hermeneutik der Leerstelle und einer Positivierung der Macht im Innersten der Quelle muss Wang Bings Geschichte des Tiexi-Viertels nicht wählen, weil sie ihr ›Material‹ ganz der sichtbaren Gegenwart des Aufschreibens entnimmt. Nur im filmisch vermittelten *walking with*, bei dem zugleich eine historische Konstellation der Umwälzung und eine inoffizielle Bewegung der Teilnahme aufgezeichnet wird, lässt sich erfassen, wie ein großer Transformationsprozess ›unten‹ ankommt.

---

89 Jie Lie: »Wang Bing's WEST OF THE TRACKS salvaging the rubble of utopia«, in: *Jump Cut. A Review of Contemporary Media* 50, Frühjahr 2008.
90 Michel Foucault: *Das Leben der infamen Menschen*, Berlin 2001, S. 7.
91 Ebd., S. 14f. u. 16.

II.3 Mit Nebensachen Geschichte machen

Um das historiographische Potential der filmischen Detailaffinität zu erfassen, muss die Kamerapraxis des Aufnehmens, Aufzeichnens, Aufsammelns auf die dabei mitlaufenden sowie postproduktionell erfolgenden Operationen der Rahmung, Organisation, Auswertung bezogen werden. Eine relativ offene Bewegung des Registrierens und Speicherns, wie sie der Film routinemäßig realisiert, reicht nicht aus, um Geschichte im Sinne der Historiographie zu produzieren. Ohne filmische Praktiken sinnstiftender Anordnung – der Einsatzpunkt historischen Verstehens – entsteht lediglich audiovisuelles Quellenmaterial, das möglicherweise einen historiographisch relevanten Überschuss an Nebensachen enthält und eine gegengeschichtliche Hermeneutik auf den Plan rufen kann, aber kein Erklärungszusammenhang, keine historiographische Sequenz. In den beiden vorhergehenden Abschnitten wurde entsprechend dieser Annahme herausgearbeitet, mit welchen Verfahren Thomas Heise und Wang Bing »a-signifikante« Details historiographisch signifikant machen: Indem sie ein gleichsam mitgespeichertes Kontingenzmoment präparieren (um die Ex-ante-Offenheit eines Verlaufs zu rekonstruieren) oder eine perspektivisch ausgeweitete Geschichte von unten schreiben, aktualisieren diese Filme ein allgemeines ästhetisches Vermögen des Mediums auf spezifisch historiographische Weise, setzen seiner automatischen »Sammelwuth« gezielte Kadrierungen und Montagen, also produktionsästhetische Modi der Materialorganisation entgegen. In beiden Fällen kommt es dabei zu einer Um- und Aufwertung des filmästhetisch ohnehin exponierten Nebensächlichen und Peripheren. Die mikrogeschichtliche Nähe zum Fragment, zum Besonderen und Konkreten, geht dabei mit einem Sinn für makrogeschichtliche Synthesen einher; es bleibt also gerade nicht bei einer bloßen Bergung, Addition und Archivierung übersehener, unterdrückter Details.

Aus Sicht der Geschichtstheorie ist an dieser Stelle noch einmal festzuhalten, dass die Idee der Sammlung per definitionem ein Moment des Ausschlusses und der Organisation mit sich führt, also kaum im Rahmen einer Rhetorik des objektiven Speicherns oder empathischen Bewahrens angemessen beschrieben werden kann:

»›Sammeln‹ bedeutet [...] Gegenstände herstellen: kopieren oder drucken, binden, klassifizieren... Und mit den Produkten, die er vervielfacht, wird der Sammler zu einem Akteur in einer gemäß neuer intellektueller und sozialer Relevanzen *zu machenden* (oder neuzumachenden) *Geschichte*. So teilt die Sammlung, indem sie die Arbeitsinstrumente völlig verändert, Dinge neu auf, definiert Wissenselemente neu und erschließt einen Ort des Neubeginns, indem sie eine ›gigantische Maschine‹ (Pierre Chaunu) konstruiert, die eine andere Geschichte ermöglichen wird.«[92]

Die auch auf der textuellen Ebene der »historiographischen Operation« (Certeau) auftauchende Frage nach dem epistemologischen Status der Anordnung und Verknüpfung des versammelten Materials, hat Paul Veyne auf eine lakonische Formulierung gebracht: »Was tun die Historiker, bei Thukydides angefangen bis zu Max Weber oder Marc Bloch, was tun sie wirklich, wenn sie erst einmal aus ihren Dokumenten aufgetaucht sind und zur Synthese schreiten?«[93] Veyne selbst sucht die Antwort darauf vor allem auf dem Feld der Fabelkomposition:

»Eine Fabel ist kein deterministischer Zusammenhang, in dem irgendwelche Atome mit Namen preußische Armee andere Atome mit Namen österreichische Armee überrennen. Die relative Wichtigkeit der Details ergibt sich mithin aus dem Verlauf der Fabel. […] Die Historiker erzählen Fabeln. Diese Fabeln sind nichts anderes als Wegrouten, die sie nach ihrem Geschmack durch das Ereignis-Feld einschlagen. Das Feld ist durchaus objektiv (es ist auch unendlich teilbar und nicht aus Ereignis-Atomen zusammengesetzt). Kein Historiker beschreibt dieses Gebiet in seiner Totalität, denn jede eingeschlagene Route trifft eine Auswahl: sie kann nicht überall vorbeiführen.«[94]

Damit wird zum einen die generelle Problematik angesprochen, wie sich die Texte der Historiker von fiktiven Erzählungen unterscheiden lassen, wenn die Einsicht zutrifft, dass dies auf der Ebene der »narrativen Modellierung«[95] (Hayden White), der einzelnen Verfahren der Fabelkomposition, tendenziell unmöglich ist. Paul Ricœur

---

92 Certeau: *Das Schreiben der Geschichte*, a.a.O, S. 95.
93 Veyne: *Geschichtsschreibung – Und was sie nicht ist*, a.a.O., S. 10.
94 Ebd., S. 36f.
95 Vgl. dazu Hayden White: *Metahistory. The Historical Imagination in Nineteenth-century Europe*, Baltimore 1973, S. 19ff.

hat hier die Position vertreten, dass eine einseitige Betonung der literarischen Dimension der Geschichtsschreibung dazu neige, die »narrative Kohärenz mit dem Erklärungszusammenhang zu verwechseln«, und vorgeschlagen, den besonderen »Pakt der Lektüre« der Historiographie genauer zu untersuchen, der nicht auf ›objektiver‹ Referenz, sondern auf der Kommunikation einer »Wahrheitsintention« gründe.[96] Veyne wiederum verweist darauf, dass der »wahre Roman«[97] der Geschichtsschreibung durch die Organisation von Details entsteht. Mit anderen Worten: Die »Synthese« der Historiker hat die Aufgabe, das in der Recherche sowohl gefundene als auch konstruierte Material einer spezifischen Rationalität zu unterziehen, es gemäß interessegeleiteter »Routen« anzuordnen, zu gewichten und entlang dieser Bewegung deutend zu öffnen.

Für filmische Historiographien stellt sich der hier nur kursorisch skizzierte Komplex nochmals anders dar, weil dort das Fabel-Detail-Verhältnis aufgrund der medienspezifischen Nähe zum »Ereignis-Feld« ästhetisch komplexer ist. Das Detail agiert innerhalb der filmischen Textur vergleichsweise autonom, findet innerhalb eingeschlagener »Routen« der Kadrierung und Montage immer wieder eigenrechtliche Abzweigungen. Kracauer zitiert Diamonds Traum in diesem Sinn als epistemisches Ideal eines Quellenzugriffs, der immer wieder auf die eigene Perspektivität und die allgemeine Grenze der historiographischen Determinierbarkeit des Materials verweist. Wie Philip Rosen gezeigt hat,[98] stellt die Affinität des filmischen Bildes zu zufällig gespeicherten Details insbesondere für konventionelle Historienfilme ein ästhetisches Problem dar. Das *period picture* läuft ständig Gefahr, die Kontrolle über die via Setdesign, Kostüm, Maske etc. konstruierte historische Signatur des Bildraums zu verlieren. Vom Standpunkt der textuellen Rationalität aus gesehen, kommt es zu einem unerwünschten »Wirklichkeitseffekt«: Das »überflüssige Detail« arbeitet hier keiner »referentiellen Fülle«[99] zu, sondern gewissermaßen gegen die Kohärenz des fiktiven Weltentwurfs. Das gilt bis zu einem gewissen Grad für jeden Spielfilm, bei Historienfil-

---

96 Ricœur: *Geschichtsschreibung und Repräsentation der Vergangenheit*, S. 7, 36 u. 43.
97 Veyne: *Geschichtsschreibung – Und was sie nicht ist*, a.a.O., S. 10.
98 Vgl. Rosen: *Change Mummified*, a.a.O., S. 147–199.
99 Roland Barthes: »Der Wirklichkeitseffekt«, in: ders.: *Das Rauschen der Sprache*, Frankfurt/M. 2008, S. 164–172.

men kommt jedoch hinzu, dass sie ihre intradiegetische historische Situierung gerade über recherchierte und sorgfältig platzierte Details zu etablieren suchen. In den Bildern des Historienfilms sind es oft einzelne Gegenstände, die die Funktion haben, den gesamten Raum mit einem fiktiven »Zeitkostüm« (Kracauer) zu infizieren. Hier trifft Barthes' Analyse wieder zu: Das Detail muss keine herausgehobene Erzählfunktion innehaben, kein privilegiertes Objekt sein, auf das sich beispielsweise das Handeln und Sprechen der Figuren unmittelbar bezieht, um einen eminent wichtigen »indirekten funktionalen Wert«[100] für die periphere Absicherung und Plausibilisierung der Diegese zu besitzen. Das Spiel des Historienfilms[101] besteht genau genommen darin, den Zuschauer mit genügend *period details* zu beschäftigen, um seine Aufmerksamkeit von jenen »überflüssigen« Nebensachen abzulenken, die gegen die historische Behauptung der Diegese sprechen (also für die historische Zeit der Aufzeichnung).[102]

Auch in der Geschichtsschreibung wird das Detail in gewisser Hinsicht konstruiert, vor allem durch die spezifische Perspektive, die der Historiker gemäß seiner Erkenntnisinteressen darauf wirft. Gleichwohl ist dort jedes ›Fingieren‹ immer auf einen Vorgang des Findens bezogen. Es geht nicht darum, Details möglichst authentisch nachzubauen und strategisch in einem textuellen Gefüge zu platzieren wie im Historienfilm, sondern um ihre Auswahl, Isolierung, Verknüpfung und Deutung.

In der historiographischen Praxis – in welchem Medium diese auch immer erfolgt – wirft die Fokussierung und Rationalisierung des Details zugleich die Frage auf, wie aus der Mannigfaltigkeit der Ereignisse eine Geschichte wird, die sich aufschreiben lässt:

»Wenn alles, was geschehen ist, mit gleichem Recht zum Gegenstand der Geschichte gehört, wird diese dann nicht zum Chaos? Wenn keine

---

100 Ebd., S. 164.
101 Vgl. Rosen: *Change Mummified*, a.a.O., S. 156ff.
102 Insbesondere im Subgenre des Monumentalfilms kann das Detail jedoch auch eine hyperbolische Rhetorik annehmen, exzessiv proliferieren und dabei »performativ« werden wie Philip Rosen in seiner Analyse von Cecil B. DeMilles CLEOPATRA schreibt: »[...] the detail in a historical film can go well beyond the goals of the reality-effect, and become transformed into a virtuosity of spectacle comparable to that of a musical.« Ebd., S. 192.

Tatsache wichtiger ist, als eine andere ist, reduziert sich dann nicht alles auf ein Gemenge singulärer Ereignisse? Das Leben eines Bauern aus dem Nivernais wäre demnach genauso wichtig wie das Ludwig XIV.; der Lärm der Autohupen, der in diesem Moment zu hören ist, genauso wichtig wie ein Weltkrieg...? [...] Muss die Geschichtsschreibung nicht eine Auswahl treffen, da sie sich sonst in Einzigartigkeiten verliert und in einer alles nivellierenden Gleichgültigkeit mündet?«[103]

Wie Veyne versucht auch Ricœur die »mise en intrigue« der Historiographie von ihrer notwendigerweise konstruktiven Ordnungs- und Sinnstiftungsfunktion her zu beschreiben, von ihrer Fähigkeit, »die irrationale Kontingenz in eine geregelte, bedeutsame, intelligible Kontingenz« zu verwandeln, sie »dem Sinn zu integrieren«.[104] Andererseits ist hier jedoch Kosellecks Hinweis zu berücksichtigen, dass die Geschichtsschreibung zugleich darauf achten muss, die Intrige nicht zu gut »einzufädeln« (Ricœur), sie nicht zu engmaschig zu knüpfen, weil sonst die Gefahr besteht, die Kontingenz überzuregulieren – und somit auszulöschen, dass auch andere Verläufe möglich gewesen wären. Für filmische Historiographien gilt wie gezeigt umgekehrt, sich nicht von der ›Offenheit‹ des fotografischen Bildes, der Fülle aufgenommener Details in ein historiographisch unintelligibles »Chaos« leiten zu lassen, das ästhetisch interessant sein mag, aber zum Prozess geschichtlichen Verstehens nur das Ausgangsmaterial beisteuert.

* * *

John Gianvitos Arbeit PROFIT MOTIVE AND THE WHISPERING WIND ist in diesem Zusammenhang ein geeignetes abschließendes Beispiel für das Potential des filmischen Mediums, mit einer einfachen, transparenten Operation der Verknüpfung gesuchter und vorgefundener Details eine intrigefähige »Synthese des Heterogenen« (Ricœur) zu konstruieren. Gianvito kombiniert selbstgedrehte Aufnahmen unzähliger, zumeist unscheinbar im öffentlichen Raum situierter Erinnerungstafeln, Gedenkstätten, Grabsteine, Plaketten, Statuen, Inschriften, die

---

103 Veyne: *Geschichtsschreibung – Und was sie nicht ist*, a.a.O., S. 35.
104 Paul Ricœur: *Zufall und Vernunft in der Geschichte*, Tübingen 1986, S. 14 u. 36.

sich allesamt auf Ereignisse und Personen einer links-progressiven (Gegen-)Geschichte der USA beziehen, wie sie Howard Zinn geschrieben hat, dem der Film gewidmet ist.[105] Zum Teil handelt es sich um geläufige Namen wie Harriet Tubman, Sojouner Truth, Frank Little, Cesar Chavez und Malcom X. Überwiegend verweisen die Gedenkobjekte aber auf jene vergessenen Helden von Arbeiteraufständen, Streikbewegungen usf., die in Zinns Emanzipationsgeschichte nicht viktimisiert, sondern als Handlungsträger beschrieben werden, wie etwa die Siedler-Feministin Anne Hutchinson, der Farmer-Anführer Daniel Shay, der Sozialist Eugene V. Debs, die Bürgerrechtlerin Elizabeth Cady Stanton. Gezielt ebnet PROFIT MOTIVE in der Montagefolge die Differenz ein zwischen Personen, die zu einem bestimmten Zeitpunkt immerhin als so relevant betrachtet wurden, dass sie in die offizielle Memorialkultur eingegangen sind (wenngleich vorwiegend im Modus des *minor monuments*), und solchen, für die nur vernachlässigte private Grabsteine sprechen.

Die Denkmäler befinden sich an peripheren Orten, sind verwittert, von Flechten überwachsen oder beispielsweise durch ungünstige Positionierung am Rand von Schnellstraßen dem alltäglichen Blick entzogen. In der Montage erzeugt PROFIT MOTIVE ein »remapping«[106] der amerikanischen Erinnerungslandschaft und verknüpft die Gedenkobjekte – und somit auch: die Ereignisse und Personen, die diese repräsentieren – zu einem basalen Narrativ des oppositionellen Aktivismus, das vom 16. Jahrhundert bis zur Gegenwart reicht: »a chronological path through the American Left«.[107] Wenn Geschichtsschreibung mit einer interessegeleiteten Sammlung historischer Materialien beginnt, vollzieht PROFIT MOTIVE eine elementare historiographische Operation: Der Film hat eine »Route«, sucht, findet, vergrößert Details, die, in eine intelligible Anordnung gebracht – und insofern: narrativisiert – in einen geteilten historischen Kontext emanzipatorischer Kämpfe eintreten. Der filmische Meta-Raum von PROFIT MOTIVE schließt wie jede Geschichtsschreibung »Lücken«[108] (Veyne), vereint

---

105 Howard Zinn: *A People's History of the United States. 1492–Present,* New York 2003.
106 Michael Sicinski: »Reigniting the Flame: John Gianvito's PROFIT MOTIVE AND THE WHISPERING WIND«, in: *CinemaScope,* http://cinema-scope.com/cs32/int_sicinski_gianvito.html#top, aufgerufen: 30.12.2010.
107 Ebd.
108 Veyne: *Geschichtsschreibung – Und was sie nicht ist,* a.a.O., S. 22.

die realräumlich zerstreuten und marginalisierten Geschichtsmarker symbolisch, um die historiographische »Intrige« einer kollektiven Bewegung zu fingieren.

Zum Konstruktionsprinzip des Films gehören neben Detailaufnahmen, die die konkreten Namen und Inschriften lesbar machen, sie aus ihrer relativen realräumlichen Unsichtbarkeit herauslösen, stets weitere Einstellungen, die den topographischen Kontext der Gedenktafeln erschließen und die Aufnahmen nachdrücklich mit einem historischen Index der Gegenwart markieren (dazu trägt nicht zuletzt auch die O-Ton-Ästhetik bei). PROFIT MOTIVE operiert immer auf zwei Ebenen: Zum einen vermittelt sich in der Montage eine breite historische Bewegung der progressiven Konflikte in der amerikanischen Geschichte. Zum anderen handelt der Film gleichsam enzyklopädisch von den materiellen Repräsentations- und Gedenkformen, die sich auf die dazugehörigen Ereigniszusammenhänge beziehen, ihnen einen Ort im Raum der Gegenwart geben – wie limitiert, formel- und fehlerhaft die Inschriften genrebedingt auch immer sein mögen.[109] Auch wenn die Grabsteine, Tafeln, Plaketten, Statuen, die Gianvito mit der »detektivischen«[110] Energie eines Historikers in den ganzen USA ausfindig gemacht hat, zum Teil in ruinösem Zustand sind, sind sie keine »Überreste«, sondern »Quellen« der Tradition: »[...] was von denselben [den Überresten] in die Vorstellung der Menschen übergegangen und zum Zweck der Erinnerung überliefert ist«.[111]

Geschichtsschreibung, heißt es bei Certeau, »inszeniert eine Population von Toten«, führt sie an einen »symbolischen Ort«, weniger um sie zu bewahren, ihrer zu gedenken, sondern um sie zu »begraben«. Für Certeau ist die Historiographie auch eine Kulturtechnik, die der Gegenwart hilft, mit der »Zunahme der *Eigennamen* (Persönlichkeiten, Orte, Münzen usw.) und ihrer Verdoppelung im ›Namens-

[Stills II.3.1]

---

109 »[...] we learn about why Anne Hutchinson was banished from Massachusetts, but not about why she and her family were slain by Native Americans [...].« Jonathan Rosenbaum: »Historical Mediations in Two Films by John Gianvito«, in: *Film Quarterly* 62(2), Dezember 2008, S. 26–32, hier S. 29.
110 Kracauer: *Geschichte – Vor den letzten Dingen*, a.a.O., S. 80.
111 In der Geschichtstheorie geht die Unterscheidung Überrest vs. Quelle bzw. Tradition auf Johann Gustav Droysen zurück. Ein »Überrest« ist demgegenüber das, »was aus jenen Gegenwarten, deren Verständnis wir suchen, noch unmittelbar vorhanden ist.« Johann Gustav Droysen: »Grundriß der Historik«, in: ders.: *Historik,* historisch-kritische Ausgabe, Stuttgart, Bad Canstatt 1977, S. 426.

register«« umzugehen: »Man könnte auch sagen, dass das Schreiben die Toten produziert, damit die Lebenden anderswo existieren können.«[112] In PROFIT MOTIVE gibt es neben der Logik des Gedenkens, der Hommage auch eine ästhetische Insistenz der Gegenwart, die verhindert, dass die Sammlung in Nostalgie und gegengeschichtliche Romantik kippt. Gianvito versucht nicht, die konkreten materiellen Gedenkträger auf die in ihnen repräsentierten Ereignisse hin transparent zu machen, sondern registriert ihren Korrosionsgrad, ihren realen Ort in der amerikanischen Gegenwart, ihre Präsenz und Abwesenheit in räumlicher wie memorialkultureller Hinsicht.

[Stills II.3.2]

Am Ende wechselt PROFIT MOTIVE so unvermittelt wie folgerichtig das Register, inszeniert eine entfesselte Agitprop-Montage, die aus Aufnahmen gegenwärtiger Demonstrationen besteht und ohne Hierarchie ein breites Spektrum des links-kritischen Aktivismus abbildet. Im Wirbel der hohen Schnittfrequenz versammelt der bis zu diesem Moment fast menschenleere und kontemplative Film ein ungeordnetes Register aus Gesichtern, Körpern, Plakaten, Anliegen, die nicht lokalisierbar sind. Die Dialektik zwischen in Stein gemeißelter, für die Gegenwart des Gedenkens gespeicherter historischer Zeit und gegenwärtigem Raum, die den Film bis zu diesem Punkt strukturiert hat, ist plötzlich zugunsten einer dezidiert zeitgenössischen Unübersichtlichkeit aufgehoben. In der gerafften Montage-Zeit, dem Durcheinander zufällig ins Bild geratener Nebensachen bleibt offen, was und wer wo, wann und wie ›Geschichte‹ schreiben wird. Und dennoch gilt: Wer sammelt, beginnt Geschichte zu machen.

---

112 Certeau: *Das Schreiben der Geschichte*, a.a.O., S. 129ff. Gianvitos lyrischer »Pantheismus«, das wiederholte Abschweifen der Kamera gen Himmel, die wiederholten Aufnahmen von windbewegten Baumwipfeln und Gräsern ließe sich mit Certeau auch als unvollständige »Trauerarbeit« deuten.

III. Erlebtes bezeugen

Theoriegeschichtlich betrachtet ist der Film vor allem in zweierlei Hinsicht als Zeugnismedium diskutiert worden. Einerseits in Bezug auf den dokumentarischen Status seiner Bildform, andererseits hinsichtlich seiner Fähigkeit, Zeugenaussagen medial zu speichern. Im ersten Fall gilt die Kamera als technisch objektivierter ›Augenzeuge‹, im zweiten ist sie nicht Ereigniszeuge, sondern registrierendes Archivmedium, das Zeugen sichtbar und deren Erlebnisberichte reproduzierbar macht. Zu unterscheiden ist hier, ob das Bildprodukt selbst das primäre Zeugnis ist oder einen Akt des Bezeugens aufzeichnet, diesen also in gewisser Weise sekundär bezeugt. Vor allem um den zweiten Aspekt – aber auch darum, wie er mit dem ersten zusammenhängt – soll es in diesem Kapitel gehen: Auf welche Weise lässt sich im filmischen Medium mit aufgezeichneten Zeugen bzw. Zeugnisakten Geschichte schreiben? Wo endet der Zeugnisbericht, wo beginnt die eigentliche historiographische Operation? Was also ist der Ort des Zeugnisses in der Geschichtsschreibung? Auf welchen Ebenen können spezifisch filmische Bezugnahmen auf historische Zeugen ausgemacht werden und welche geschichtstheoretischen Implikationen sind damit verbunden?

Der im engeren Sinn bildtheoretische Strang der Debatte um die Zeugnisoptionen des Films ist seit Bazins Ontologie-Aufsatz nachdrücklich an die allgemeine Evaluierung fotografischer »Objektivität« gekoppelt. Philippe Dubois hat die bevorzugt über die semiotische Denkfigur des Index theoretisierte Vorrangigkeit des Bild*aktes* gegenüber den mimetischen Qualitäten des Bild*produktes* entlang dieser Linie extrapoliert: Jede Fotografie verweist als Spur auf einen singulären Moment der Aufnahme, dem sie ihre Existenz verdankt. Dass damit keinerlei Sinnzuweisung oder ›Wahrheit‹ des Bildes fixiert ist, umschreibt Dubois so: »Der Referent wird im Foto als eine empirische oder, wenn man so sagen kann, *unbeschriebene* Realität gesetzt. Seine Bedeutung bleibt rätselhaft für uns, es sei denn, wir sind integrierender Bestandteil der Äußerungssituation, der das Bild entspringt. Als Index besäße das fotografische Bild keine andere Semantik als seine eigene Pragmatik.«[1] In dieser Reinform des bezeugenden

---

1 Dubois: *Der fotografische Akt*, S. 56.

›Etwas war vor der Kamera‹ ist das Bild als historisches Zeugnis jedoch kaum direkt verwertbar, weil es nichts über die Existenzbehauptung hinaus ›aussagt‹. Sobald es um die Lektüre, die Evaluation des Bildes geht, greifen die Codes des »studium« (Barthes). Gleichwohl spielt die Fotografie ästhetisch mit der »Illusion« einer »eigentlichen, ursprünglichen Bedeutung«, wie Stuart Hall, diese zurückweisend, schreibt: »Einen solchen vorgängigen, noch nicht von den Codes und gesellschaftlichen Verhältnissen der Produktion und der Lektüre berührten, natürlichen Augenblick der wahren Bedeutung gibt es nicht.«[2] Als Zeugen müssen fotografische Bilder also stets durch nachträgliche diskursive Operationen zum Sprechen gebracht werden; von sich aus bleiben sie »rätselhaft« (Dubois), verweigern die Aussage oder produzieren diese nur »im Kontext anderer Zeichensysteme, die ihre Deutungsmöglichkeiten bestimmen.«[3]

Die im Bildprodukt materialisierte ›Augenzeugenschaft‹ wird in der Regel durch dem Bild äußerliche Interventionen (Bildunterschriften, Inserts, Voice Over, Montageanschlüsse etc.) kontextualisiert und erst dadurch als Zeugnis eines bestimmten historischen Moments lesbar. Diese ›externen‹ Operationen sind nicht per se als Manipulationen aufzufassen, die eine »eigentliche Bedeutung« usurpieren oder eine falsche nachliefern. Sie ermöglichen mitunter auch die Entfaltung eines Zeugnispotentials, das ohne nachträgliche Rekonstruktion der »Äußerungssituation« und weitergehende narrative Einbettungen ungenutzt bliebe. Fotografische Bilder sind nicht automatisch Zeugnisse, sondern müssen durch verschiedene Schritte als solche produziert werden.

Die theoriegeschichtlich einflussreichste Auseinandersetzung um die Zeugnisqualitäten der fotografischen Medien findet jedoch in Distanz zu den im engeren Sinn semiotischen Diskursen statt: Sie bezieht sich auf die Rolle von Fotografie und Film bei der Erforschung, Darstellung und Erinnerung des Holocausts. Die Verallgemeinerungen der Theoriebildung sind hierbei konstitutiv an ein konkretes historisches Ereignis gebunden, dem selbst eine spezifische Zeugenproblematik inhärent ist. Mediengeschichtlich gesehen

---

2 Stuart Hall: »Rekonstruktion«, in: Herta Wolf (Hg.): *Diskurse der Fotografie. Fotokritik am Ende des fotografischen Zeitalters,* Frankfurt/M. 2003, S. 75–91, hier: S. 75f.
3 Stiegler: *Theoriegeschichte der Photographie,* a.a.O., S. 421.

gehört dazu auch die historische Einführung eines »neuen Zeugen«[4] (Lawrence Douglas) während der Nürnberger Prozesse im November 1945, deren Ankläger vor der Aufgabe standen, »unglaubwürdige Ereignisse durch glaubwürdige Beweise belegen [zu müssen]«[5] und zu diesem Zweck erstmalig einen Dokumentarfilm im Rahmen eines Gerichtsverfahrens einsetzten. Von Kracauers Rekurs auf die »Spiegelbilder des Grauens«[6] als Form reflexiver Sichtbarkeit und Modell eines »Standhaltens im Bilde«[7] (Adorno) bis zu Georges Didi-Hubermans »Bilder trotz allem«[8] wird die Frage nach dem Zeugniswert der fotografischen Medien hier stets auf der Folie einer »historischen Krise der Zeugenschaft«[9] (Felman) formuliert. Besonders produktiv entzündete sich die dazugehörige Debatte an Claude Lanzmanns

---

4 Lawrence Douglas: »Der Film als Zeuge. NAZI CONCENTRATION CAMPS vor dem Nürnberger Gerichtshof«, in: Ulrich Baer (Hg.): »*Niemand zeugt für den Zeugen*«. *Erinnerungskultur nach der Shoa*, Frankfurt/M. 2000, S. 197–218, hier: S. 198.

5 Robert H. Jackson, zitiert nach ebd., S. 199.

6 Kracauer: *Theorie des Films*, a.a.O., S. 467. Beim Abschnitt »Haupt der Medusa« der *Theorie des Films* handelt es sich um die einzige Stelle, an der Kracauers »Filmtheorie nach Auschwitz« (Miriam Hansen) explizit auf die Shoa Bezug nimmt. Einleitend schreibt Kracauer: »Indem das Kino uns die Welt erschließt, in der wir leben, fördert es Phänomene zutag, deren Erscheinen im Zeugenstand folgenschwer ist. Es bringt uns Auge in Auge mit Dingen, die wir fürchten. Und es nötigt uns oft, die realen Ereignisse, die es zeigt, mit Ideen zu konfrontieren, die wir uns von ihnen gemacht haben.« Ebd. Gertrud Koch hat hier auf den neuralgischen Horizont hingewiesen, den Kracauers phänomenologische Konzeption filmischer Erfahrbarkeit und Anschaulichkeit im Hinblick auf die »erlösende« Aufnahme in das visuelle Gedächtnis mit sich führt (Koch: *Kracauer zur Einführung*, a.a.O., S. 147). Ein aktueller Anschluss an die Medusa-Problematik aus bildtheoretischer Sicht findet sich bei Adriana Cavarero: *Horrorism, or On Violence against the Helpless*, New York 2008; vgl. dazu: Robin Celikates: »Bilder, die das Fürchten lehren«, in: *CARGO Film/Medien/Kultur* 01, 2009, S. 85–88.

7 Theodor W. Adorno, Siegfried Kracauer: *Briefwechsel 1923–1966*, Frankfurt/M. 2008, S. 688. Adorno notiert an dieser Stelle seine Reaktion auf Kracauers »Filmbuch«: »Entzückt hat mich die Perseus-Theorie; Perseus ist sowieso mein Lieblingsmythos, und ich hatte den Gedanken vom Standhalten im Bilde längst geschöpft. Frage nur, ob hier nicht die Quantität in Qualität umschlägt. Mir will es vorkommen, daß der Komplex, für den das Wort Auschwitz steht, im Bild schlechterdings nicht mehr zu bewältigen ist [...].«

8 Georges Didi-Huberman: *Bilder trotz allem*, München 2007.

9 Shoshana Felman: »Im Zeitalter der Zeugenschaft: Claude Lanzmanns SHOA«, in: »*Niemand zeugt für den Zeugen*«, a.a.O., S. 173–196.

monumentaler Arbeit SHOA (1985), die nicht zuletzt im Hinblick auf Möglichkeiten und Grenzen *filmischer* Zeugenschaft verschiedene (medien-)theoretische Verdichtungen provoziert hat. Nachdrücklich rezipiert[10] wurden hier vor allem die Thesen der Literaturwissenschaftlerin Shoshana Felman, die SHOA als Paradigma filmisch-historischer Zeugenschaft interpretiert hat:

> »Lanzmanns Film macht durch die Aussagen seiner Augenzeugen konkret *sichtbar* – und macht uns damit zu *Zeugen* –, wie sich der Holocaust beispiellos, unvorstellbar als *ein Ereignis ohne Zeugen* entwickelt, ein Ereignis, das, historisch betrachtet, aus der Planung der buchstäblichen *Auslöschung des Zeugen* besteht, aus einer *Zersplitterung der Augenzeugenschaft* an sich; ein Ereignis also, das zwar nicht empirisch aber kognitiv unter dem Aspekt seiner Wahrnehmung ohne Zeugen bleibt, weil es sowohl das Sehen als auch die Möglichkeit einer *Gemeinschaftlichkeit des Sehens* ausschließt [...].« [11]

Felmans Lektüre analysiert, wie SHOA die von den Mördern akribisch geplante Spurlosigkeit des Ereignisses und die daraus resultierende Krise der Zeugenschaft mit filmischen Perspektiven ihrer Bearbeitung konfrontiert. Das dabei vorgestellte Modell einer »erweiterten Zeugenschaft« stützt sich nicht in erster Linie auf die dokumentarisch-indexikalischen Qualitäten filmischer Bildlichkeit, sondern zielt eher auf eine kommunikative Matrix, die im kinematographischen Dispositiv apparativ verkörpert und aktualisierbar ist.

Für Felman übernimmt der Film »Verantwortung für seine Zeit«, weil er die Zeugen überzeugt, dass ihre Geschichte gehört werden wird.[12] Während auf der einen Seite die historischen Zeugen durch den Einbezug in einen Prozess medialer Vermittlung ihre Fähigkeit wiedererlangen, Zeugnis abzulegen – weil dem Medium das Versprechen zukünftiger Anhörung inhärent ist –, wird Felman zufolge auf der Rezeptionsseite ein Zuschauerkollektiv in eine »zweite Zeugen-

---

10 Vgl. Giorgio Agamben: *Was von Auschwitz bleibt. Das Archiv und der Zeuge,* Frankfurt/M. 2003, S. 31ff.
11 Felman: »Im Zeitalter der Zeugenschaft: Claude Lanzmanns SHOA«, in: »*Niemand zeugt für den Zeugen*«, a.a.O., S. 181.
12 Ebd., S. 175.

gemeinde«[13] transformiert. Der Film erscheint hier als »Appellations-
instanz« (Aleida Assmann), die der historischen »Zersplitterung der
Augenzeugenschaft« eine nachträgliche »Gemeinschaftlichkeit des
Sehens« entgegensetzt, der Felman sogar zuschreibt, alternative Formen der Vergemeinschaftung symbolisch zu präfigurieren. Folgt man
dieser Lesart, ließe sich von einem Zeugnis sprechen, das Produkt
des filmischen Versprechens ist, für das im Zeugnisakt äußerlich
gewordene subjektive Erlebnis ein Publikum zu finden. Für Felman
fällt dem Kino die Funktion eines Stellvertreters zu, dessen Kompe-
tenz genau darin besteht, den Zeugen zum Sprechen zu bringen –
und insofern: zu produzieren – sowie gleichzeitig für ein zukünftig
zuhörendes Publikum symbolisch zu bürgen. Weil im Moment der
Aufzeichnung die erweiterte Möglichkeit entsteht, öffentlich gehört
zu werden, verkörpert das Kino in gewisser Weise die Idee einer
positiven Aufnahme der Zeugenaussage.[14] Ulrich Baer hat an dieser
Stelle jedoch zu Recht darauf hingewiesen, dass die »zweite Zeu-
gengemeinde« die erste nicht nur nicht ersetzen kann, sondern dass
darüber hinaus die Gefahr besteht, die Differenz zwischen vorge-
stelltem und erlebtem Leid theoretisch zu verunklaren.[15] Die Über-
nahme zweiter Zeugenschaft ist in der Tat nur als kritischer und
bewusster Akt der Rezeption denkbar[16] und kann ohnehin weder an
ein Medium delegiert, noch mit dem Status des »ersten«, also eigentlichen Zeugen enggeführt werden.

---

13 Vgl. hierzu Ulrich Baer: »Einleitung«, in: »Niemand zeugt für den Zeugen«,
a.a.O., S. 7–31, insbesondere S. 15ff.
14 Eine ähnliche Überlegung formuliert Avishai Margalit in seiner Konzeption
des »moralischen Zeugen«: »The hope which I credit moral witnesses is a rather
sober hope: that in another time there exists, or will exist, a moral community
that will listen to their testimony. What is so heroic in this hope is the fact, that
people who are subjected to evil regimes intent on destroying the fabric of their
moral community easily come to see the regime as invincible and indestructible
and stop believing in the very possibiliy of a moral community.« Avishai Margalit: The Ethics of Memory, Cambridge/Massachusetts, London 2002, S. 155.
15 Baer: »Einleitung«, in: »Niemand zeugt für den Zeugen«, a.a.O., S. 14.
16 Ricœur weist auf die Grenzen der Rezeption hin: »Es ist dieser Hintergrund
von vorausgesetztem Vertrauen, vor dem sich tragisch die Einsamkeit jener
›historischen Zeugen‹ abhebt, deren außerordentliche Erfahrung die durch-
schnittliche, gewöhnliche Verstehenskapazität übersteigt. Es gibt Zeugen, die
niemals auf eine Zuhörerschaft stoßen, die imstande wäre, sie anzuhören und
zu verstehen.« Paul Ricœur: Gedächtnis, Geschichte, Vergessen, München 2004,
S. 254.

Zunächst genügt es festzuhalten, dass das Zeugnispotential des Films über die dokumentarischen Optionen seiner Bildform nicht hinreichend analysiert werden kann – zumal dann nicht, wenn es im Kern um die Spezifik und historiographische Signifikanz filmisch (re-) produzierter Akte des Bezeugens geht, wie im Folgenden. Der Fokus des Kapitels liegt nicht auf der Frage, in welchem Sinn fotografische Bilder als ›Zeugen‹ betrachtet werden können, sondern erstens auf spezifisch filmischen Inszenierungen von Zeitzeugen und zweitens auf der damit zusammenhängenden historiographischen Operationalisierung, Verknüpfung und Problematisierung aufgezeichneter Zeugnisakte. Gleichwohl ist die Konstellation ›Bild des Zeugen‹ nicht von der Idee ›Bild als Zeuge‹ zu trennen, zumal die Bilder des Zeugen auch Zeugnisbilder des Zeugnisaktes sind.

In diesem Kontext ist besonders interessant, dass Felman die Aufmerksamkeit auf das Verhältnis des filmischen Mediums zum Akt des Bezeugens gelenkt hat und darin eine Ermöglichungsstruktur verwirklicht sieht. Geschichtstheoretisch relativ direkt anschlussfähig daran ist die Annahme, dass es sich bei der Zeugenaussage um ein epistemisches Verfahren handelt, das ohne ein Gegenüber nicht vorstellbar ist. In diesem Sinn wird das Zeugnis in Paul Ricœurs Erkenntnistheorie der Geschichte im entsprechenden Spannungsfeld zwischen Selbstdesignation[17] und Dialogizität situiert. Gemeinsam konstituieren beide Momente den Rahmen eines bezeugenden Sprechaktes und kanalisieren den Prozess des Äußerlichwerdens der Erinnerung als Formatierung speicherungsfähigen Archivmaterials. Entscheidend ist dabei ein Prozess der »Akkreditierung«:

»Der Zeuge bezeugt die Wirklichkeit einer Szene, der er, vielleicht als Akteur oder als Opfer beigewohnt haben will, vor jemandem, und zwar im Augenblick des Bezeugens in der Position eines Dritten gegenüber allen Protagonisten der Handlung. [...] Die Beglaubigung wird erst

---

17 »Das Spezifische des Zeugnisses besteht darin, dass die Selbstbehauptung untrennbar an die Selbstdesignation des bezeugenden Subjekts gebunden ist. In dieser Koppelung hat die typische Formel des Zeugnisses ihren Ursprung: Ich war dabei. Was bezeugt wird ist unterschiedslos die Wirklichkeit der vergangenen Sache und die Präsenz des Narrators am Ort des Geschehens. Und der Zeuge ist es, der sich zuerst zum Zeugen erklärt. Er ernennt sich selbst.« Ebd., S. 250.

komplett durch das Echo, das es bei dem findet, der es empfängt und annimmt; das Zeugnis ist dann nicht nur beglaubigt, sondern akkreditiert.«[18]

Die Aufnahmeseite ist für Ricœur eingebunden in jene reziproken Prozesse, über die die Mitglieder einer Gemeinschaft – im *consensus* und *dissensus* – die prinzipielle Anerkennbarkeit des Zeugnisses kommunikativ hervorbringen. Archive gelten in diesem Modell als institutionell verstetigte Formen der »Akkreditierung«; sie organisieren nicht nur den Transfer des konkreten, mündlichen Zeugnisaktes in die Schriftform des hinterlegten Dokuments, bewerkstelligen also dessen Speicherung, sondern garantieren zugleich die Stabilität des Zeugnisses, das durch seine Archivierung für spätere Konsultationen verfügbar wird. Der Zeugnisakt wird festgehalten, um seinen verpflichtenden Charakter zu konstituieren: »Der glaubwürdige Zeuge ist der, der sein Zeugnis in der Zeit festhalten kann. Dieses Festhalten nähert das Zeugnis dem Versprechen an, genauer gesagt, dem Versprechen vor jedem Versprechen, nämlich dem, sein Versprechen zu halten, Wort zu halten.«[19] Ein Zeuge, der zu dieser Fixierung, zu diesem Eintritt seines Zeugnisses in das (historische, juridische) Archiv nicht bereit ist, liefert sich dem Verdacht aus, seinen Erlebnisbericht unter den Vorbehalt begrenzter zeitlicher Gültigkeit stellen zu wollen. Als Archivdokument existiert das Zeugnis fortan in Abwesenheit des Zeugen, es ist nun akkreditiert und gespeichert, aber auch »verwaist«, wie Ricœur schreibt: »[...] die Zeugnisse, die das Archiv enthält, sind von den Urhebern, die sie ›gezeugt‹ haben, abgelöst und statt dessen der Sorge derer anheimgegeben, die kompetent sind, sie zu befragen und sie so zu verteidigen und ihnen zu Hilfe zu kommen.«[20]

Genau an dieser Stelle lohnt es sich, die mediale Spezifik des archivierten Zeugnisdokuments ins Spiel zu bringen, weil es einen Unterschied bedeutet, ob der mündliche Zeugnisakt schriftlich transkribiert oder filmisch aufgezeichnet wird. Im zweiten Fall ist die ästhetische Form des Zeugnisberichts von größerer Signifikanz; zudem enthält das entstehende Zeugnisdokument – der Film –

---

18 Ebd., S. 254.
19 Ebd., S. 252.
20 Ebd., S. 260.

indexikalische (Bild-)Informationen, die die Äußerungssituation betreffen. Aufgezeichnet werden hier Zeugnisbericht, Zeugnisakt (also der historische Moment des Bezeugens) sowie das Subjekt des Zeugnisses.

In den im Folgenden analysierten Arbeiten – SOBIBOR, 14 OCTOBRE 1943, 16 HEURES (Claude Lanzmann, 2001), HE FENGMING (Wang Bing, 2007), DR. MA'S COUNTRY CLINIC (Cong Feng, 2009), Z 32 (Avi Mograbi, 2008), 24 CITY (Jia Zhang-ke, 2008) – ist es gerade diese Beziehung zwischen der Gegenwart der Äußerungssituation und der vergegenwärtigenden Rede des subjektiven Erlebnisberichts, die das Zeugnisprodukt in je spezifische Spannungsfelder der Zeitzeugenschaft einträgt (III.1). Die bereits in Kapitel I verhandelte Logik filmischer Vergegenwärtigung greift hier auf besondere Weise. Geschichtstheoretisch betrachtet vergegenwärtigt der Zeugenfilm »two past times« (Rosen), nämlich die Zeit des Zeugnisaktes, also die Aufzeichnungszeit und jene, auf die sich die Rede des Zeugen, die einen vergangenen Ereigniszusammenhang rekonstruiert und evoziert, bezieht. Das Verhältnis zwischen der Präsenz des Zeugen und der visuellen Abwesenheit jener Vergangenheit, auf die die Zeugnisaussage rekurriert, kann ästhetisch – durch die Inszenierung des Zeugen, die Montage mit anderem Material etc. – variabel gestaltet werden und führt zu unterschiedlichen Formatierungen des historiographischen Genres, dem der Zeugenfilm im weitesten Sinn zuzuordnen ist: *(visual) oral history* (III.2). In den einzelnen Unterkapiteln gilt es zum einen, verschiedene Zeugenfilme, die allesamt jenseits der Konventionen des Geschichtsfernsehens operieren, auf ihre Ästhetik des Zeugen und Zeugnisaktes hin zu untersuchen. Im Rahmen der filmisch vermittelten Präsenz des Zeugen spielt vor allem die inszenierte Sichtbarkeit seines Gesichts als Affektmedium eine große Rolle (III.3). Zu diskutieren sein wird auch, wie das Zeugnis sich generell zum Text der Geschichtsschreibung verhält, d.h. wie aus subjektiven Erlebnisberichten Geschichte im Sinne der Historiographie wird – etwa durch die vielstimmige Verknüpfung von Zeugen (III.2) oder durch Zeugnis-Palimpseste, die fingiert und trotzdem nicht frei erfunden sind (III.4).

III.1 Zeitzeugenschaft: Erzählzeit, erzählte Zeit

Von Claude Lanzmanns SOBIBOR, 14 OCTOBRE 1943, 16 HEURES zirkulieren zwei Versionen,[21] die in einem Punkt signifikant voneinander
abweichen. In der 2003 publizierten dauert es rund 12 Minuten, bis
Yehuda Lerner zum ersten Mal im Bild zu sehen ist.»Il s'est évadé de
huit camps? Il était dans huit camps en Russie et il s'est évadé de huit
camps?«, fragt Lanzmann in diesem Moment ungläubig. Lerner wird
bei seinem ersten Auftritt als Zuhörer gezeigt: Er wartet auf die Übersetzung durch Francine Kaufmann ins Hebräische, bejaht dann mit
einem Lächeln, das aus dem nervösen Zucken seines linken Mund-
winkels hervorzugehen scheint, und bewegt sich dabei energisch vor
und zurück. Weil die Einstellung nah kadriert ist, Lerners Gesicht
angeschnitten und fast kaderfüllend erfasst wird, muss die Kamera
mit einer eigenen Bewegung auf die des Zeugen reagieren, um ihn im
Bild zu halten. In der zweiten Version fungiert diese Szene als (erste)
Wiedereinführung des Zeugen. Sie beginnt nicht mit einem Pano-
rama-Schwenk über das zeitgenössische Warschau (2001), sondern
mit einem Prolog, genauer: mit einer Archivfotografie, deren Original
im Museum des Vernichtungslagers Sobibor aufbewahrt wird. Die
Aufnahme zeigt SS-Offiziere, die vor bekränzten Särgen mit dem Hit-
lergruß salutieren. Die eingeblendeten Inserts geben der Fotografie
darüber hinaus einen historischen Index und Kontext: »OFFICIERS
SS FAISANT LE SALUT HITLERIEN DEVANT LES CERCUEILS DE
LEURS CAMARADES TUES AU COURS DE LA REVOLTE DE SOBIBOR
(MUSEUM SOBIBOR)«, ist in Großbuchstaben und weißer Schrift zu
lesen. Darauf folgt, in ähnlicher Kadrierung wie oben beschrieben,
unmittelbar eine Einstellung, die den Zeugen in Großaufnahme zeigt.
Er wird also gleich zu Beginn nachdrücklich etabliert. Einige Sekunden herrscht Stille, Lerner wartet offenbar auf die nächste Frage. Die
kurze Gesprächspause erzeugt im Montagezusammenhang mit der
Archivfotografie einen dramatischen Spannungseffekt. Die Verknüpfung von Fotografie und Zeuge wird für einen kurzen Moment in
der Schwebe gehalten: Wie steht dieser Mann mit der fotografischen
Szene in Verbindung? Lanzmanns Frage, deren Beantwortung durch

---

21 Die erste Version entspricht der DVD-Edition der *Cahiers du Cinéma* von
2003. Bei Absolut Medien erschien 2010 eine zweite Version, die derjenigen
entspricht, die 2001 als Weltpremiere auf der Berlinale zu sehen war.

die Übersetzung zunächst verzögert wird, erhöht den Spannungsbogen gewissermaßen noch einmal: »Est-ce qu'il avait déjà tué avant, Monsieur Lerner?«

Dieser Prolog, der die beiden ansonsten identischen Versionen des Films voneinander unterscheidet, schließt mit einer ausführlichen Erklärung Lanzmanns, die als Schrift durchs Bild läuft und von ihm selbst auf Englisch vorgelesen wird. Sie rahmt die nachfolgende Rezeption, enthält zusätzliche Informationen zum historischen Kontext, aber auch allgemeinere Thesen, etwa das Verhältnis der Juden zur Gewalt betreffend.[22] Lanzmann selbst begründet den Einsatz der Archivfotografie so: »Es war mir sehr wichtig, dieses Foto zu zeigen. Ich fand es im Museum von Sobibor. Als ich an SHOAH arbeitete, kannte ich dieses Foto noch nicht. Vielleicht zeigt es den Sarg von Graetschus, wer weiß. Ich mag den Anfang von SOBIBOR sehr gern, denn man sieht, dass die Nazis getötet worden sind, und unmittelbar danach sieht man das vollständig ruhige Gesicht von Yehuda Lerner; zunächst könnte man es für eine Fotografie halten. Doch plötzlich entdeckt man, dass da ein lebendiger Mensch sitzt.«[23]

Der lebendigen Gegenwärtigkeit des Zeugen, welcher ein Überlebender ist, der den Mördern entkam, die auf der Fotografie abgebildet sind (und diese produziert haben), verknüpft Lanzmann in den Schlusssätzen der vorangestellten historiographisch-poetologischen Erklärung mit einer erinnerungspolitischen Positionierung. Nachdem dort lakonisch die heutige Gedenkstätte Sobibor gewürdigt

---

22 Lanzmann schreibt (und deklamiert) im Prolog: »The Shoa was not only a massacre of innocents but more specifically a massacre of defenceless people, tricked at every stage in the process of destruction, up to the very doors of the death chambers. Justice must be done to a dual legend, the one claiming that the Jews allowed themselves to be led to the gas chambers without any premonitions or suspicions and that their death was ›comfortable‹, and the other claiming that they put up no resistance to their executioners. Without mentioning the great rebellions, such as that of the Warsaw Ghetto, individual and collective acts of bravery and freedom were frequent in the camps and ghettos: insults, curses, suicide, reckless attacks. However, it is true that an ancient tradition of exile and persecution hadn't prepared the Jews, as a whole, for the efficient use of violence that requires two inseparable preconditions: a psychological disposition and technical knowledge of weapons.«
23 Zitiert nach: Jens Hoffmann: »Beyond Sobibor«, in: *Konkret* 04, 2002. Es ist demzufolge davon auszugehen, dass der Prolog essentieller Bestandteil des Films ist; die französische DVD-Publikation von 2003 erscheint umso unverständlicher.

wird (»small and touching with a red roof«) wendet sich Lanzmann gegen die Institutionalisierung und Musealisierung der Erinnerung: »But museums and monuments institute oblivion as much as remembrance. Let us now listen to Yehuda Lerner's living words.« In der filmischen Grammatik des Prologs sind die Mörder in die mortifizierte Zeit der Fotografie gebannt – sie sollen und werden nicht zu Wort kommen –, während Lerner lebt, spricht, mit Worten und Gesten Zeugnis gibt.

Wie SHOAH ist SOBIBOR ein Film über die »Sphäre des Aussageaktes«,[24] ein Film, in dessen ästhetischer Form das Stattfinden des Bezeugens insistiert und als ebenso bedeutsam behandelt wird wie der semantische Gehalt der Aussage, ihr Informationswert. Diese Konzentration auf die Enunziation, den konkreten Prozess der bezeugenden Artikulation einer Vergangenheit, die dem Zeugen – offenbar kaum traumatisch verstellt – als Erinnerung vorliegt, wird in der zweiten Hälfte von SOBIBOR mit der minutiösen Schilderung einer Ereigniskette enggeführt, die sich auf die vermutlich einzige »glückliche Stunde«[25] in der grausamen Geschichte des Vernichtungslagers Sobibor bezieht. Wie SHOAH ist SOBIBOR, als Ergänzung und Fortsetzung des Vorgängers, der die »Radikalität des Todes« nur peripher mit dem »Mut und Heroismus« gelingender Widerstandsakte in Beziehung setzt,[26] ein informatives Kunstwerk: Beide Filme sind zunächst Produkte einer beeindruckenden historiographischen Recherchearbeit, die Lanzmann überhaupt erst zu Lerner und der 1979 immer noch relativ unerforschten »Aktion Reinhardt« geführt hat. Zugleich operiert SOBIBOR wie SHOA in Distanz zur dokumentarischen Konvention des Zeugenfilms, ein Genre, das nachhaltig von den ästhetischen Normierungen des Fernsehens geprägt ist,[27] wozu vor allem der illustrierende Einsatz historischer Bilddokumente, Voice-Over-Kommentare und monoton dramatisierende Instrumentalmusik zählen. In Lanzmanns Arbeiten ist das generierte historische Wissen jenseits der zur Vermittlung notwendigen ›Aufbereitung‹ ästhetisch geformt.

---

24 Agamben: *Was von Auschwitz bleibt*, a.a.O., S. 119.
25 Diedrich Diederichsen: »Die glückliche Stunde«, in: *taz*, 3.4.2003.
26 Lanzmann zitiert nach: »Ich will den Heroismus zeigen. Interview mit Claude Lanzmann«, in: *taz*, 17.5.2001.
27 Vgl. dazu Judith Keilbach: *Geschichtsbilder und Zeitzeugen. Zur Darstellung des Nationalsozialismus im bundesdeutschen Fernsehen*, Münster 2008.

In SOBIBOR ist diese nachdrückliche Formung vor allem eine dramaturgische: Es geht hier durchaus um *Suspense* und *High Noon*.

Die erste Hälfte des Films erzählt eine Vorgeschichte, führt den Zeugen ein, bereitet – insbesondere hier ganz den in der Literatur ausführlich untersuchten ästhetischen Koordinaten von SHOAH folgend[28] – jenen titelgebenden Moment vor, der im Zentrum des Interesses von SOBIBOR steht: den 14. Oktober 1943, 16 Uhr. Zuvor, in den ersten rund 35 Minuten Spielzeit, behandelt der Film einen erzählten Zeitraum, der von Lerners Verschleppung am 22. Juli 1942 in Warschau bis zu seiner Ankunft in Sobibor am 22. September 1943 reicht. Die Zeitraffer-Erzählung der aufgrund diverser Fluchtversuche und erneuter Gefangennahmen außergewöhnlich wechselhaften Deportation konstituiert sich ausschließlich über den mündlichen Bericht Lerners, der in diesen Passagen nur akusmatisch präsent, also unsichtbar ist. Wie in SHOAH installiert Lanzmann eine Raum-Zeit-Montage, die die im erinnernden Sprechen verdichtete und vergegenwärtigte Vergangenheit auf der Bildebene nicht mit entsprechendem Archivmaterial, sondern mit gegenwärtigen Aufnahmen verbindet (die in SOBIBOR jedoch nicht der unmittelbaren Gegenwart der Zeugenaussage entsprechen – das Gespräch mit Lerner fand 1979 in Tel Aviv statt, die Bilder stammen aus den Jahren 1999–2001).

Lanzmanns Insistieren auf topographischen Gegebenheiten,[29] die beständig wiederholten Aufnahmen kontemporärer (Natur- und Gedenk-)Räume werden deutlicher noch als in SHOAH auf der Montage-Ebene mit der erzählten Vergangenheit parallelisiert: Fast immer dann, wenn Lerner von Bewegungen im Raum berichtet, vollzieht die Kamera diese ›im Heute‹ und am Ort des damaligen Geschehens nach – sogar zu passenden Jahres- und Tageszeiten. Ist von einer einwöchigen Zugfahrt von Warschau nach Weißrussland die Rede, sind Travelling Shots von Gleisen zu sehen, die aus einem fahrenden Zug aufgenommen wurden – und zwar so lange, wie Lerners Schilderung

---

28 Einen guten Überblick, der allerdings noch keine Texte zu SOBIBOR enthält, bietet: Stuart Liebman (Hg.): *Claude Lanzmann's Shoah. Key Essays*, Oxford, New York 2007.

29 Vgl. Stuart Liebman: »Introduction«, in: *Claude Lanzmann's Shoa*, a.a.O., S. 3–24, hier: S. 15. Lanzmann selbst sprich in diesem Zusammenhang bevorzugt von »non-lieux de mémoire«; Georges Didi-Huberman hält dem das Modell »site, despite everything« entgegen (Georges Didi-Huberman: »The Site, Despite Everything«, in: *Claude Lanzmann's Shoa*, a.a.O., S. 113–123, hier: S. 115).

von der Fahrt handelt, also rund 40 Sekunden. Gleiches gilt etwa für einen LKW-Transport nach einer erneuten Gefangennahme.

In einer Sequenz, die aus Handkamerabildern einer nächtlichen Bewegung durch ein dicht bewachsenes Waldareal besteht, bringt Lanzmann die visuelle Konstruktion momenthaft in die Nähe einer Point-of-View-Einstellung. Diese Engführung von Bild und Ton, die die visuelle Ebene mit Signalen einer filmisch nachgebauten ›Subjektive‹ auszustatten scheint, verfällt dennoch nicht in den illustrierenden Modus einer ›Fluchtperspektive‹. Zum einen, weil die filmischen Operationen immer wieder abrupt jede ›subjektive‹ Aufladung außer Kraft setzen – durch einen harten Schnitt, ein Schwarzwerden des Bildes, den unvermittelten Übergang in eine dezidiert mechanische, distanziert-registrierende Schwenkbewegung. Vor allem aber durch die konstitutive Differenz zwischen Bild- und Tonebene, die keine diegetische Schließung im Sinne der Fiktion einer im Ästhetischen nacherlebbaren historischen ›Echtzeit‹ zulässt. Die akusmatische Anwesenheit von Lerners Stimme, die über die gegenwärtigen Bilder »wandert« (Chion), führt wie in SHOAH, in dem Lanzmann mit strukturell identischen Verfahren arbeitet, zu einer »Irritation der Raum-Zeit-Gewißheit«,[30] die jede Vorstellung eines memorialkulturell konsolidierten und insofern gesicherten Abstands zur Vergangenheit unterläuft. Lanzmann geht es um Aktualisierung, nicht um Historisierung.[31] Dazu eignet sich ein Zugriffsmodus auf Geschichte, der um Akte des Bezeugens herum gebaut ist: »Wenn wir Zeugenaussagen beiwohnen, befinden wir uns in der Gegenwart einer Vergangenheit, die weder ausgelöscht wurde noch werden kann, eines Moments, der uns weniger repräsentiert als re-präsentiert wird, der sich uns nicht so sehr darstellt, als erneut stellt […].«[32] Dass das, wovon mündlich gesprochen wird, nicht im Bild zu sehen ist, sondern nur Orte, die heute kaum noch auf das verweisen, was damals stattgefunden hat, führt zu einer Art Pendelbewegung zwischen den Zeiten, die nicht einrastet, nie historisierende Abbildung wird, son-

---

30 Koch: *Die Einstellung ist die Einstellung,* a.a.O., S. 152.

31 Vgl. dazu: »Site and Speech. An Interview with Claude Lanzmann about SHOA«, in: *Claude Lanzmann's Shoa,* a.a.O., S. 37–49, hier: S. 45.

32 Lawrence Langer: »Die Zeit der Erinnerung. Zeitverlauf und Zeugenaussagen von Überlebenden des Holocaust«, in: *»Niemand zeugt für den Zeugen«,* a.a.O., S. 53–67, hier: S. 59.

dern immer als artifizielle Konfiguration der bezeugenden Aktualisierung einer Erinnerung auftritt.

Das gilt im Grunde auch für jene irritierende Sequenz, die das Scharnier zwischen erstem und zweitem Teil, Vorgeschichte und Erzählung des Aufstands bildet. Nach der Ankunft in Sobibor, die analog zur Treblinka-Sequenz in SHOAH gebaut ist (die ›subjektive‹ Einstellung bei der Zugeinfahrt, die prekäre Zuschauerposition des ›Ankommens‹), berichtet Lerner von einer Gänseherde, die sich die SS hielt, um durch das Geschnatter der gezielt aufgescheuchten Tiere die Schreie der ermordeten Juden zu übertönen – die Opfer sollten keinen Verdacht schöpfen. Auch hier operiert Lanzmann wieder mit filmisch umgesetzten Verfahren des »Nachspielens«, das den Zuschauer »am Rande der Imagination die Wirklichkeit der Vernichtung, die reibungslose Selbstverständlichkeit ihrer Ausführung ahnen [lässt]«,[33] wie Gertrud Koch mit Blick auf die nachgestellte Treblinka-Zugeinfahrt in SHOAH schreibt. In der Tonmischung von SOBIBOR geht Lanzmann sogar so weit, Lerners Ausführungen für einen Moment von den gegenwärtigen Tierlauten übertönen zu lassen. Erst die französische Übersetzung seiner auf Hebräisch vorgetragenen Erläuterung der Funktion der Gänseherde, ist wieder klar und deutlich zu verstehen. Sekunden später verschwindet das Tiergeschnatter komplett von der Tonspur; einen stillen Moment lang beobachtet der Film die aufgebracht im Kreis rotierende Herde, deren Laute schließlich durch eingeblendetes Windrauschen ersetzt werden. In einem Interview betont Lanzmann diesen zentralen Moment für die Architektur von SOBIBOR:

»Ich sagte mir: ›Die Gänse übertönen die Schreie der Menschen, die man tötet‹, und dann hatte ich die Idee […] Lerners Stimme gegen die Gänse ankämpfen zu lassen. Man hört die schnatternden Gänse und plötzlich die Stimme Lerners, die versucht sich über den Höllenlärm zu erheben. Das flicht sich ›muskulös‹ ineinander wie die Wasser der Rhône. […] Dann kam ich am Ende der Sequenz, am Ende seiner Rede auf die Gänse zurück, zeigte sie, wie sie sich schnatternd im Kreis bewegten, und dachte plötzlich: ›Versuchen wir es ohne Ton‹. Der weiße Kreis dreht sich in furchtbarer Stille um sich selbst. Piwonski in SHOA nennt das die ›vollkommene Stille‹. Er sagt es, wenn er von der Ankunft des ersten zur

---

33 Ebd., S. 153.

154

Vernichtung bestimmten Konvois erzählt: ›Als ich am nächsten Morgen wiederkam, herrschte am Bahnhof vollkommene Stille‹. Kein Schrei, kein Schuss, eine wahre Totenstille. Und diese Stille lässt ihn begreifen, dass sich etwas noch nie Dagewesenes ereignet hat.«[34]

Auf die still kreisenden Gänse folgt nach einem Schnitt ein bedächtiger Panoramaschwenk über den herbstlichen Wald von Sobibor. Dann beginnt der eigentliche Auftritt des Zeugen Yehuda Lerner. Seine Stimme hat sich durchgesetzt; jetzt geht es um das Ereignis, dem der Film seinen Untertitel verdankt, den Aufstand, der am 14. Oktober 1943 um 16 Uhr stattfand.

Der zweite Teil des Films beginnt, nachdem Lerner die verschiedenen Vorbereitungsmaßnahmen des Aufstands knapp skizziert hat: die Planung durch den sowjetisch-jüdischen Kriegsgefangenen Alexander Petjerski (von dem ein undeutliches fotografisches Porträt gezeigt wird), die Zusammenstellung der Widerstandsgruppe, das Beschaffen der Äxte etc. Dazu sind wiederum zeitgenössische Aufnahmen der heutigen Topographie Sobibors, sowie ein Miniaturmodell des Vernichtungslagers zu sehen, das die Anordnung der drei Lagersegmente zeigt. Das Wechselspiel zwischen dem heutigen Ort, [Stills III.1.1] der keine Spuren aufweist, die unmittelbar in die besagte Vergangenheit deuten würden, und dem nüchtern rekonstruierten Modell, bildet in SOBIBOR eine Art Establishing Shot für die gleich folgende Erzählung. In dieser doppelten Einführung des Schauplatzes bleibt der historische Raum visuell unbesetzt, er wird gleichsam als Leerstelle eingerahmt von zwei distanzierten Repräsentationsweisen: dem abstrakten Modell und den zeitgenössischen Aufnahmen des unscheinbaren Geländes; ein »non-lieux de mémoir«, auf dem ein Traktorfahrer seiner alltäglichen Arbeit nachgeht.

»Comment est-ce que le tailleur était sure que l'Allemand viendrait à quatre heures?«, lautet die Frage, mit der Lanzmann das Gespräch auf den eigentlichen Aufstand lenkt. Ab diesem Moment ist bis zum Schluss nur noch Lerner im Bild zu sehen,[35] der Film konzentriert

---

34 Lanzmann, zitiert nach: »Was ist Mut? Claude Lanzmann im Interview«, in: *Stadtkino Zeitung* 380, April 2002.
35 Genaugenommen zeigt Lanzmann noch einmal das Modell des Vernichtungslagers; die Baracke, in der Lerner sich befand, wird mit einem roten Kreuz markiert – gewissermaßen ein zweiter Establishing Shot.

sich ganz auf die Gegenwart des Zeugen und die entscheidenden historischen Minuten, von denen er en detail Bericht gibt. Verschiedentlich ist in Rezensionen zu SOBIBOR darauf hingewiesen worden, dass der Film in der zweiten Hälfte, obwohl nichts anderes als der sprechende bzw. auf Fragen wartende Lerner zu sehen ist, eine Spannungsdichte entfaltet, die gar nicht so weit von den Genremustern des Thrillers entfernt scheint. Bert Rebhandl hat Bauweise und Effekt dieser genuin filmischen Anordnung zutreffend beschrieben:

>»Die Erzählung Lerners bekommt, auch durch die klärenden Nachfragen, die visuelle Klarheit von Storyboards, ohne dass jemals ein Bild tatsächlich zu sehen wäre. Das Warten der Schneider auf die Aufseher, die versteckten Äxte, die unerwarteten Bewegungen des Deutschen, durch die Lerner plötzlich in die Position kommt, selbst den Schlag zu führen, für den eigentlich ein anderer Mann vorgesehen war – der einzige Begriff für den Aufbau dieser Erzählung ist Suspense. [...] Lerner erzählt Detail um Detail, und er lässt damit Bild um Bild beim Publikum entstehen, bis der Ablauf tatsächlich wie in einer filmischen Bewegung erscheint. Es ist jedoch ein Film in unserer Vorstellung. Lanzmanns eigene Filmbilder von dem sprechenden Lerner dokumentieren einen Erinnerungsakt als imaginären Film im Film, der daraus entsteht, dass wir zu Lerners Bericht eine Kontinuität hinzufügen, die ihn erst filmisch werden lässt.«[36]

Wesentlich verantwortlich für die spannungsdramaturgische Organisation ist Lanzmanns erzähltechnisch äußerst geschickte und wachsame Fragetechnik, die immer wieder >Großaufnahmen< und >Zeitlupen< provoziert und evoziert: »In dieser Hinsicht gemahnt der Film an Hitchcock: die Kunst des Details (die Hand, der Schädel).«[37] Der aus Worten errichtete »Film im Film« wechselt – gewissermaßen im vorgestellten Continuity Editing einer spannungsvoll gedehnten Echtzeit – die Einstellungsgrößen, variiert die temporalen Modulationen der Ereigniskette im Sinne einer übergenauen Chronologie, die viele Gleichzeitigkeiten erfasst: den Gang der Geschehnisse, die Gedanken, die Lerner durch den Kopf gehen, die weiteren Zusam-

---

36 Bert Rebhandl: »Die Erde spricht«, in *Stadtkino Zeitung* 380, 2002.
37 Zitiert nach einer Frage an Lanzmann in: »Was ist Mut? Claude Lanzmann im Interview«, in: *Stadtkino Zeitung*, a.a.O.

menhänge, die zu dieser Situation geführt haben. Die Erzählzeit dauert hierbei länger als der reale historischer Verlauf, die erzählte Zeit; im nacherzählenden Bezeugen schichtet sich die erinnerte Zeit, auch weil Lanzmann immer wieder Reflexionsstufen und Retardierungen einbaut oder allgemeine, vom Ereignismoment wegführende Fragen stellt – um dann den Zeugen (und den Film) wieder energisch in die Vergangenheit als vergangene Gegenwart zu dirigieren: »Ich frage nicht nur nach Fakten. Es gibt auch Fragen, durch die die Erzählung wieder in Gang kommt«,[38] lautet Lanzmanns narratologische Auskunft dazu.

Wichtig für diese Vorgehensweise sind auch jene Passagen, in denen Lanzmann seine Frage im Präsens stellt (»Bon. Alors, il est 16 heures, le 14 octobre 1943, 15.30 heures, je ne sais pas, il est dans l'atelier du tailleur. Il attend.«). Man kann sehr deutlich erkennen, dass Lerner sich davon animieren lässt, wie die Müdigkeit von ihm abfällt, wie der berechtigte Stolz auf seine Tat das Sprechen vorantreibt, wie er im Film zum Held wird, der er ist. SOBIBOR verweilt in diesen Momenten ganz in der Symbiose zweier Gegenwarten: der von Lerners ›Film‹ und der des konkreten Zeugnisaktes, dem Ersterer entspringt. Die Vergangenheit ist dabei präsent, ohne visuell materialisiert zu sein. Lanzmanns bildlos-bildmächtige Evokation des Aufstands von Sobibor bietet fiktionalisierende Verfahren auf, ohne bei fiktiven Darstellungen zu landen: »Es ist, als hätte Lanzmann sich das Zeugnis von Lerner aufgehoben, um das Problem der Darstellbarkeit der Shoah erst jetzt abzuschließen. Er verfällt auf eine Antwort, die radikal negativ ist: An das Geschehen reicht Film nicht heran, weder fiktionaler noch dokumentarischer. Es gibt nur die Rede von Zeugen, an deren Mienenspiel sich die psychologische Interpretation bricht […].«[39]

Die Rede des Zeugen, der Zeugnisakt, ist in SOBIBOR aber nicht einfach aufgezeichnet, als Protokoll organisiert, sondern ästhetisch komplex aufbereitet. Gertrud Koch hat diese Form des inszenierten Nachspielens als das eigentliche »Authentizitätskriterium« von Lanzmanns Poetik bestimmt:

---

38 Lanzmann, zitiert nach: ebd.
39 Rebhandl: »Die Erde spricht«, in: *Stadtkino Zeitung*, a.a.O.

»Zu diesem Konzept gehört, dass Lanzmann zum Spiel auffordert, er lässt ganze Szenarien nachspielen, mit einem ausgeliehenen Zug, mit der Aufforderung Gesten, Handlungen nachzuspielen. [...] Im Spiel macht sich jeder wieder zu dem, der er ist, das ist das Authentizitätskriterium von SHOAH, das ist die immense visuelle Kraft dieses Films, die ihn von anderen ›Interview‹-Filmen so deutlich unterscheidet. Die Maske des Lächelns, die vor der versteinerten Innenwelt des ehemaligen ›Muselmanen‹ liegt, der im KZ nur durch die vorweggenommene Totenstarre überleben konnte, ist nicht weniger authentischer Ausdruck als der erschütternde Zusammenbruch. So ist es gerade die Transformation ins Spiel, die den Ernst der Darstellung bestimmt.«[40]

Lanzmanns Vorgehen ist suggestiv, aber nicht manipulativ – und auch nicht gegen den Film als Ausdrucksmedium gerichtet, im Gegenteil. SOBIBOR zeigt etwas, zeichnet einen Zeugen auf und glaubt insofern sehr wohl an eine bestimmte Form der ›Augenzeugenschaft‹ der Kamera, nämlich an das Bild als Medium eines Zeugnisaktes – nur nicht an historisches Bildmaterial, das mit einer ganzen Reihe von Problemen belastet ist: von der Frage nach dem Status des Bildaktes (Wer hat die Bilder gemacht, die wir sehen? Wozu wurden sie gemacht?) bis zu jener nach den ereignisspezifischen »Grenzen der Repräsentation«[41] (Saul Friedländer), die in der Diskussion stets aus der industriell organisierten Massenvernichtung, ihrer Form und ihrem Ausmaß abgeleitet wurden:[42] Innerhalb dieses historischen

---

40 Koch: *Die Einstellung ist die Einstellung*, a.a.O., S. 149.
41 Vgl. dazu: Saul Friedländer (Hg): *Probing the Limits of Representation. Nazism and the ›Final Solution‹*, Cambridge/Massachusetts, London 1992.
42 Georges Didi-Hubermans Intervention in den bildtheoretischen Strang der Debatte (Didi-Huberman: *Bilder trotz allem*, a.a.O.) ist in einem Punkt durchaus mit Lanzmanns apodiktischer Position vermittelbar. Didi-Hubermans Konzeption der »images malgré tout« setzt nicht beim Bildprodukt, sondern beim Bildakt an, den er im Dialog mit der historiographischen Forschung zum Gegenstand einer präzisen Rekonstruktion macht. Die vier untersuchten Fotografien, die Mitglieder des Auschwitzer »Sonderkommandos« im Sommer 1944 heimlich aufnehmen und aus dem Lager schmuggeln konnten, sind demnach als Dokumente primär deshalb von Relevanz, weil sie den kollektiven Willen der Opfer zum Zeugnis belegen, ihren Mut, ihre Verzweiflung. Karin Gludovatz schreibt dazu mit Recht einschränkend: »Den indexikalischen Aspekt gerade bei diesen Bildern zu forcieren ist ebenso einleuchtend wie gewagt: Ersteres, weil sich der Akt des Produzierens besonders nachdrücklich eingeschrieben hat und so nicht nur das Gesehene ins Bild setzt, sondern auch die erschwerte Bild-

Gesamtzusammenhangs fokussiert SOBIBOR einen Teilaspekt: einen Aufstand, dem im Gegensatz zu vielen anderen Widerstandsaktionen – in Treblinka, Birkenau, im Warschauer Ghetto –, die bereits in SHOAH Erwähnung finden, Erfolg beschieden war.[43]

Dieses Gelingen verdichtet SOBIBOR auf einen »mythischen Moment« der »Wiederinbesitznahme der Gewalt durch die Juden«[44] (Lanzmann), auf jene Millisekunden, in denen Lerners Axt den Schädel des SS-Offiziers Siegfried Graetschus spaltete, der der Chef der ukrainischen Wachmänner war. Zweimal vollzieht die rechte Hand des Zeugen die Bewegung der niedersausenden Axt nach. Beim ersten Mal ist die Kamera relativ weit aufgezoomt, so dass Lerners hier noch verhaltenes gestisches Reenactment die Kadrierung nicht sprengt. Kurz darauf, beim raumgreifenderen zweiten Mal, ist sein Gesicht jedoch so nah kadriert, dass die Kamera eine heftige Bewegung erst nach oben, dann nach unten machen muss, um Lerners Hand, die die Axt spielt, die er einst hielt, zu folgen. Der abrupte Vertikalschwenk figuriert eine solidarische Bewegung: In Synchronizität mit Lerners Hand, von ihr geführt, spielt die Kamera die Waffe (nach), welcher der Zeuge, dessen Bericht die Kamera speichert, sein Überleben ver-

---

produktion selbst dokumentiert. Letzteres, weil die Fixierung auf diese Spur des Mannes (der die Fotos machte) und der Umstände (unter denen sie entstanden) eine Mythisierung der Gegebenheiten installieren kann – sie als exzeptionell in ihrer Zeitgenossenschaft hervorhebt, was zwar für die Existenz der Fotos gelten mag, keinesfalls jedoch für das, was auf ihnen zu sehen ist, denn die dokumentierten Vorgänge waren entsetzlicher Bestandteil des täglichen Lebens in den Lagern, genau um das zu vermitteln, entstanden diese vier Fotos.« Karin Gludovatz: »Grauwerte – ein Projekt von Klub Zwei zum Gebrauch historischer Dokumentarfotografie«, in: *Texte zur Kunst* 51, September 2003.

43 Jules Schelvis geht davon aus, dass sich zum Zeitpunkt des Aufstands 650 Häftlinge im Lager befanden, von denen etwa 365 der Ausbruch gelang; ca. 200 erreichten den Wald in der Umgebung (die anderen starben durch Minenexplosionen oder im Lagernähe im Kugelhagel der SS). Namentlich bekannt sind einschließlich Lerner 47 Überlebende (vgl. Jules Schelvis: *Vernichtungslager Sobibór*, Hamburg, Münster 2003, S. 197).

44 Lanzmann, zitiert nach: »Ich will den Heroismus zeigen. Interview mit Claude Lanzmann«, in: *taz*, a.a.O. Lanzmann stellt hier auch einen Zusammenhang her zwischen SOBIBOR und TSAHAL (1994): »Die jüdische Armee ist ja nicht einfach so von selbst entstanden. Für Menschen, die mit Waffen nicht vertraut waren und keinerlei militärische Tradition hatten, musste das alles aus kleinen Teilen zusammengesetzt und sozusagen neu erfunden werden. Insofern gibt es eine wirkliche Verbindung zwischen der Gewalt, die SOBIBOR schildert, und der Armee, die in TSAHAL beschrieben wird.« Ebd.

dankt. Mit dieser Bewegung beantwortet SOBIBOR auch noch einmal mit aller Entschiedenheit Lanzmanns Frage nach Lerners Gefühlen beim Töten: »Zu dieser bewunderungswürdigen Tat gehört, dass sie absolut gerechtfertig ist.«[45]

Mit der Freude über die Widerstandshandlung, die die Kamera teilt und mitteilt, wollte Lanzmann seinen Film nicht schließen. Hier endet für ihn das Spiel mit dem Genre-Kino, das aus »dem Augenblick des Release«[46] den Allgemeinschluss des Happy Ends zu ziehen versteht. Im Epilog verliest Lanzmann, der die pädagogische Befürchtung hegte, das Publikum würde nach dem Film in erleichtertes Klatschen ausbrechen,[47] die Liste sämtlicher Transporte in das Vernichtungslager Sobibor. Im Tempo des Sprechens läuft ein entsprechend schreckliches Zahlenwerk als Rolltitel durchs Bild, weiß auf schwarz die Schrift. Kein Film, auch kein Film im Film, der aus Worten besteht, hat für das, was diese Zahlen bedeuten, ein konkretes Bild.

* * *

Wie SOBIBOR ist auch Wang Bings HE FENGMING, A CHINESE MEMOIR ein Film, der seinen Zugang zum Historischen nicht über recherchierte und in erkenntnisstiftende Konstellationen gebrachte, also historiographisch gedeutete Archivdokumente sucht, sondern praktisch ausschließlich über einen aufgezeichneten Akt des Bezeugens. Carlo Ginzburgs – gegen Hayden Whites relativistische Koppelung von historischer Wahrheit und diskursiver »Effektivität« gerichtete – Formel »Just One Witness«[48] gilt insofern für beide Filme, als sie gleichermaßen darauf verzichten, die Rede des Zeugen, eines einzelnen Zeugen, mit zusätzlichem Material, beispielsweise mit weiteren Zeugenaussagen zu montieren: »even the voice of *one single witness* gives us some access to the domain of historical reality, allows us to get

---

45 Diederichsen: »Die glückliche Stunde«, in: *taz*, a.a.O.
46 Ebd.
47 Vgl. Lanzmann in einem Gespräch mit Stefan Reinecke: »Die Pflicht zu töten«, in: *taz*, 15.02.2002.
48 Carlo Ginzburg, »Just One Witness«, in: *Probing the Limits of Representation,* a.a.O., S. 82–96, hier: S. 93.

nearer to some historical truth«,[49] wie Saul Friedländer Ginzburgs Position pointiert zusammengefasst hat.

Wie bereits die Titel beider Filme signalisieren, werden schon rein äußerlich unterschiedliche Perspektivierungen angesetzt. SOBIBOR, 14 OCTOBRE 1943, 16 HEURES fokussiert einen präzisen Ort und Zeitpunkt, in HE FENGMING, A CHINESE MEMOIR geht es um eine weit ausgreifende (auto-)biographische Darstellung: das Leben der politisch verfolgten Journalistin He Fengming – und wie ihre Biografie in der chinesischen Geschichte des 20. Jahrhunderts steht, mit ihr verflochten ist. Natürlich ist SOBIBOR auch ein Film über Yehuda Lerner und die Shoah als historischen Gesamtkomplex, zu dem, als »Arm eines gewaltigen Deltas« (Lanzmann), auch der gelingende Aufstand von Sobibor gehört. Dennoch bewegt sich der Film konzentriert auf die Verdichtung weniger historischer Minuten zu, die im Gespräch zwischen Lanzmann und Lerner »Bild für Bild«, vergrößert und verlangsamt werden. In den Worten schrumpft der historische Raum auf die Großaufnahme eines Mantels als Köder, auf eine heimlich geschliffene Axt, auf die Hand eines toten Nazis, die unter einem Textilhaufen hervorschaut. Die vergangene Realzeit erscheint dabei wie unter einem ›Mikroskop‹ – d.h. gedehnt: durch die detaillierte Schilderung, die mehr Zeit in Anspruch nimmt, als die historische dauerte, und weil die Geschichte gewissermaßen im Replay-Modus erzählt wird (Lerners Hand, die, eine Axt spielend, zweimal niederfährt). Während SOBIBOR einen mikrogeschichtlichen Ausschnitt wählt, das dazugehörige Ereignis als »mythischen Moment« präpariert und dabei auch auf das, was an Makrogeschichte in ihm verborgen ist, lesbar macht, geht es in HE FENGMING, mit Kracauer gesprochen, um eine »teleskopische« Perspektive auf eine Lebensgeschichte, um den maximalen historischen Zeitraum, den ein Subjekt aus erster Hand erfassen und bezeugen kann.

Die beiden Filme verhalten sich spiegelbildlich zueinander, weil sie das Verhältnis von Erzählzeit, der Zeit des Zeugnisaktes und erzählter Zeit, die in der Rede vergegenwärtigt wird, diametral aufspannen. SOBIBOR bewegt sich zentripetal auf wenige Minuten des Handelns, der gelingenden Revolte zu – Lanzmann will jedes Detail wissen, das Lerner noch erinnerbar ist – und evoziert dadurch eine ›filmisch‹

---

49 Saul Friedländer: »Introduction«, in: *Probing the Limits of Representation*, a.a.O., S. 1–21, hier: S. 9.

dichte Vergegenwärtigung. In HE FENGMING steht eine Intellektuelle im Zentrum, die in einer geübten, nie stockenden, nie durch Fragen unterbrochenen Rede davon erzählt, wie sich gleichsam ein ganzes Jahrhundert in einer einzigen Lebensgeschichte reflektiert, wie die ›große Geschichte‹ individuell erfahren wird und wie von ihr Zeugnis gegeben werden kann. He Fengmings Bericht kreist weniger um die Konkretion einer klar abgegrenzten Ereigniskette, um die bildlose aber kristallklare Vergegenwärtigung eines historischen Moments, sondern eher um die Vermessung einer maximalen lebensgeschichtlichen Spannweite und wie diese im Sprechen in ein Narrativ transformiert, also synthetisiert werden kann. HE FENGMING dokumentiert, wie sich in drei Stunden ein Leben erzählen lässt.

Aus Sicht der Historiker sind Zeugnisdokumente eine spezifische Quellensorte, weil sie nicht nur dazu beitragen, eine vergangene Ereigniskette zu rekonstruieren, sondern vor allem einen privilegierten Zugang zur subjektiven Erfahrung von Geschichte bereithalten.[50] He Fengmings autobiographisches Narrativ bietet Material für eine solche Lektüre, ist aber selbst schon ›historiographisch‹ vorformatiert, d.h. in der reflektierten Erzählung der Zeugin bezogen auf die Begriffe der Geschichtsschreibung. He Fengming erzählt ihr Leben anschaulich (etwa: das Gefühl beim ersten Tragen der grauen Revolutionsuniform), voller Details, zugleich aber auch genau strukturiert (etwa: chronologisch), nicht der spontanen Erinnerungseingebung folgend, sondern zwischen Erlebnispartikeln und den großen Parametern der Ereignisgeschichte, zwischen privaten Momenten und politischen Eckdaten hin und her wechselnd. Die Zeugin tritt als Historikerin ihrer eigenen Biografie auf; sie selbst ist es, nicht der Film, die ihr Leben explizit in die weiteren historischen Kontexte einbettet, es in der Erzählung exemplarisch werden lässt.

He Fengmings Lebensgeschichte ist geprägt von den beiden großen staatsterroristischen Kampagnen, die Mao gegen »Rechtsabweichler« führen ließ: die erste Ende der 1950er Jahre, als Intellektuelle wie He Fengming und ihr Mann Wang Jingchao, die beide für die Zeitung *Gansu Daily* arbeiteten, die Hundert-Blumen-Bewegung noch im Glauben an den Realitätsgehalt der Revolutionsideale zu kritischen Publikationen nutzten und dafür interniert wurden (»A brief critique of bureaucracy« lautet der Titel von Wang Jingchaos verhängnisvol-

---

50 Vgl. dazu II.2.

lem Essay). Das Ehepaar wurde wie erhebliche Teile der kritischen Intelligenz Chinas zur »Umerziehung« in Arbeitslager verschleppt – ein Schicksal, das nicht nur zu Wang Jingchaos Tod führte, sondern sich für He Fengming im März 1969, im Rahmen der »Großen proletarischen Kulturrevolution«, wiederholen sollte.

Der »Große Sprung« und der »Große Hunger« sind dieser Lebensgeschichte eingeschrieben; eindrücklich schildert He Fengming wie die makrogeschichtlichen Bewegungen ein individuelles Schicksal hervorbringen, was die große Geschichte für den Einzelnen bedeutet, wie sie ihm unversehens zustößt. He Fengming, auch sie eine Überlebende (es ließen sich Bezüge zu Alexander Solschenizyns *Der Archipel Gulag* herstellen), legt den Schwerpunkt ihrer Erzählung auf das, was an ihrer Geschichte als historische Erfahrung einer ganzen Generation verallgemeinerbar ist. Eher in den Nebensätzen entfaltet sie aber auch eine außergewöhnliche Liebesgeschichte, die in einem entsetzlich tragischen Wettlauf mit der Zeit mündet, den die Ehefrau nicht gewinnt.

HE FENGMING ist ein Echtzeit-Film, die Realzeit des Zeugnisaktes ist primäres Konstruktionsprinzip. Der Film entstand im Wesentlichen an zwei Drehtagen, die den beiden historischen Blöcken – 1949–1978 und Post-1991 – entsprechen. Er besteht aus nur wenigen, vorwiegend halbnahen Einstellungen. Die Kontinuität der Zeugenaussage, der Fluss der mündlichen Überlieferung wird nicht unterbrochen. Es handelt sich um einen ganze Jahrzehnte umspannenden Monolog. Wang Bing stellt im gesamten Film nur eine einzige Frage: Nach gut einer Stunde Gesprächszeit bittet er He, das Licht anzudrehen. Der Film überlässt ihr die Bühne, um sie ihr Leben erzählen zu lassen, zeichnet auf, was sie sich zurechtgelegt hat: ihre Memoiren, die Anfang der 1990er Jahre auch als Buch publiziert wurden, unter dem Titel *My Life in 1957.* »The fact that I'd lived through it personally was all the more reason to write it. After all, it was my own story. Who better to tell it than me? And if I didn't write it, who else would?« lauten die letzten Worte ihres Zeugnisses.

Dass der Film die Dramaturgie der Protagonistin völlig überlässt, ihr bedingungslos folgt, wird im Prolog mit einem fast dreiminütigen, an WEST OF THE TRACKS erinnernden *cinematic walking with* programmatisch ins Bild gesetzt: In gemessenem Abstand folgt Wangs Kamera He Fengming auf dem Weg in ihre bescheidene Wohnung, die mit zwei weiteren Einstellungen als Schauplatz etabliert wird.

Dann lässt sich die Zeugin nieder und sagt: »Well, I guess I'll start from the beginning« und Wang Bing (die Kamera, der Zuschauer) setzt sich ihr frontal gegenüber, eine Position, die der Film bis zum Schluss nicht mehr verlassen wird. Er wird sich die Zeit nehmen, die He Fengming veranschlagt: Es ist ihr Leben, ihre Zeit. Der Film wird sie nicht unterbrechen, nicht in Großaufnahme zeigen, nicht lenken, keine Montagen herstellen. Einmal nimmt He während ihres Monologs einen Telefonanruf entgegen, ein anderes Mal bittet sie um eine Pause, um das Badezimmer aufsuchen zu können. Auch in diesen Momenten wird nicht geschnitten; der Film wartet, zeigt in ihrer Abwesenheit den leeren Sessel, den Zeugenstand, den He Fengming kurz verlassen hat.

[Stills III.1.2] An einer Stelle wird von diesem minimalistischen Konzept mit einem unvermittelten ›leeren‹ Gegenschuss abgewichen. Während He weiter spricht, wechselt die Kamera plötzlich die Position, baut sich dort auf, wo eigentlich He Fengmings Sessel steht (zuvor stand, danach stehen wird), also genau an dem Ort, an dem sich die weiterhin hörbare Zeugin nach der bisherigen Raumlogik auch in diesem Moment befinden müsste – zumal der Tonschnitt kaum zu hören ist, die Rede also einfach weiterzugehen scheint. Hes Stimme wird zur Geisterstimme, der kein visualisierter Körper mehr entspricht. Man kann den Aufbau dieser Szene als Point-of-View-Konstruktion lesen, als subjektive Einstellung, die Hes Perspektive einnimmt. Paradox an diesem Aufbau ist zum einen, dass die zeitliche Kontinuität gewahrt scheint, der Raum aber zu einer anderen temporalen Ordnung gehört (vor oder nach dem Zeugnisakt). Zum anderen zeigt der Film in diesem Moment keinen Gegenschuss, der der realen Aufnahmesituation zuzuordnen wäre (denn dann wäre Wang Bing zu sehen, neben ihm eine Kamera), sondern einen leeren Sessel vor einem vergitterten Fenster, durch das in der schon weit fortgeschrittenen Abenddämmerung schemenhaft Wohnhäuser zu sehen sind.

Die Zeugin ist also aus dem Bild verschwunden, ohne dass der Film ein aufnehmendes Subjekt oder eine Aufnahmeapparatur zeigen würde. Was Wang Bing hier figuriert, ist die Zeitenthobenheit eines einmal archivierten, »verwaisten« (Ricœur) Zeugnisses, das im Prozess der »Akkreditierung« den Zeugen verlässt, weil die Geschichte, die er erzählt, künftig auch ohne seine Anwesenheit aktualisierbar sein wird. Im filmischen Medium wird die Abwesenheit des Zeugen mit seiner Vergegenwärtigung gekoppelt, also mit einer ästhetisch

164

vermittelten Form der Anwesenheit. Der konkrete Akt des Zeugnisgebens insistiert hierbei, verschwindet nicht im Text des Zeugnisses; Subjekt und Aussage bleiben aufeinander bezogen – was gerade in einem Moment, der diese Konfiguration suspendiert, indem eine Zeugin, während sie spricht, aus dem Bild verschwindet, besonders deutlich wird.

Wie eine Person, die nur noch in der Vergangenheit lebt, wie ein Geist sei ihm He Fengming zuweilen vorgekommen, hat Wang Bing in einem Interview geäußert.[51] Im ›leeren‹ Gegenschuss wird diese geisterhafte Präsenz betont und zugleich im Zeugnisakt überwunden. Die Zeugin ist nicht mehr da, aber das Zeugnis, ihre filmisch aufgezeichnete Rede, kann immer wieder aktualisiert und konsultiert werden. Der Film speichert beides: die Realzeit des Zeugnisaktes und eine Perspektive auf jene Zeit, die in der subjektiven Rede bezeugt wird.

III.2 Mündliche Überlieferung, »hidden transcript«

Historiographisch betrachtet gehört der Zeugenfilm zum Genre der Oral History, die mit Zeit- und Augenzeugenberichten Geschichte schreibt, in ihnen sogar in gewisser Hinsicht ein privilegiertes Quellenmaterial erkennt. Kennzeichnend hierbei ist eine Dezentrierung von Politik- und Ereignisgeschichte zugunsten der Betonung subjektiver Erinnerungsprozesse, die eher auf sozial- und alltagsgeschichtliche Zusammenhänge verweisen. Allgemein gesprochen geht es bei Oral History weniger um die Rekonstruktion eines Ereignisablaufs, um die ›objektive‹ Geschichte, als um eine subjektive Sicht auf Geschichte. Das Zeugnisprotokoll ist insofern vor allem Dokument einer Erfahrung von Geschichte, aus dem sich herauslesen lässt, wie Individuen Geschichte verarbeiten, (für sich) intelligibel machen, darstellen, erinnern.

Vermittelt über quellenkritische Verfahren bleibt es gleichwohl Aufgabe des Historikers, die »Erzählungen der Greise« (Jules Michelet) auf ihre Geltungsansprüche hin zu prüfen, die Plausibilität und Gül-

---

51 »Ghost Stories: Wang Bing's Startling New Cinema«, in: *Cinemascope*, http://www.cinema-scope.com/cs31/int_koehler_wangbing.html, aufgerufen: 30.12.2010.

tigkeit der Aussage zu differenzieren, d.h. das Zeugnis zu verifizieren oder als Produkt einer mehr oder weniger intentionalen ›falschen Erinnerung‹ (die dennoch historiographisch aufschlussreich sein kann) auszuweisen. In der Geschichtsschreibung wird die mündliche Überlieferung transkribiert und in den Rahmen eines Erkenntnisinteresses gestellt, gespeichert und evaluiert – vor allem im Hinblick auf die Erfahrungs- und Wahrnehmungsdimension von Geschichte. Oral History organisiert sich demnach in einem Spannungsfeld zwischen dem Anspruch der Historiker, geschichtliche Verläufe zu rekonstruieren, und der unhintergehbaren subjektiven Erlebnisperspektive der mündlichen Überlieferung, die, im Unterschied zu anderen Quellenformen der Geschichtsschreibung, immer den Index einer vergegenwärtigten Erinnerung trägt. Weil hier der Kontakt zur Vergangenheit über den Umweg individuell aktualisierter Gedächtnisleistungen hergestellt wird, verweist der Zeitzeugenbericht immer auch nachdrücklich auf die Gegenwart von Geschichte, so wie sie sich dem Subjekt im aktuellen Moment des Zeugnisaktes darstellt.

Erkenntniskritisch betrachtet geht es dabei vor allem seit den 1950er Jahren, als die Konjunktur der Oral History dank der Verbreitung preiswerter Tonbandgeräte ihren Anfang nahm, um eine Überwindung »der Grenzen der Quellenüberlieferung selbst«,[52] um den Versuch, andere Subjekte als die immergleichen ›großen Persönlichkeiten‹ zu untersuchenswerten historischen Akteuren zu erklären.[53] Zugleich ist aber auch eine methodologische Dimension aufgerufen, die sich auf das Niveau der Verallgemeinerung im Prozess historiographischer Deutung bezieht: »Andererseits zerbröseln abstrakte gesellschaftliche Kategorien und vorschnelle politische Erwartungen, sobald man sich auf die Subjekte und ihre Lebensgeschichten einlässt, deren Verläufe und Haltungen allemal komplexer sind, als es die meisten unserer theoretischen Hypothesen vorsehen. Daraus kann man sich induktive Schübe für komplexere historische Theorien erhoffen.«[54] Oral History konstituiert sich demzufolge gegen

---

52 Lutz Niethammer: »Einführung«, in: ders. (Hg.): *Lebenserfahrung und kollektives Gedächtnis. Die Praxis der ›Oral History‹*, Frankfurt/M. 1985, S. 7–36, hier: S. 7.
53 Vgl. dazu Raphael Samuel: »Die Oral History in Großbritannien«, in: *Lebenserfahrung und kollektives Gedächtnis*, a.a.O., S. 75–99.
54 Niethammer: »Einführung«, in: *Lebenserfahrung und kollektives Gedächtnis*, a.a.O., S. 10.

die Exklusionswirkungen offizieller Geschichtsschreibungen. Dem Ursprung nach ist sie eine vergleichsweise unakademische Praxis, die sich erst in den letzten Jahrzehnten zu einem anerkannten historiographischen Genre der Zeitgeschichte entwickelt hat und dort auch in Bezug auf Prozesse historischer Sinnbildung diskutiert wird.[55]

Bereits auf den ersten Blick stellt sich bei Oral-History-Praktiken die medientheoretische Frage nach den Verfahren der Transkription, d.h. nach den Übersetzungskosten, die entstehen, wenn der mündliche Bericht in ein Zeugnisdokument überführt wird, mit dessen Hilfe sich dann, häufig über Techniken der Zitatmontage, historiographische Sequenzen bilden lassen. Hinzu kommt, dass der Historiker innerhalb dieses Prozesses unmittelbarer als sonst die Dokumente, mit denen er arbeitet, selbst produziert. Raphael Samuel hat hier darauf hingewiesen, dass es im Zuge der Transkription häufig zu einer problematischen »illusion of continuity« kommt:

»The spoken word can easily be mutilated when it is taken down in writing and transferred to the printed page. Some distortion is bound to arise, whatever the intention of the writer, simply by cutting out pauses and repetitions – a concession which writers generally feel bound to make in the interests of readability. [...] A much more serious distortion arises when the spoken word is boxed into categories of written prose. The imposition of grammatical forms, when it is attempted, creates its own rhythms and cadences, and they have little in common with those of the human tongue. People do not usually speak in paragraphs, and what they have to say does not usually follow an ordered sequence of comma, semi-colon, and full stop; yet very often this is the way in which their speech is reproduced.«[56]

Vor diesem Hintergrund überrascht es nicht, dass Autoren wie Dan Sipe nachdrücklich auf die Vorteile des filmischen Mediums hingewiesen haben: auf die Potentiale einer »Visual Oral History«, die

---

55 Einen soliden Überblick bieten: Robert Perks, Alistair Thomson (Hg.): *The Oral History Reader*, London, New York 2003; Paul Thompson: *Voices of the Past: Oral History*, Oxford, New York 2003. Vgl. auch: Klaus E. Müller, Jörn Rüsen (Hg.): *Historische Sinnbildung. Problemstellungen, Zeitkonzepte, Wahrnehmungshorizonte, Darstellungsstrategien*, Reinbek 1997.
56 Raphael Samuel: »Perils of the transcript«, in: *The Oral History Reader*, a.a.O., S. 389–392, hier: S. 389.

gewissermaßen das Wort verfilmt und dabei nicht nur den Idiolekt des Zeitzeugen mitspeichert, sondern eben auch Details der Äußerungssituation. In diesem Sinn stellt Sipe fest, dass konkrete Praktiken mündlicher Überlieferung historiographisch relevante Informationen auf verschiedenen Ebenen produzieren: »[...] orality, at its core, is not purely a concept grounded in sound. The spoken word is embedded in a setting, a situation, a context.«[57] In Ansätzen wie diesem wird der Film dennoch vor allem als protokollarisches Hilfsmedium der Geschichtswissenschaft aufgefasst, als Option zur audiovisuellen Erweiterung der Speicherkapazität. Damit einher geht im dazugehörigen Diskurs in der Regel ein vorkritisches Verständnis der vermeintlichen Authentizität filmischer Aufzeichnungsverfahren. Dass es auch beim Film einen Prozess der ›Verschriftlichung‹ gibt, also zu Transkriptionseffekten kommt und Kontinuität konstruiert wird, gerät kaum in den Blick. Die Herstellung der Äußerungssituation, die Montage der Überlieferung, die Kombinatorik der Sprecherpositionen unterliegen je spezifischen filmischen Formatierungen und sind keine mediale Selbstevidenz eines neutralen Speichervorgangs. Der geschichtskritische »induktive Schub« der Oral History kommt erst dann zur Entfaltung, wenn sich die Praxis nicht darin erschöpft, in vermeintlich technisch garantierter Objektivität die Erlebnisse Einzelner aufzuzeichnen. Vielmehr gilt es, die Aussagen als Zeugenaussagen historiographisch produktiv zu formen. Das kann auch heißen: viele Stimmen so aufeinander zu beziehen, dass sich ein geteilter Erfahrungshorizont abzeichnet, der die einzelnen subjektiven Perspektiven der mündlichen Überlieferungen nicht löscht, aber übersteigt.

***

[Stills III.2.1] Cong Fengs 215-minütige Arbeit DR. MA'S COUNTRY CLINIC ist ein Film, der Vielstimmigkeit in genau diesem Sinn topographisch organisiert. Schauplatz ist eine kleine Landarztpraxis in Da Nanchong (Kreis Gulang, Provinz Gansu), einem Dorf, gelegen in einer Gebirgsregion im Nordwesten Chinas. Zu Beginn wird die Ambulanz in morgendlicher Leere filmisch etabliert: als Bühne, die sich im Lauf des Tages

---

57 Dan Sipe: »The future of oral history and moving images«, in: *The Oral History Reader*, a.a.O., S. 379–388, hier: S. 382.

(jeden Tag) füllen wird. Sie besteht aus einem einzigen Raum, der Wartezimmer, Behandlungszimmer und Apotheke in einem ist. Betrieben wird sie von Dr. Ma, der traditionelle chinesische Medizin praktiziert und in der ganzen Region einen guten Ruf genießt, wie einer einleitenden Schrifttafel und den Unterhaltungen der Wartenden zu entnehmen ist (auch dieser Film verzichtet auf Voice Over).

Die Sprechstunde kennt die codierte Privatheit eines vertraulichen Gesprächs zwischen Arzt und Patient nicht, sondern bildet einen quasi-öffentlichen Kommunikationszusammenhang. Die Ambulanz ist ein Treffpunkt, ein Ort sozialen Austauschs, ein lokaler Diskursraum. Die meisten Patienten sind Arbeiter und Bauern aus der Umgebung, die geduldig in der stets überfüllten Praxis ausharren und beiläufig miteinander ins Gespräch kommen. Cong Feng hält diese Unterhaltungen in der bildpolitischen Tradition des Direct Cinema fest: Die Wahrnehmung einer Situation erfolgt in der gleichen Bewegung wie ihre filmische Umsetzung; mit schnellen Zooms und Schwenks reagiert die in nur wenigen Szenen fest installierte, also überwiegend handgeführte DV-Kamera auf neu eintretende Gesichter, auf Menschen, die die Anwesenheit des Mediums augenscheinlich zur Kenntnis nehmen, sich aber nicht verwundert zeigen und nur punktuell für den Filmemacher Interesse aufbringen. Congs Kamera hält dabei nicht dogmatisch an einer einmal gewählten Positionierung in der Ambulanz fest. Einige Male verlässt er die Praxis sogar, um sich von einem Arbeiter die Kohlegrube zeigen zu lassen, von der oft die Rede ist, um Ma zu Hausbesuchen zu begleiten, oder weil sich vor der Tür der Ambulanz ein handgreiflicher Streit über vorenthaltenen Lohn entwickelt. Cong Feng agiert pragmatisch, als Teil des sozialen Kontextes, den er filmisch verarbeitet; er stellt keine klassischen Interview-Situationen her, interveniert nicht als Fragesteller, sondern filmt Gespräche, die sich spontan und äußerlich betrachtet ungerichtet entfalten.

Cong produziert keine »Erinnerungs-Interviews« (Niethammer), sondern folgt alltäglichen Dialogen, kleinen Bemerkungen, Redewendungen, Witzen, biographischen Splittern. Nie wird jemand spezifisch zu einer Gedächtnisartikulation aufgefordert; sie ergibt sich situativ, aus den Fragen des Arztes, aus den Verläufen, die die Gespräche der Wartenden untereinander nehmen. Ihre geschichtliche Aufladung erhalten die Dialoge meist über den Umweg der herleitenden Explikation körperlicher Beschwerden, die in vielen Fällen direkt mit den Arbeits- und Lebensbedingungen zu tun haben und sich insofern ähneln. Immer wieder wird beispielsweise auf die Signifikanz der mittlerweile stillgelegten örtlichen Kohlegrube hingewiesen, die einer ganzen Arbeitergeneration eine Staublunge (und ein Höchstalter von 60 Jahren) eingetragen hat. Der Austausch über physische Beschwerden geht oft unmittelbar in harsche Systemkritik über. Korruption innerhalb der Volkskommunen, willkürliche Enteignungen, die Zumutungen der Feldarbeit, das Fehlen einer berechenbaren Rechtsprechung, die Intransparenz der Bürokratie, Landflucht und erzwungene Migrationsbewegungen sind wiederkehrende Topoi. Oft führt der Gesprächsverlauf von einer knappen Schilderung der konkreten gesundheitlichen Beschwerden, die Ma – Arzt, Apotheker, Kreditgeber, »›Moderator‹ der Show« (Cong Feng) – äußerlich stoisch notiert, zu generalisierten Feststellungen über den allgemeinen Zustand der Gesellschaft. In der Praxis vollzieht sich ein nur punktuell von ärztlichen Ratschlägen unterbrochenes Dauergespräch über den gegenwärtigen Alltag und seine historische Gewordenheit. Fast automatisch bewegen sich die Dialoge in die Vergangenheit, werden Beziehungen hergestellt zwischen dem Leben, wie es heute ist und zu einem früheren Zeitpunkt war, um zu erklären, warum der Boden verödet ist, wie die Umweltverschmutzung zu erklären ist, weshalb sich die junge Generation fast komplett als Wanderarbeiter verdingt, warum die Arbeiter nicht alt werden usf. Wang Chun hat hier auf den besonderen Umgang mit Sprache, auf die »Wertschätzung des heimischen Idioms« in DR. MA'S COUNTRY CLINIC hingewiesen: »Der Film hat ein verstecktes Interesse daran, die gesprochene Sprache zu bewahren.«[58]

Cong Feng betreibt eine Form der Oral History, die die Protagonisten nie offiziell in den Zeugenstand ruft, sondern den Rückgriff auf und die intersubjektive Verständigung über erinnerte Lebensgeschichte als Teil der alltäglichen sozialen Praxis hervortreten lässt. Insofern operiert die Kamera hier nicht als kommunikativ installiertes Gegenüber eines Zeugen, sondern ist Augenzeuge der »gesprochenen Sprache«, des historischen Wissens, das unter anderem auch in den zirkulierenden Volksweisheiten des chinesischen Landproletariats enthalten ist.

---

58 Wang Chun: »Die Jungen und die Alten«, in: *Berlinale, Forumskatalog 2009*, S. 103.

Der Film zeigt Dr. Ma's Sprechstunde als Artikulationsforum der lokalen Bevölkerung, archiviert ihre sozialen Interaktionsmuster, ihr Selbstverständnis, ihre Sprechweisen, Ansichten, Erinnerungen, um eine Perspektive auf das chinesische Landleben zu gewinnen, die diametral gegen »das offizielle Gerede vom nationalen Fortschritt«,[59] das staatspropagandistisch kommunizierte Modernisierungsnarrativ der politischen Elite der Volksrepublik gerichtet scheint. DR. MA'S COUNTRY CLINIC teilt insofern den geschichtspolitischen Horizont der Arbeiten von Wang Bing, betreibt, organisiert über eine Montage, die die aufgezeichneten Gespräche synthetisierend, verdichtend arrangiert (Arbeitsbedingungen, Korruption, Migration), in ähnlichem Sinn eine Praxis der Geschichtsschreibung, deren regulative Idee eine von außen gestiftete Form der »Selbstüberlieferung«[60] ›archivloser‹ Gruppen bildet.[61] Der historiographische Einsatzpunkt dieser Filme, die unter identischen produktionspragmatischen Bedingungen entstanden sind – außerhalb der Filmindustrie und, zumindest während der Drehzeit, unterhalb der Wahrnehmungsschwelle der Zensurbehören; gefilmt mit einer einfachen Digitalkamera; konzipiert und bis in die Post-Produktion hinein durchgeführt als Unternehmung eines einzelnen Recherche-Autors, der sich dauerhaft im avisierten sozialen Raum aufhält –, besteht, mit James C. Scott gesprochen, in der Sichtbarmachung eines *hidden transcript* subalterner Lebenswirklichkeit.

In *Domination and the Arts of Resistance* kritisiert Scott klassische Hegemonietheorien für ihre Fixierung auf die *public transcripts* vermachteter Strukturen, auf die öffentlich jederzeit sichtbaren und insofern gut dokumentierten sowie archivarisch überrepräsentierten Machtbühnen autoritärer Gesellschaften. Übersehen werde dabei, dass unterdrückte Gruppen entgegen dem Anschein nicht vollkommen passiv und widerstandslos seien, sondern über verschiedene Taktiken des Entziehens einen klandestinen Gegendiskurs lancieren, der nicht einfach privates Sprechen ist, sondern über eigene soziale Praktiken und Räume verfügt, in denen die Machthaber offen kritisiert, ridikülisiert, symbolisch zurückgewiesen werden. Diese diversen Formen des (vorwiegend diskursiven) Widerstands lassen sich

59 Ebd.
60 Niethammer: »Einführung«, in: *Lebenserfahrung und kollektives Gedächtnis*, a.a.O., S. 15.
61 Vgl. Kapitel II.2.

aus der Sichtbarkeit des *public transcript,* aus den offiziellen Dokumenten demnach nicht herauslesen, auch nicht durch ein quellenkritisches »writing in reverse« (Ranajit Guha). Für den später hinzukommenden Historiker stellt sich wie für den zeitgenössischen Gesellschaftstheoretiker, die beide nicht Teil der sozialen Praxis des *hidden transcript* sind, die epistemologische Frage, wie sich dieses als Objekt einer Untersuchung konstituieren lässt. Scotts konkrete Beispiele konzentrieren sich hier vor allem auf jene »infrapolitics of subordinate groups«, die sich dem Blick der Macht nicht völlig entzieht, sondern strategisch maskiert:

> »This is a politics of disguise and anonymity that takes place in public view but is designed to have a double meaning or to shield the identity of the actors. Rumor, gossip, folktales, jokes, songs, rituals, codes, and euphemisms – a good part of the folk culture of subordinate groups – fit this description. [...] I argue that a partly sanitized, ambiguous, and coded version of the hidden transcript is always present in the public discourse of subordinate groups. Interpreting these texts which, after all, are designed to be evasive is not a straightforward matter.«[62]

Zentral ist hier, neben der Problematik einer angemessenen Hermeneutik der nur codiert ›veröffentlichten‹ *hidden transcripts,* ihre vorwiegend orale und praxisbezogene Verfasstheit. Sie liegen weder als Text vor noch später als Dokument im Archiv, sondern werden mündlich bzw. in Handlungsvollzügen innerhalb klar definierter sozialer Grenzen überliefert, lassen sich also kaum außerhalb der Praktiken, die sie hervorbringen, historiographisch konsultieren. Das *hidden transcript* manifestiert sich in Sprechweisen, Ritualen, spezifischen Alltagsroutinen, in der Sphäre der populären, volkstümlichen Kultur, hinterlässt aber selten Archivspuren. Mit anderen Worten: Es aktualisiert sich in Gebrauchsformen und tradiert sich in Praktiken, produziert aber keine Dokumente außerhalb der Vollzüge des Weitererzählens oder Nachmachens und liegt insofern für die Nachwelt als ›Quelle‹ nur vermittelt über gegenwärtige Aufführungen vor.

---

62 James C. Scott: *Domination and the Arts of Resistance. Hidden Transcripts,* New Haven, London 1990, S. 19. Vgl. zu diesen Strategien im Einzelnen S. 136ff.

Die Landarztpraxis von Dr. Ma entspricht offenkundig geradezu idealtypisch Scotts Definition des *hidden transcripts* – als sozialer Ort und als Kommunikations- und Handlungszusammenhang: »Here, offstage, where subordinates may gather outside the intimidating gaze of power, a sharply dissonant political culture is possible.«[63] Die Ambulanz ist durch eine offizielle gesellschaftliche Funktion zur Macht hin legitimiert, sie ist ein konkreter semi-öffentlicher Raum (also nicht einfach ein privater), »a hidden stage«[64] auf der kollektives Handeln stattfindet und eine ausdifferenzierte »oral culture«[65] praktiziert und tradiert wird. Unter den Bedingungen der digitalen Produktionspragmatik ist der Film – das belegen die Arbeiten von Wang Bing und Cong Feng, aber auch Unternehmungen wie das Village Documentary Project[66] – zu einem privilegierten Medium der Transkription von *hidden transcripts* geworden. Die DV-Kameras eignen sich für klandestine Formen des Aufschreibens nicht nur weil sie klein, handlich, erschwinglich etc. sind, sondern weil das, was dokumentiert und überliefert werden soll, nicht in Schrift übersetzt werden muss: Die Praktiken werden als Praktiken gezeigt, die Konkretion, die Ideolekte der mündlichen Überlieferung werden mittranskribiert, der Zeuge bleibt in eine sichtbare ›Äußerungssituation‹ eingebettet, die seine soziale Praxis ist.

Entscheidend ist aber auch hier, dass der Film die »infrapolitischen« Strategien nicht einfach passiv registriert, sondern ausschneidet, rahmt, konstelliert, also ein Stück weit auch durch spezifische Operationen aus den alltäglichen Verwendungszusammenhängen isoliert und die einzelnen Elemente deutend aneinanderfügt. In der Montage entstehen Verbindungen zwischen einzelnen Erzählungen, die realiter getrennt voneinander vorgetragen wurden. Nur über diese Konnexionen entfaltet sich in DR. MA'S COUNTRY CLINIC die Geschichte des örtlichen Kohleabbaus, weiten sich die individuellen Erfahrungen, die in einer längeren Schilderung, einem schweigsamen Gang zur Grube, manchmal aber auch nur in einem fatalistischen Schulterzucken zum Ausdruck kommen, zum Bild einer historischen Erfahrung,

---

63 Ebd., S. 18.
64 Ebd., S. 16.
65 Ebd., S. 161ff.
66 Vgl. dazu Lukas Foerster: »Village Voice«, in: *CARGO Film/Medien/Kultur* 03, 2009, S. 49–51.

die die Bewohner von Da Nanchong mit denen anderer Dörfer in der chinesischen Provinz teilen. Filmemacher wie Wang und Cong sind Autoren, die sich geduldig einem klar definierten Raum widmen, bei konkreten sozialen Praktiken ansetzen und die Kamera ganz unmittelbar als Kommunikationsmedium verwenden, als Gegenüber, das keine Bedingungen stellt, sondern darauf wartet, von den Zeitzeugen für ihre Zwecke in Anspruch genommen zu werden:

> »Zu einem der interessantesten Momente des Films kommt es, als sich die Leute der Kamera bewusst werden und sie kommentieren (Zum Beispiel: ›Ich wünschte, dieser Film könnte unseren Schmerz lindern.‹). In diesem Moment sagt die Kamera nichts (oder kann nichts sagen). Dieses Schweigen erinnert vage an Wang Bings taktvollen Satz in HE FENGMING, A CHINESE MEMOIR: ›Darf ich das Licht anmachen?‹«[67]

Die digitalen Amateur-Historiker betreiben und ermöglichen Oral History, aber ›Geschichte‹ ist für sie nicht direkt visualisierbar, sondern nur zugänglich über mündliche Erzählungen von Zeitzeugen und Sedimentierungen innerhalb der Sphäre gegenwärtiger Alltagspraktiken. Mit dem Fortschreiten der Zeit werden ihre Filme aber natürlich selbst zu historischen Zeugnissen dieser Praktiken, die, einmal filmisch gespeichert und rearrangiert, in eine geschichtliche Perspektive gerückt werden können. Denn die Praktiken von heute bewahren die von gestern zwar vermittelt auf, sind durch die beständigen Aktualisierungen aber immer schon ›woanders‹. Insofern präpariert DR. MA'S COUNTRY CLINIC kein ›überzeitliches‹ *hidden transcript* der deprivilegierten chinesischen Landbevölkerung, sondern gibt diesem Skript aus Sprechhandlungen und alltäglichen Vollzügen einen historischen Index; markiert, transkribiert und speichert einen geschichtlichen Stand widerständiger Praxis als Visual Oral History.

---

67 Byun Sung-Chan: »Momente der Veränderung«, in: *Berlinale, Forumskatalog 2009,* S. 104.

III.3 Faziale Zeugenschaft

Im Film zeigen Zeugen in der Regel ihr Gesicht. Einerseits stellt die Sichtbarkeit des Zeugen im Zeugnisbild ein Preisgeben der Identität dar: Jemand steht mit seinem Gesicht für das, was er sagt, ein. Andererseits operiert das filmisch registrierte Gesicht auch als Instanz der Authentifizierung: Der Zuschauer kann dem Zeugen ins Gesicht sehen, kann das, was gesagt wird, mit dem, was zu sehen ist, abgleichen. Er versucht, in den Gesichtern von Zeugen Anhaltspunkte für ein eigenes Urteil darüber zu finden, ob das, was gesagt wird, wahr ist. Das filmisch vermittelte Zeugengesicht wird automatisch auf verschiedenen Ebenen Dechiffrierungsversuchen unterzogen, es wird geprüft.

Dieses verifizierende Lesen bezieht sich auf das Gesicht als Informationsträger subjektiver Affekte, als Kommunikationsmedium einer filmisch expressiv werdenden Subjektivität, die vor allem in der Großaufnahme konstruiert wird, jener Einstellungsgröße, die im Zeugenfilm vorrangig (oft auch: ausschließlich) zum Einsatz kommt. Der Zuschauer fragt sich hier immer, ob und wie die Aussagen des Zeugen zu dem Gesicht passen, das er macht, wenn er spricht. Die Kamera schaut dem Zeugen ins Gesicht, registriert jede sich abzeichnende Affektregung und speichert diese als privilegierte visuelle Information der Äußerungssituation. Alle Zeugenfilme müssen sich in der einen oder anderen Weise zu der Frage verhalten, wie sie das Gesicht des Zeugen in ein Bild übersetzen. Mit Walter Benjamin gesprochen: Als Darsteller seiner selbst wird der Zeuge »einer Reihe von optischen Tests unterworfen«, während der raumzeitlich vom profilmischen Zeugnisakt getrennte Zuschauer analog dazu »in die Haltung eines durch keinerlei persönlichen Kontakt mit dem Darsteller gestörten Begutachters« versetzt wird. Es geht darum, zu einer »Leistung Stellung [zu nehmen]«,[68] die im Fall des Zeugenfilms darin besteht, eine wahrheitsgemäße Erinnerung an etwas Selbsterlebtes zu artikulieren.

Redende Köpfe: In der (Fernseh-)Konvention der *talking heads* wird der Zeugnisakt ausschließlich auf das Gesicht des Auskunft gebenden Subjekts ausgerichtet. Der Bildhintergrund ist hier stets neutral

---

68 Benjamin: »Das Kunstwerk im Zeitalter seiner technischen Reproduzierbarkeit«, in: *Gesammelte Schriften*, Band I.2, a.a.O., S. 448.

gehalten oder postproduktionell neutralisiert worden; das Gesicht wird ausgeschnitten, gleichsam ausgestanzt und isoliert, um alles, was von ihm, von der ihm inhärenten Identifizierungs- und Beglaubigungsfunktion ablenken könnte, aus dem Bild fernzuhalten. Zum dabei bewirkten Effekt gehört die Dekontextualisierung und tendenzielle Enthistorisierung des Zeugnisaktes: Nichts ist im Bild, was dem Aufzeichnungsmoment einen raumzeitlichen Index geben würde (außer dem Alter des Zeugen, das sich in dessen Gesicht abzeichnet). Die dezenten Vorhänge, vor die das Fernsehen die Zeitzeugen bevorzugt setzt, reduzieren den Zeugniskontext auf ein Gesicht, das zeigen soll, dass das Subjekt, dem es gehört, nicht distanziert ein kognitiv und emotional prozessiertes Erlebnis zu Protokoll gibt, sondern dass es die Vergangenheit (seine) beim Wiedererinnern noch einmal ›fühlt‹ und den Zuschauer daran teilhaben lässt. Der Zeuge, das ist das Versprechen der *talking heads*, soll das Erlebte fazial ausdrücken, um es ästhetisch sichtbar zu machen. Wer ein *poker face* macht, macht sich verdächtig, von etwas zu sprechen, das er nicht (jedenfalls nicht genau so) selbst erlebt hat. Das auf das Zeugengesicht reduzierte Zeugenbild operiert mit einem Authentizitätsversprechen, das sich an das Gesicht als Medium richtet. Gegenstand der erwarteten Mitteilung sind lesbare, mühelos deutbare Affekte, die den Zeugenbericht fazial eskortieren, ihn unterstützen, beglaubigen oder fragwürdig erscheinen lassen.

Wenn die Kamera Gesichter filmt, richtet sich so gesehen immer ein Medium auf ein anderes. Die Konstellation wird dadurch kompliziert, dass der Film nicht einfach auf ein offenliegendes Mitteilungssystem ›Gesicht‹ trifft, sondern beide Medien in einem Spannungsfeld aus Transparenz und Opazität stehen, wie Gertrud Koch mit Blick auf die moderne Skepsis gegenüber der Vorstellung des Gesichts als idealem ›Spiegel der Seele‹ schreibt:

»Mit diesem Abzug wurde das gesamte Konzept von Identität in Begriffen von Kohärenz und Ganzheit erschüttert. Das Gesicht konnte sowohl als Zeichen der inneren Integrität einer Person eingesetzt werden wie auch als bloße soziale Maske, als Darstellung der sozialen Stellung seines Trägers. Diese Unterscheidung vom Gesicht als Spiegel der Innenwelt und als Hervorbringer sozialer Masken ist bis zum heutigen Zeitpunkt in Umlauf. Und es sieht so aus, dass das Kino genauestens mit den

Grenzübergängen zu spielen versteht im Verdecken und Aufdecken des Gesichts in der Großaufnahme.«[69]

Das konventionelle Zeugenbild setzt ganz auf die Logik der »Aufdeckung des Gesichts«. Das ›wahre Gesicht‹ des Zeugen wird hier bevorzugt in Momenten direkt sichtbarer emotionaler Erschütterung lokalisiert (ein aktuell nicht sprechender Zeuge wird nur gezeigt, wenn sein Gesicht nicht ›schweigt‹). Wer etwas Schlimmes erlebt hat, muss beim erinnernden Reden weinen, entsetzt blicken, mindestens traumatisiert schweigen, um sich ›genregerecht‹ zu verhalten, um als Zeuge einen Eindruck zu hinterlassen, nämlich den, dass ihm geglaubt werden kann.

Das solchermaßen für die umstandslose Dechiffrierung filmisch präparierte Gesicht wird immer auf zwei miteinander verflochtenen Ebenen als Zeugnismedium exponiert: Zum einen soll sich in den mimischen Artikulationen die Wahrheit der Aussage spiegeln; zum anderen wird implizit mit der Erwartung gespielt, dass sich die ursprünglichen Affektregungen, die sich im Moment des Erlebens der bezeugten Situation auf dem Gesicht des Zeugen zugetragen haben, vermittelt wiederholen: dass dem Zeugen der Schreck, die Trauer, die Freude, das Erstaunen immer noch oder noch einmal für die Kamera ins Gesicht geschrieben stehen. Die über zahllose mehr oder weniger identisch reproduzierte televisuelle Zeitzeugen-Formate etablierte Konvention setzt den Zeugen unter den Erwartungsdruck einer fazialen Performanz seines Erlebnisberichts.

Die bisher in diesem Kapitel untersuchten Filme verhalten sich unterschiedlich zum stereotypen Zeugenbild, operieren aber allesamt in Distanz dazu – ohne darauf zu verzichten, den Zeugen faktisch zu zeigen. In SOBIBOR sind es neben den akusmatischen Sequenzen des ersten Drittels, die das Zeugenbild aufschieben, vorbereiten, einbetten, vor allem konzeptionelle und dramaturgische Entscheidungen (das im Dialog konstruierte historiographische Echtzeit-Narrativ, die Abwesenheit von illustrierenden Archivdokumenten) sowie eine Reihe von Details (die Präsenz des Übersetzungsvorgangs, die ›solidarischen‹ Rekadrierungen), die zu diesem Abstand führen. Bei

---

69 Gertrud Koch: »Nähe und Distanz: Face-to-face-Kommunikation in der Moderne«, in: dies. (Hg.): *Auge und Affekt. Wahrnehmung und Interaktion,* Frankfurt/M. 1995, S. 272–291, hier: S. 277.

HE FENGMING, A CHINESE MEMOIR ist es die konsequente Marginalisierung der Einstellungsgröße ›Großaufnahme‹ und die filmische Kontinuität des Zeugnisaktes. Cong Fengs DR. MA'S COUNTRY CLINIC wiederum ist ein Oral-History-Film, der ohne klassische Interviewsituationen auskommt, der die Zeitzeugen in sozialen Interaktionsmustern beobachtet und sich gewissermaßen selbst befragen lässt. Die Protagonisten sind hier nicht auf *talking heads* zurechtgeschnitten, sondern Akteure, die auf einer Bühne ihrer eigenen Lebenswelt, vermittelt über alltägliche Gespräche zu Zeugen werden. In einer anderen Konstellation finden sich einige der angesprochenen Absetzbewegungen gegenüber der Logik des gesichtszentrierten Zeugenfilms auch in dem eingangs ausführlich diskutieren S-21, LA MACHINE DE MORT KHMÈRE ROUGE. Rithy Panh lässt die Wächter ihre einstigen Alltagsroutinen und Sprechhandlungen nachspielen, ›befragt‹ so gesehen nur nachrangig ein Erinnerungsvermögen, das bereit zur Verbalisierung ist, sondern lässt die Täter über die Freilegung ihres Körpergedächtnisses zu Zeugen werden; zu Zeugen die nolens volens gegen sich selbst aussagen. In der Gesprächssituation leugnen sie ihre Taten, belegen sie mit Euphemismen, delegieren Schuld; im gestischen Reenactment ›gestehen‹ sie die Brutalität ihres eigenen Handelns, skizzieren unfreiwillig die Koordinaten ihrer individuellen Verantwortung. Panhs ›Fragetechnik‹ besteht darin, die Akteure in ihre historische Rolle hineinzuversetzen und filmisch sichtbar zu machen, wovon sie sich zu sprechen weigern. Die entscheidenden Zeugenbilder des Films sind keine Aufnahmen von Gesichtern, sondern Bilder einer Aktualisierung am historischen Ort. Der Zeugnisakt kreist hier nicht um Sprache und Gesicht, sondern um Raum und Körper.

***

Avi Mograbis Arbeit Z32 stellt im Kontext des Zeugenfilms einen weiteren Sonderfall dar. Dies hat vor allem mit dem unsicheren Status des Zeugengesichts zu tun, das in Z32 zwar visuell repräsentiert, aber nicht identifiziert wird. Das Zeugenbild fokussiert hier ein Gesicht, das uneindeutig bleibt, sich entzieht, aber gleichwohl nicht einfach nicht gezeigt wird. »Z32« ist eine Registriernummer, die zunächst einmal für eine Zeugenaussage steht, die bereits aufgenommen, transkribiert und archiviert wurde – von der israelischen Nichtregierungsorganisation Shovrim Shtika (»Das Schweigen brechen«;

gegründet 2004 von ehemaligen israelischen Soldaten). Die Organisation sammelt Zeugnisse und Dokumente über den soldatischen Alltag sowie Kriegsverbrechen in den besetzten Gebieten. z32 holt eine
Zeugenaussage, die bereits schriftlich dokumentiert vorliegt, in das
filmische Medium, verzichtet aber auf dessen zentrales Privileg: auf
das konventionelle indexikalische Bild eines Zeugnisaktes, genauer:
eines Zeugen, der der Kamera sein Gesicht zeigt, während er Zeugnis
ablegt. Der anonym bleibende (ehemalige) Elite-Soldat berichtet von
einer verbrecherischen Vergeltungsaktion, an der er maßgeblich teilgenommen hat. Aus Rache für einen Angriff überfiel sein israelisches
Kommando einen (zudem nicht in den ersten Vorfall involvierten)
palästinensischen Polizeiposten im Westjordanland und ermordete
zwei Männer.

Während der Zeuge spricht, ist sein Gesicht postproduktionell
verdeckt, durch eine nachträglich applizierte computergenerierte
Maske unkenntlich gemacht. Das digitale Bild gibt die Identität des [Stills III.3.1]
Soldaten nicht preis, macht das Gesicht, das er macht, während er
spricht, undechiffrierbar, löscht jedes Affektzeichen, das unmittelbar
auf die Aussagen bezogen werden könnte. z32 ist ein *talking heads*-
Film, der auf ein digital neutralisiertes und insofern ›post-indexika-
lisches‹ Gesicht ausgerichtet ist. Mograbi zieht das Gesicht nicht aus
dem Zentrum des Zeugenbildes ab, sondern rückt es als verfremdet
wiedergegebenes explizit in den Mittelpunkt des »optischen Tests«,
hält die Adressierbarkeit des Zeugen vermittelt aufrecht, obwohl sein
Gesicht nicht aufgedeckt wird. Die Fragen, die der Zuschauer automatisch an das Gesicht des Zeugen richtet – nach der sich darin
spiegelnden Wahrheitsfähigkeit der Aussage, nach den damaligen
Affekten (Wut/Hass) und der heutigen Reflexion über sie (Reue/
Rechtfertigung) –, werden von diesem nicht einfach unbeantwortet
gelassen und abgeblockt, sondern in eine reflexive Schleife geschickt.
Die rezeptionsästhetische Logik des Zeugengesichts wird aufgerufen
und zugleich umgelenkt, weil die digitale Bearbeitung selbst dyna-
misch operiert, das Gesicht zwischen Verdeckung und Aufdeckung
oszillieren lässt. Der Zuschauer, der das Gesicht »begutachten« will,
wird auf die Frage zurückgeworfen, welche Informationen, welche
Wahrheit er in diesem Gesicht eigentlich sucht bzw. suchen würde,
wenn es klar zu sehen wäre, weil die produktionsästhetische Logik
der Maskierung, der Defigurierung nicht stabil ist.

In der ersten Sequenz ist das Gesicht des Zeugen digital geblurrt; für den Zuschauer besteht kein Zweifel, dass es sich um eine Strategie der Anonymisierung handelt: Jemand spricht, will aber nicht erkannt werden, weil er befürchtet, für seine Taten belangt zu werden. Zu sehen sind zunächst der Soldat und seine Freundin, die sich selbst filmen und darüber sprechen, wie das Gefilmtwerden ihren Dialog beeinflusst. Mehrfach weist die Lebensgefährtin auf das künstliche Für-die-Kamera-Sprechen des Soldaten hin (Mograbi hatte dem Paar auf eine Urlaubsreise eine DV-Kamera mitgegeben und sie zu diesen Aufzeichnungen ohne Regisseur ermutigt). In der nächsten Sequenz ist Mograbi selbst zu sehen, in seinem notorischen Wohnzimmer. Wie in den meisten anderen seiner Filme, die zwischen Gesten öffentlicher Intervention und privatem Sprechen, politischer Stellungnahme und ironischer Abschweifung mäandern, adressiert er den Zuschauer direkt. Die Kamera ist frontal auf ihn gerichtet, er wird *en face* erfasst, sein Gesicht ist aber verdeckt. Der Regisseur, verkleidet als Bankräuber: Er trägt eine Strumpfmaske und verliest das schriftlich vorliegende Zeugnismanuskript mit der Archivnummer »Z32«, während er sich sukzessive demaskiert, indem er das Textil durchlöchert, Augen, Nase und Mund freischneidet (dazu fällt der Satz: »No one can testify like this«). Zugleich erläutert er damit die Maskenpolitik seines Films: Augen und Mund des Soldaten (und der Freundin) bleiben sichtbar, das restliche Gesicht wird digital unkenntlich gemacht, ohne dass der Zeuge vor der Kamera eine profilmische Maske tragen müsste. Der Soldat, dem Mograbi Anonymität zugesichert hat, soll seinen Bericht zumindest im Aufzeichnungsmoment einem Kamera-»Test« unterziehen, sich von ihr gleichsam ungeschützt angeblickt fühlen, während er seine Tat schildert: »I feel the camera on my face«, sagt er denn auch gleich zu Beginn, als ihn seine Freundin zu einer authentischeren Sprechweise auffordert. Allein die Anwesenheit der Kamera als Instanz des Zeugnis aufnehmenden ›Gegenübers‹, produziert einen weiteren Kommunikationshorizont – und bei dem Soldaten den Eindruck (und Druck), sich »öffentlich« zu präsentieren, trotz aller Zusagen der Anonymität nun sein Gesicht zeigen, sich selbst im Blick der Kamera mit einer (seiner) Tat identifizieren zu müssen.

In der ersten Szene, in der Mograbi selbst den Soldaten interviewt, sind in Großaufnahme Mund und Augen des Zeugen zu sehen (in der Mitte des Film wiederholt sich diese Fokussierung in Form von schnellen Zoombewegungen), also jene Partien des Gesichts, die unverfremdet wiedergegeben werden, die für das echte Gesicht metonymisch einstehen müssen. Z32 bleibt jedoch nicht bei dieser visuellen Strategie stehen, sondern dreht das Spiel zwischen Verdeckung (digitaler Maskierung) und Aufdeckung (Auge und Mund als unmaskierte Zonen) noch eine Spirale weiter: Der Film gibt dem Zeugen in der Nachbearbeitung ein *falsches* Gesicht: Er demaskiert ihn zum Schein, insoweit als erst auf den zweiten Blick zu erkennen ist, dass das Gesicht nicht sein eigenes, sondern – wie der vorherige Blurr – Effekt einer digitalen Figuration ist. Das dabei entstehende Bild zeigt ein Gesicht, das unmaskiert scheint, faktisch aber bis auf die Augen- und Mund-Partien eine postproduktionelle Erfindung ist. Dass es sich um ein fingiertes Gesicht handelt, wird als Information jedoch nicht lange vorenthalten, sondern umgehend bildlich vereindeutigt und ausgestellt – etwa in jenen Szenen, in der die (echte) Hand des Zeugen, die eine Zigarette an seinen (echten) Mund führt hinter der (falschen) Gesichtsmaske verschwindet.

Z32 lenkt die Aufmerksamkeit des Zuschauers einerseits auf die digitalen Operationen der Maskierung/Demaskierung, in der die allgemeine Problematik des Gesichts als »soziale Maske« zum äußerlichen Konstruktionsprinzip wird. Jenseits unterlaufener Authentifizierungs- und Innenschauerwartungen rückt dabei aber auch der Körper als Ausdrucksmedium ins Zentrum – am deutlichsten, wenn die Freundin bei der Frage, ob sie ihren Lebensgefährten für einen Mörder halte, dies verbal zunächst verneint, währenddessen aber mit sichtbarer Nervosität an ihrem Schal nestelt: »Ihre Körpersprache wird verrückt in diesem Augenblick. Sie sagt eine Sache, aber man sieht, wie ihr Körper das Gegenteil davon herausbrüllt: ›Ja, das war Mord. Die Männer, die ihr getötet habt, waren keine Terroristen, ihr seid einfach dort hingegangen und habt sie erschossen‹«,[70] lautet Mograbis zutreffender Kommentar dazu. Ob er in seinem Film einen Mörder verberge, ihm Schutz gewähre, ist eine Frage, die sich der Autor in einem der selbstreflexiv kommentierenden Singspiele, die die Zeugen-Szenen wiederholt unterbrechen, explizit stellt. Zwischen digitaler Defigurierung und fingierten (Re-)Figurierungen bleibt die Anonymität des Zeugen gewahrt: ein Mörder, der gefilmt wird, der

---

70 Avi Mograbi, zitiert nach »Es sind unsere Soldaten«, Interview mit Avi Mograbi, in: *taz*, 10.01.2009.

sich vor der Kamera erklären (und selbstreflektieren) darf, ohne sein Gesicht zeigen und die Konsequenzen tragen zu müssen, die aus dieser Sichtbarkeit resultieren würden.

Dass die Identität des Soldaten prekär verborgen bleibt, ist aber erstens explizit Thema des Films und zweitens innerhalb Mograbis politischem Koordinatensystem durchaus folgerichtig: Es geht in z32 nicht darum, die Schuld eines Individuums justiziabel zu dokumentieren (dieses Zeugnis liegt bereits im Archiv von Shovrim Shtika und Mograbi lässt in seinen Kommentaren keinen Zweifel daran aufkommen, dass er den Soldaten für einen Kriegsverbrecher hält), sondern darum, seinen Status als »Repräsentant« auszuloten: »So wenig ich die Politik der israelischen Armee unterstütze, so ist die Armee doch die Armee des Staates Israel. Ich bin ein Bürger des Staates Israel, ich zahle mit meinen Steuern den Sold der Soldaten, also kann ich schlecht sagen: ›Mit denen habe ich nichts zu tun.‹ [...] Und in Israel muss fast jeder zur Armee. Also hat jeder einen Sohn oder eine Tochter in der Armee, und sobald man ein moralisches Urteil über die Armee fällt, fällt man eines über das eigene Kind oder sogar über sich selbst.«[71] Wie sich die individuelle Schuld hier zur gesamtgesellschaftlichen Verantwortlichkeit verhält, ist eine Frage, die z32 nicht wirklich beantwortet, aber doch offen stellt. Die digitale Maske, die dem Soldaten seinen öffentlichen Auftritt erleichtert, ist hier keine komplizenhafte Geste, signalisiert weder Vergebung noch ein Entgegenkommen im Sinne einer medial vorbereiteten Rückkehr ins zivile Leben, sondern verweist auf den gesellschaftlichen Hintergrund einer individuellen Handlung. Wenn der Zeugenfilm generell ein Genre ist, das Erfahrungs- und Wahrnehmungsgeschichte schreibt, indem der Zeugnisakt im Gesicht eines Subjekts zentriert, verbürgt und affektiv lesbar gemacht wird, dann sind die Gesichts-Fingierungen in z32 ein Versuch, diese eindeutigen Zuschreibungen aufzuweichen. Lesbar als Kritik an der israelischen Verteidigungs- und Besatzungspolitik wird die im digitalen Bild suspendierte faziale Individuierung, weil sie nach den Schuldanteilen fragt, die jenseits des in der Besatzungssituation vor Ort handelnden Individuums liegen und deshalb auch nicht im Gesicht eines Einzelnen ›chiffriert‹ sein können.

---

71 Ebd.

III.4 »Echte« und »falsche« Zeugen

Zeugenfilme schreiben Geschichte, indem sie Individuen zu Wort kommen lassen und einen Akt des Bezeugens aufzeichnen. Archiviert wird eine Aussage und eine Äußerungssituation, der die Kamera einen Rahmen gibt, die sie also herstellt, dokumentiert und inszeniert. Die historiographischen Optionen des Zeugenfilms gründen vor allem in den unterschiedlichen ästhetischen Möglichkeiten, Zeugnisakt und Zeugnisgehalt gegeneinander zu gewichten, aufeinander zu beziehen oder auseinander fallen zu lassen. In historiographischen Modellen, in denen Zeugenberichte eine herausgehobene Rolle spielen, rückt unweigerlich die Erfahrungsdimension, das Verhältnis des Individuums zum historischen Moment in den Mittelpunkt.

Aus Sicht der Geschichtswissenschaft stellt sich mit der Frage nach dem Status des Einzelnen und seiner Wahrnehmung von Geschichte das Problem, wie aus Zeugnissen subjektiver Sichtweisen eine überindividuelle geschichtliche Erfahrung, vielleicht sogar so etwas wie ein allgemeiner Erfahrungswandel zu entziffern ist. Sobald der Erkenntnisanspruch jenseits der generischen Grenzen der Biographik liegt, gilt es, den individuellen Bericht mit abstrakten Konzepten wie ›Struktur‹, ›Prozess‹ oder ›Mentalität‹ zu vermitteln, ihn zu verallgemeinern – und sei es auch nur, um zu zeigen, wie sich ein historischer Moment in einem individuellen Leben manifestiert, sich diesem einprägt. Der Bericht des Zeitzeugen muss also einer spezifischen Hermeneutik unterzogen werden, die festzustellen versucht, inwiefern die Aussagen über die subjektive Sicht eines Einzelnen (auf etwas, das dieser selbst erlebt hat) hinausweisen. Das ist zum einen insofern der Fall, als sich die Zeugenaussage rein begrifflich auf eine historische Ereigniskette beziehen muss, die tatsächlich stattgefunden hat (ein fiktives Ereignis kann nicht bezeugt werden; aber natürlich lassen sich Zeugenaussagen fingieren und fiktive Ereignisse [herauf-] beschwören). Der Zeuge tritt hier als Informant auf; er erzählt, wie es (seiner Wahrnehmung nach) wirklich gewesen ist. Seine Aussage erhellt einen Vorgang, der als faktischer vorgestellt werden muss, um die Möglichkeit zu eröffnen, dass Augenzeugen sich auf ihn beziehen. Im Zeugenbericht als historiographische Sequenz entfaltet sich eine Ereignisreihe, die nachvollzogen und mit anderen vorliegenden Informationen, die sich auf die gleiche (wie auch immer geordnete) Reihe beziehen, verglichen werden kann. Gleichwohl verweist die

Rekonstruktion des Zeugen aber nicht im Modus einer materiellen Quelle auf die Vergangenheit.

Für den Zeugenfilm bedeutet dies, dass sein historiographischer Anspruch weniger als bei anderen Formen filmischer Geschichtsschreibung in der Vorstellung des unmittelbaren Zeugniswertes des Bildes liegt – auch wenn der Zeugnisakt selbst audiovisuell dokumentiert wird. Der Zeugenbericht ist ein prekäres historisches Dokument, weil er im Unterschied zu anderen Quellensorten in erster Linie nicht in der Vergangenheit (auf die Bezug genommen wird), sondern in der Gegenwart der Äußerungssituation verankert ist. Die Zeugenaussage ist eine Artikulation des Gedächtnisses, eine Erinnerungs-Aktualisierung dank »Einbildungskraft«,[72] wie es in Ricœurs Gedächtnisphänomenologie heißt, die keinerlei ›direkte‹ (quellenhaft-indexikalische) Verbindung zur Vergangenheit unterhält. Pierre Nora formuliert diesen Zusammenhang folgendermaßen: »Das Gedächtnis ist ein stets aktuelles Phänomen, eine in ewiger Gegenwart erlebte Bindung, die Geschichte hingegen eine Repräsentation der Vergangenheit. Das Gedächtnis rückt die Erinnerung ins Sakrale, die Geschichte vertreibt sie daraus, ihre Sache ist die Entzauberung.«[73] Die unmittelbarste geschichtstheoretische Konsequenz aus dieser Konstellation ist, dass eine Geschichtsschreibung, die Zeugenberichte privilegiert als ›Material‹ einsetzt, immer besonders nachdrücklich im Spannungsfeld zwischen Geschichte und Gedächtnis, historischer Faktizität und subjektiver Perspektivierung, Vergangenheit und Gegenwart steht.

Aleida Assmann hat das Verhältnis beider Konzepte aus wissenschaftshistorischer Sicht untersucht und nachgezeichnet, dass der »Antagonismus zwischen Geschichte und Gedächtnis keineswegs universal [ist], sondern selbst eine Geschichte [hat]. Geschichte und Gedächtnis haben sich erst mit der Entstehung der Geschichtswissenschaft als eines professionalisierten Diskurses im 19. Jahrhundert voneinander getrennt.«[74] Demzufolge konstituiert sich die Geschichtswissenschaft als »kritische Nachforschung«, die auf epistemische Distanz, auf *curiositas* statt *memoria* setzt, gegen den unsystematischen Aufbewahrungsimpuls eines gedächtnisorientierten Vergangenheitsbezugs: »In dem Maße, wie sich die Geschichts-

---

72 Ricœur: *Gedächtnis, Geschichte, Vergessen,* a.a.O., S. 23ff.
73 Pierre Nora: *Zwischen Geschichte und Gedächtnis,* Berlin 1990, S. 12f.
74 Assmann: *Der lange Schatten der Vergangenheit,* a.a.O., S. 44.

schreibung einer Metaperspektive und dem Konzept eines allgemeinen Wissens annähert, entfernt sie sich vom Gedächtnis.«[75] Pierre Noras Hauptwerk *Les lieux de mémoire* markiert für Assmann theoriegeschichtlich betrachtet eine Position des maximalen Abstands zwischen Geschichte und Gedächtnis, die sich »im Schatten des Holocausts« – Saul Friedländers zweibändige Studie *Das Dritte Reich und die Juden* wird hier als Schlüsselwerk angeführt – wieder annähern und den Weg für diverse Mischformen ebnen, die daran arbeiten, die »Illusion einer kohärenten Geschichtskonstruktion [zu] unterlaufen und auf die irreduzible Vielstimmigkeit und Widersprüchlichkeit der Erfahrungen aufmerksam [zu machen].«[76] Auch weil die heutige, durch Oral-History-Praktiken, Postcolonial Studies und andere kritische Interventionen informierte Geschichtswissenschaft gedächtnisorientierte Forschungsbeiträge vergleichsweise mühelos in ihren offiziellen Diskurs integrieren kann, scheint die Spannung zwischen beiden Konzepten in der historiographischen Praxis weniger denn je von grundsätzlicher Natur zu sein, sondern vor allem eine Frage der Gegenstandsgerechtigkeit und methodischen Präferenz.[77] Mit anderen Worten: Es hängt vom jeweiligen Forschungsgegenstand, von Quellenlage und Erkenntnisinteresse ab, wie viel Gedächtnismaterial in einer konkreten historiographischen Operation prozessiert wird, wie unmittelbar sich die Geschichtsschreibung auf den Bahnen des Gedächtnisses, das ausgewertet wird, bewegt. In jedem Fall

---

75 Ebd., S. 46.
76 Ebd., S. 49.
77 Die Debatte hat sich in den letzten zwanzig Jahren insgesamt eher von dem Oppositionspaar Geschichte/Gedächtnis wegbewegt und auf eine Differenzierung des Gedächtnisbegriffs konzentriert. Die Wiederentdeckung von Maurice Halbwachs' *Das Gedächtnis und seine sozialen Bedingungen* und generell die Frage, wie die Übergänge des individuellen Gedächtnisses zu inter- bzw. transsubjektiven Gedächtnisformen (kollektiv, sozial, kulturell etc.), also der gesellschaftliche »Gedächtnisrahmen« (Halbwachs) zu konzeptualisieren ist, steht hier im Zentrum, vgl. für einen knappen Überblick Marie-Claire Lavabre: »Historiography and Memory«, in: Aviezer Tucker (Hg.): *A Companion to the Philosophy of History and Historiography,* London 2009, S. 362–370. Darüber hinaus beschäftigt sich die jüngere Diskussion vor allem mit Formen der politischen Indienstnahme des Gedächtnisses im Rahmen nationaler Erinnerungskulturen (vgl. Assmann: *Der lange Schatten der Vergangenheit,* a.a.O.) und der Frage nach medial konstruierten »postmemorialen« Bezugnahmen auf die Vergangenheit (vgl. Marianne Hirsch: »The Generation of Postmemory«, in: *Poetics Today* 29(1), Frühjahr 2008, S. 103–128).

etabliert die Historiographie eine Perspektive *auf* das Gedächtnis, ist also selbst nicht mit ihm identisch. Auch eine gedächtnisbasierte Geschichtsschreibung extrapoliert das Gedächtnis und distanziert sich von ihm, kann aber gleichwohl in Teilen memorialkulturelle Funktionen übernehmen (und umgekehrt soll nicht bestritten werden, dass Gedächtnisprozesse in Begriffen des Verstehens von Vergangenheit beschrieben werden können).

Die angeführten Zeugenfilme sind in diesem Sinn diskutiert worden: als Filme, die ausgehend von (und mit) Gedächtnisäußerungen Einzelner Geschichte schreiben. Das filmische Medium ist einerseits zwar selbst als prothesenhaft-technisches Gedächtnismedium beschreibbar, sofern es einen Zeugnisakt audiovisuell speichert und für künftige Vergegenwärtigungen bereithält. Im Mittelpunkt der Untersuchung standen jedoch genau jene Verfahren, die die konkreten Erinnerungsakte einzelner Subjekte spezifisch filmisch produzieren (ermöglichen, inszenieren, montieren, postproduktionell manipulieren usf.), um einen historiographischen Mehrwert zu erzeugen.

***

Jia Zhang-kes hybrider Dokumentarfilm 24 CITY ist für dieses Kapitel ein geeignetes abschließendes Beispiel, weil hier die filmischen Optionen der Zeugen-Produktion phasenweise in einen offen fingierenden Modus kippen, ohne den Bezug zur epistemischen Figur des historischen Zeugen, der eine subjektive Erfahrung von Geschichte artikuliert, vollständig aufzugeben. 24 CITY schreibt mit Zeugen Geschichte, die zum Teil keine sind – jedenfalls nicht im unmittelbaren Sinn. Der Film ist um neun Protagonisten herum gebaut, von denen fünf als sie selbst auftreten, d.h.: sie spielen sich selbst, sprechen im eigenen Namen über Ausschnitte ihrer Lebensgeschichte, bezeugen diese durch profilmische Präsenz, durch körperliche Anwesenheit vor der Kamera. Sie sprechen einen Text, der ihrem Gedächtnis entstammt, verbalisieren eine subjektive Erinnerung. Die anderen vier sind bekannte SchauspielerInnen, die in den Credits wie bei einem gewöhnlichen Spielfilm als Darsteller annonciert werden und – zumindest von einem chinesischen Publikum – unmittelbar als Stars identifizierbar sind (vor allem Joan Chen und Tao Zhao müssten aber auch für ein westliches Festivalpublikum sofort erkennbar sein), also allein schon deshalb von den unbekannten ›echten‹ Zeu-

[Stills III.4.1]

gen unterschieden werden können. Gleichwohl werden sie intra-diegetisch nicht als ›falsche‹ Zeugen markiert, sondern hinsichtlich der filmischen Operationalisierung unterschiedslos behandelt. Die wiederholte Überblendung von ›echten‹ und ›falschen‹ Zeugnisakten kompliziert sich einerseits dadurch, dass die Texte der Schauspieler aus ›echten‹ Zeugenaussagen montiert wurden und insofern nicht einfach frei erfunden sind: Sie sind fiktional, aber nicht fiktiv, um noch einmal auf Lucian Hölschers Unterscheidung zurückzukommen.[78] Zum anderen werden auch die ›echten‹ Zeugen nicht in einer klassisch dokumentarischen Interview-Konstellation befragt, sondern in erkennbar inszenierte Settings positioniert. Explizit wird diese Strategie in den eingestreuten ›fotografischen‹ Porträts: Bewegungsbild-Stillleben, die sich dem Fotogramm annähern, ohne in den fotografischen Temporal-Modus zu wechseln.

Die Schauspieler performen Zeugnis-Palimpseste, aufeinander geschichtete Erinnerungsfragmente, die Jia – der vor der Produktion über hundert Interviews mit ehemaligen Arbeitern der Militärfabrik »420«, um die sich der Film dreht, geführt hat – in der fiktionalen Figurenrede als synthetische, einander überschreibende Biographismen zusammenführt. Die entsprechenden Erlebnisberichte sind demzufolge in ihrem Kern authentisch, d.h. von jemandem geäußert und erlebt worden, zugleich aber auch fingiert: Sie ›gehören‹ nicht dem Sprecher, sondern vielen im Film selbst anonym bleibenden Zeugen, die nicht im Bild zu sehen, nicht direkt repräsentiert sind (auf diese Leerstelle verweisen die Schwarzblenden, die die Auftritte der Schauspieler im Gegensatz zu den Szenen mit den ›echten‹ Zeugen interpunktieren; es scheint fast, als würden die Schwarzblenden jeweils eine neue Zeugnisschicht aufblättern, einen ›neuen Zeugen‹ ankündigen).

Die Zeugnistexte sind Produkte einer dereferentialisierenden Transkription, die diejenigen, die diese Geschichten wirklich erlebt haben, nicht beim Namen nennt. Dennoch ist die collagierte Figurenrede eben auch nicht vollständig fiktiv, weil sie immer noch auf eine »außerliterarische Existenz« (Hölscher) bezogen werden kann. Wie unmittelbar dieser Nexus tatsächlich ist (mit anderen Worten: wie genau die Synthese zustande kam, was eben doch erfunden ist – und seien es nur Überleitungen, die ein Element mit dem anderen ver-

---

78 Siehe Kapitel I.

knüpfen), lässt Jia auch aus zensurstrategischen Gründen offen – es ist jedenfalls kein Zufall, dass die ungeheuerlichste Episode in 24 CITY, die von einer Frau handelt, die während der Migration nach Chengdu gezwungen wurde, ihr Kind zurückzulassen, einer fiktionalen Figur zugeordnet ist (vorgetragen von Lv Liping). Die Spekulation liegt nahe, dass die Zensurbehörde – 24 CITY ist der erste offiziell angemeldete Film von Jia Zhang-ke, was ihm in China vollkommen andere Distributionsmöglichkeiten und damit gesellschaftliche Resonanz eröffnete – diese Szene nicht akzeptiert hätte, wäre sie für ein chinesisches Publikum unmittelbar als dokumentarisch wahrnehmbar gewesen.[79] Die fiktionale Vermittlung fungiert so gesehen als kommunikative List und filmisches Zeugenschutzprogramm.

Die medial vermittelte Produktion des Zeugen verläuft in 24 CITY jedenfalls über Strategien seiner Dekonstruktion, weil die konventionell enge Verbindung zwischen Zeugnissubjekt, Zeugnisakt und Zeugenaussage instabil wird, die einzelnen Dimensionen isoliert und neu verknüpft erscheinen. Weil der Film offen ›echte‹ und ›falsche‹ Zeugnisakte mischt, sind alle Szenen mit einem erhöhten Fiktionsverdacht unterlegt. Dazu trägt auch bei, dass die elegische HD-Ästhetik, die planvollen Bewegungen der Kamera, die konzeptuelle Tonspur aus Popsongs, Opern-Elementen und einem eigens geschriebenen Score einen fiktiven Überschuss mit sich führen, anti-dokumentarische Signale aussenden. Die meisten Szenen wirken nicht gefunden und dokumentiert, sondern für die Kamera installiert. Die Zeugen werden nicht in Alltagsräume begleitet, sondern in filmisch sorgfältig konstruierte Szenerien gestellt. Selbst der Hauptschauplatz des Films, die Fabrik, erhält dadurch einen leicht unwirklichen Charakter, als sei sie ein imaginär-zeitenthobener Ort, bereits vollständig verwandelt in einen *lieu de mémoire*.

24 CITY inszeniert die Fabrik im historischen Moment ihrer Deinstallation als Gedächtnisobjekt einer vielstimmigen Oral History der lokalen Arbeiterklasse. Darin, und auch in der unnostalgischen und zukunftsskeptischen Perspektive ist der Film mit dem bereits diskutierten Projekt von Wang Bing verwandt. »420« lautete der Code für die Fabrik in Chengdu, einer ursprünglich geheimen Anlage, die in den 1950er Jahren gegründet wurde, militärisches Fluggerät

---

79 Vgl. dazu: »Wie kann man das Individuum schützen«, Interview mit Jia Zhang-ke in: *CARGO Film/Medien/Kultur* 03, 2009, S. 42–44.

produzierte und während des Höhepunkts des Koreakrieges rund 30 000 Arbeiter beschäftigte. Eine Stadt in der Stadt, mit angeschlossenen Wohnsiedlungen, Einkaufszentren, Schulen, mit eigenen Kinos, Schwimmbädern usf. Paradigmatisch steht »420« für den geschlossenen Kreislauf aus Leben und Arbeit, der wesentlich zur planwirtschaftlich-kollektivistischen Utopie der Volksrepublik Maos gehörte. Der Apartmentkomplex »24 City« repräsentiert hingegen die aktuelle Modernisierungsstrategie Chinas, die staatskapitalistische Wende. Wie Wang Bing interessiert sich Jia Zhang-ke für die Gegenwart des dazugehörigen Transformationsprozesses, der zugunsten von riskanten Staudammprojekten ganze Städte verschwinden lässt (STILL LIFE, 2006) oder eben ein Industrieareal einer von oben gesteuerten Rekommerzialisierung unterzieht. Die Fabrik erscheint bei Jia als identitätsstiftender Fixpunkt eines kollektiven Erinnerungshaushaltes, den 24 CITY zugleich konturiert und wieder auf die Erfahrungen Einzelner herunterbricht.

Jia Zhang-ke umspielt in 24 CITY die Grenze zum tatsächlich falschen Zeugnis, der erfundenen, unwahren Aussage, übertritt sie aber nie. Viele einzelne Gedächtnisäußerungen in einer fiktionalisierten Zeugen-Figur zusammenzubinden ist einerseits eine Geste der Objektivierung, ein Versuch, eine ›überindividuelle‹, repräsentative Narration zu gewinnen, in der sich viele Erfahrungen kondensieren und reflektieren. Andererseits unterläuft das Zeugnis-Palimpsest die Vorstellung, dass das filmische Medium Zeugenaussagen lediglich entgegennimmt, ohne selbst an der Herstellung der eigentlichen Aufführung, des Zeugnisaktes, konstruktiv beteiligt zu sein. Der Film speichert nicht einfach Zeugen, sondern bringt sie zuallererst hervor, entwirft eine Äußerungssituation und einen Kontext, der die Rede historiographisch lesbar macht. Die fiktionalisierte Rede der ›falschen‹ Zeugen, die ›echte‹ Texte performen, und das artifizielle Setting, in dem die ›echten‹ Zeugen agieren, verweisen wechselseitig aufeinander – und gemeinsam auf die unhintergehbare Fiktionalisierung, die jeden historiographischen Umgang mit Quellen kennzeichnet; insbesondere wenn es sich bei diesen Quellen um mit Gegenwart durchsetzte Gedächtnisartikulationen handelt.

Schluss

Zur Verfügbarkeit von Geschichte

Wer mit Film Geschichte schreiben will, muss ein allgemeines Vermögen des Mediums spezifisch aktualisieren. Die historiographische Rekonstruktion ist als filmische Konstruktion Produkt verschiedener Operationen der Recherche, Inszenierung und Montage; sie ergibt sich nicht einfach qua Medium, beginnt eigentlich erst dort, wo mediale Vorgänge des vermeintlich ungerichteten Speicherns und Wiedergebens in solche des deutenden Auswählens übergehen. Der Prozess filmischer Vergegenwärtigung erschöpft sich dann nicht in der ästhetischen Herstellung bloßer Anschaulichkeit und Präsenz, in gleichförmiger und ungeformter Re-Präsentation, sondern erscheint als intern differenzierbare Option zur mehr oder weniger spannungsvollen Schichtung verschiedener Ebenen von (historischer) Zeit. Die ›offene‹ Sammelbewegung des Films, seine Detail- und Kontingenzaffinität, ist durch Verfahren des Weglassens und Ausschneidens, der Anordnung und Montage mit einem Erkenntnisinteresse »einzufädeln« (Ricœur), historiographisch zu konkretisieren. Das gilt auch für filmische Geschichtsschreibungen, die auf Zeugen setzen und dafür einen Akt des Bezeugens audiovisuell übersetzen.

Im günstigsten Fall ergeben sich hier Wechselspiele, Pendelbewegungen, Dynamiken: zwischen vergangenen Gegenwarten und ihren Zukunftshorizonten, zufällig aufgezeichneten Details und gezielt formatierten Sammlungen sowie Zeugnissubjekten, Zeugnisobjekten und Zeugnisakten. Immer dann, wenn sich Filme in den entsprechenden ästhetischen Zwischenräumen bewegen, Geschichte nicht als verfestigtes, mit retrospektiver Gewissheit einfach nachbaubares, umstandslos wiedergebbares Phänomen begreifen, kommt es zu filmisch-historiographischen Operationen, die medienspezifische Ressourcen nicht zur instrumentellen Aneignung von Geschichte, sondern zur Auslotung historischer Konstellationen nutzen. Von filmischen Geschichtsforschungen lässt sich dann sprechen, wenn das Medium die Generierung und Vermittlung eines Wissens ermöglicht, das anders nicht vergleichbar effektiv – in Bezug auf einen zu verstehenden historischen Ereigniszusammenhang – hergestellt und zur Verfügung gestellt werden könnte. Das bedeutet nicht, dass die dabei geformten historischen Objekte nicht auch zum Gegenstand einer anderen (akademischen, schriftbasierten) historiographischen Praxis werden könnten, sondern nur, dass sie zunächst einmal spezifisch, nämlich filmästhetisch konstruiert vorliegen: ob als zwischen den Zeiten oszillierendes Reenactment, historisch-kontingenzbewusste Materialmontage oder audiovisuell transkribierte (Visual) Oral History.

***

Historiographische Praktiken verfolgen das Ziel, ein vergangenes Phänomen verstehend zu rekonstruieren, in Erklärungszusammenhänge zu stellen, es verfügbar zu machen und für die Gegenwart zu gewinnen. In Certeaus Verständnis ist dieses »Gegenwarts-Interesse« (Kracauer) gleichbedeutend mit dem nicht unproblematischen »Privileg [...], die Vergangenheit als eine Form des Wissens zu wiederholen«:[1]

>»In der Geschichte ist die unendliche Arbeit des Differenzierens (zwischen Ereignissen, Perioden, Daten oder Serien usw.) die Bedingung für das Inbeziehungsetzen der unterschiedlichen Elemente und deshalb für ihr Verständnis. Diese Arbeit beruht aber auf der Unterscheidung zwischen einer Gegenwart und einer Vergangenheit. Sie setzt überall den Akt voraus, der ein Neues hervorbringt, indem er sich von einer Tradition löst, um sie als Erkenntnisgegenstand zu betrachten. Der für alle Wissenschaften typische Bruch (die Einführung von Exaktheit erfordert immer einen Ausschluß) nimmt in der Geschichte die Form einer ursprünglichen *Grenze* an, die eine Wirklichkeit als ›vergangen‹ konstituiert und in den Techniken deutlich wird, die der Aufgabe des ›Machens von Geschichte‹ angepasst sind. Diese Zäsur scheint nun durch die Operation, die sie bewirkt, negiert zu werden, da diese ›Vergangenheit‹ in der historiographischen Praxis wiederkehrt. Die Toten tauchen in der Arbeit, die ihr Verschwinden und die Möglichkeit, sie als Forschungsgegenstand zu analysieren, postulierte, wieder auf.«[2]

---

1 Certeau: *Das Schreiben der Geschichte*, a.a.O., S. 16.
2 Ebd., S. 54.

Die historiographische Operation trennt die Vergangenheit von der Gegenwart, um die Vergangenheit in die Gegenwart holen zu können; sie produziert einen historischen Abstand, um ihn überbrücken, um Geschichte ›machen‹, um sie in Wissen verwandeln zu können. Auch in Kosellecks historischer Semantik ist die moderne Frage nach der Verfügbarkeit von Geschichte eine Frage ihrer »Machbarkeit«:

> »Der Freiherr von Eichendorff sagte einmal beiläufig: *Der eine macht Geschichte, der andere schreibt sie auf.* Diese Formel scheint klar und eindeutig zu sein. Da gibt es den Handelnden, den Macher, den Täter, und da gibt es auch noch den anderen, den Schreiber, den Historiker. Wenn man so will, handelt es sich um eine Arbeitsteilung, die Eichendorff apostrophiert hat, wobei es offenbar um dieselbe Geschichte geht, die einerseits gemacht, andererseits aufgeschrieben wird. Geschichte scheint in doppelter Hinsicht verfügbar zu sein – dem Handelnden, der über die Geschichte verfügt, die er macht; und dem Historiker, der über sie verfügt, indem er die Geschichte niederschreibt.«[3]

Auch die historiographisch vermittelte Verfügbarkeit von Geschichte verdankt sich einem ›Machen‹ von Geschichte: einer Vielzahl von Operationen der Recherche und Produktion von Quellen, der Materialanordnung, der Fabrikation eines Textes, der Implementierung einer »Poetik des Wissens« (Rancière) – in welchem Medium auch immer. Zum Einsatz kommen Verfahren des Verstehens und der Vergegenwärtigung, die etwas, das vergangen ist, in der Gegenwart des Aufschreibens, der Lektüre sichtbar machen sollen. Zwischen dem Schreiben und dem Machen von Geschichte existiert eine enge Verbindung, nicht nur weil jedes Aufschreiben ein konstruktiver, kein abbildender Prozess ist, sondern auch, weil ›Geschichte‹ nicht zuletzt durch kulturelle Praktiken wie die Historiographie überhaupt erst eine kommunizierbare Form erhält. Geschichte wird gemacht und kann nur als ›gemachte‹, also ex post und in eine kulturelle Form übersetzt (als Text, mündliche Erzählung, Bild usf.), tradiert werden. Auf dieser Ebene der medienspezifischen Kodifizierung und Weitergabe vergangener Ereigniszusammenhänge formuliert

---

3 Koselleck: *Vergangene Zukunft*, a.a.O., S. 261. Für Koselleck ist auch die Idee der Machbarkeit von Geschichte an die Durchsetzung des Kollektivsingulars gebunden (vgl. Kapitel I.3).

jede kritische Geschichtsschreibung ein doppeltes Versprechen: auf Sichtbarmachung jener institutionalisierten Ein- und Ausschließungen, die Foucault mit Blick auf das Archiv als »Gesetz dessen, was gesagt werden kann«,[4] bezeichnet hat; und auf späte Satisfaktion, die sie nicht-realisierten aber auch möglich gewesenen Verläufen, den »lost causes«[5] (Kracauer), zuteilwerden lässt. Im Idealfall gelingt es historiographischen Praktiken, die »Gesetze« nicht nur transparent zu machen, sondern zugleich zu überwinden – indem sie Bereiche erschließen, die (immer noch) ausgeschlossen sind.

* * *

Die Frage nach der Verfügbarkeit von Geschichte – als Frage nach der Regulierung und Zirkulation von Geschichte in historiographischen bzw. »archivologischen«[6] Praktiken – lässt sich naturgemäß auch auf die Filmgeschichte (rück-)beziehen. In Raya Martins A SHORT FILM ABOUT THE INDIO NACIONAL (OR, THE PROLONGED SORROW OF FILIPINOS) geht es in diesem Sinn um eine spezifische mediengeschichtliche Konstellation, die noch einmal anders auf die Möglichkeiten und Grenzen verweist, mit Film Geschichte zu schreiben.

INDIO NACIONAL besteht aus zwei Teilen. Dem ersten Teil vorangestellt sind zwei sekundenkurze, stumme 35mm-Szenen in Schwarzweiß: Ein Junge durchquert diagonal, von links unten nach rechts oben das Bild; er läuft einen felsigen Weg entlang, der durch einen Tunnel führt. Schnitt: ein fast abstraktes, raumlogisch nicht auf die erste Szene beziehbares Bild, das einen Wasserfall zeigt. Auch hier kein Ton. Das Wasser fließt gleichmäßig, einige Sekunden verstreichen. Der darauf folgende erste Teil ist digital gedreht, in Farbe, umfasst drei Einstellungen und zeigt einen Mann und eine Frau in einer ärmlichen Hütte. Es ist Nacht, die Kamera ist unbewegt auf das Paar gerichtet. Nachtgeräusche: das entfernte Bellen eines Hundes, das raumfüllende Zirpen von Insekten. Die Frau kann nicht schlafen, zündet eine Kerze an, die den Raum schwach erhellt. Sie wirkt unruhig, versucht wieder einzuschlafen, was nicht gelingt; schließlich weckt sie den Mann, bittet ihn, ihr eine Geschichte zu erzählen,

---

4 Michel Foucault: *Archäologie des Wissens,* Frankfurt/M. 1981, S. 187.
5 Kracauer: *Geschichte – Vor den letzten Dingen,* a.a.O., S. 239.
6 Vgl. Ebeling, Günzel: »Einleitung«, in: A*rchivologie,* a.a.O.

eine Geschichte, die helfen soll, die Bewusstlosigkeit des Schlafes wieder herzustellen.

Die Geschichte, die sie zu hören bekommt, wird mit großer Emphase vorgetragen – und niemanden in den Schlaf wiegen. Die Geschichte beginnt mit einer Warnung (»But promise me you won't tell anyone about this«) und in der Gegenwart des Erzählens (»One night in May, a particulary dark night. The silence is broken by the occasional barking of dogs«), bewegt sich aber bereits im nächsten Satz unvermittelt von der Deskription einer (filmisch repräsentierten) Aktualität ins Kontrafaktische, Allegorische: »The loud peals of the church bell call those who hear to pray for the departed.« Die Geschichte handelt von einem Jungen (dem des ersten Bildes?), der auf dem Nachhauseweg auf einen alten Mann trifft. Der Alte ist gebeugt von einer schweren, amorphen, seltsam undefinierbaren Last, die er unter großer Anstrengung schultert. Der Junge ist neugierig, möchte wissen, woraus diese Last besteht, die den Alten beugt, sich aber nicht als etwas Bestimmtes zu erkennen gibt. Es handle sich um etwas Nutzloses, »just remains that we need to take to the cemetery«, lautet zunächst die Auskunft. Als der Alte den Jungen bittet, ihm zu helfen, einen Hügel auf den Friedhof zu bringen, um auch diesen, genauer: die Asche, die dieser enthalte, zu beerdigen, bricht der Junge ob dieses so befremdlichen wie unmöglichen Anliegens in Gelächter aus, worauf der Alte antwortet: »What made you laugh? Don't you know who I am? I am your country suffering in silence the ills and insults thrown at me.« Daraufhin verspricht der Junge, sich in den Dienst des Alten zu stellen, seine Last zu teilen. Vielleicht ist er letztlich selbst der Alte, *once upon a time*.[7] Der mit Nachdruck deklamierende Erzähler decodiert diese kontinuierlich vorgetragene, durch keinen Schnitt unterbrochene Geschichte als nationalgeschichtliche Allegorie des »prolonged sorrow« der Filipinos – eine Last, die im Dunkel der Nacht von den Alten geschultert und an die Jungen weitergegeben wird, damit sie sich an das, was gewesen ist, erinnern: »That not all are asleep in the night of the forefathers.«

Der rund 70-minütige zweite Teil besteht aus einer montierten Reihe vermeintlicher Early-Cinema-Vignetten, die formalästhetisch mit den beiden ersten Einstellungen identisch sind: nachinszenierte

---

7 Vgl. Noel Vera, »A short film on being Filipino«, in: *Cinemaya Magazine,* 1(3), 2006.

actualités, mit unbewegter Kamera und auf 35mm-Filmmaterial aufgenommen, begleitet von kontinuierlicher Klaviermusik (von Khavn
De La Cruz). Die Episoden zeigen vorwiegend alltägliche Szenen in
ruraler Umgebung, die sich auf verschlungenen Wegen – narrativisiert vor allem durch eingefügte Zwischentitel – zu einer Erzählung
der antikolonialen Revolution von 1896 zusammenfügen. Dramatur-
gisch organisiert sich die historische Rekonstruktion dreiaktig, über
die Schilderung verschiedener Lebensalter: Ein Junge, der von seiner Großmutter aufgezogen wird und in der örtlichen Kirche zum
Glockenläutdienst eingeteilt ist; ein junger Mann, der sich zögerlich
einer Gruppe Rebellen anschließt; ein erwachsener Mann, der mit
einer Schauspieltruppe umherzieht und während einer Theaterprobe
die mythologische (Herkules-)Figur des Bernardo Carpio verkörpert,
der in José Rizals einflussreichem Roman *El Filibusterismo* (*Der Auf-
ruhr*, 1881) zur Ikone des antikolonialen Kampfes stilisiert wurde.
Spätestens mit dem Hinweis auf die Katipuneros, einer ursprünglich von Andrés Bonifacio[8] angeführten Partisanengruppe, die sich
Anfang der 1890er formierte, um die seit Jahrhunderten von Manila
aus herrschende spanische Kolonialregierung zu stürzen, erhalten
die Szenen einen eindeutigen historischen Kontext.

Auf der Materialebene wird Historizität eher zitiert als vorge-
täuscht. Die luminösen Schwarzweiß-Aufnahmen sind auch auf den
ersten Blick nicht wirklich mit tatsächlich ›gefundenen‹, zeitgenössischen *actualités* zu verwechseln. Die Ästhetik des Early Cinema
wird jedoch nicht im Modus eines historisierenden Pastiches herauf-
beschworen, sondern im Sinne einer Stellvertretung. Martins historiographische Operation zielt im Kern nicht auf die Rekonstruktion
eines peripheren Alltags während der Revolutionsjahre des ausgehenden 19. Jahrhunderts, sondern auf eine medienhistorische Leerstelle, die aus den kolonialen Herrschaftsverhältnissen resultiert: Ein
indigenes frühes Kino hat es auf den Philippinen nie gegeben. Das
Kino erreichte die Kolonie 1897 wie in allen Ländern des Südens als
Technologieimport, blieb aber der spanischen Elite vorbehalten und

---

8 Die Ermordung von Bonifacio (durch Kämpfer des späteren philippinischen
Präsidenten Emilio Aguinaldo, einem Rivalen Bonifacios innerhalb der Katipu-
neros) hat Raya Martin in AUTOHYSTORIA (2007) zum Gegenstand eines filmischen
Reenactments gemacht.

produzierte »souvenirs for westerners by westerners«[9] (Raya Martin). *Actualités*, die den Alltag der »Indios« zeigen würden, sind nicht überliefert, weil sie niemals produziert wurden.

INDIO NACIONAL ist ein Geschichtsfilm über eine historische Filmform, die in der philippinischen Nationalkinematographie fehlt. Hinter der Idee, eine Geschichte verfügbar zu machen, die es, als Filmgeschichte, nicht gegeben hat, verbirgt sich letztlich weniger die romantische Idee, das heutige Kino könne die historischen Restriktionen mit einer kontrafaktisch-cinephilen Geste einholen. Vielmehr verweist INDIO NACIONAL darauf, dass das, was ein Medium vermag, welche Geschichten sich in und mit ihm schreiben lassen, auch von historischen Bedingungen abhängt, die außerhalb des Mediums liegen (und dennoch zu seiner Geschichte gehören). Deshalb ist die Frage nach der filmisch-historiographisch vermittelten Verfügbarkeit von Geschichte eine nach den konkreten Verwendungsweisen eines Mediums. Das filmische Vermögen, Geschichte zu schreiben, lässt sich nur aus Praktiken herauslesen, die es zu einem bestimmten Zeitpunkt spezifisch realisieren. Das Medium mag ein Fall für Amateure sein; manchmal sind gerade sie: *those who hear.*

---

9 Zitiert nach »A Short Interview with Raya Martin«, in: *Cinemascope,* http://www.cinema-scope.com/cs27/int_peranson_martin.html, aufgerufen: 30.12.2010.

Literaturverzeichnis

Adorno, Theodor W. und Kracauer, Siegfried: *Briefwechsel 1923–1966*, Frankfurt/M. 2008.

Agamben, Giorgio: *Was von Auschwitz bleibt. Das Archiv und der Zeuge*, Frankfurt/M. 2003.

Agnew, Vanessa: »What is Reenactment?«, in: *Criticism* 3, Sommer 2004, S. 327–339.

Arns, Inka: »Strategien des Reenactment«, in: dies. und Gabriele Horn (Hg.): *History Will Repeat Itself. Strategien des Reenactment in der zeitgenössischen (Medien-) Kunst und Performance*, Dortmund, Berlin 2007, S. 38–63.

Assmann, Aleida: *Der lange Schatten der Vergangenheit. Erinnerungskultur und Geschichtspolitik*, München 2006.

Baecker, Dirk: *Poker im Osten. Probleme der Transformationsgesellschaft*, Berlin 1998.

Baer, Ulrich: »Einleitung«, in: ders. (Hg.): *»Niemand zeugt für den Zeugen«. Erinnerungskultur nach der Shoa*, Frankfurt/M. 2000, S. 7–31.

Barnouw, Dagmar: *Critical Realism. History, Photography, and the Work of Siegfried Kracauer*, Baltimore, London 1994.

Barthes, Roland: *Die helle Kammer. Bemerkung zur Photographie*, Frankfurt/M. 1989.

Barthes, Roland: »Die Rhetorik des Bildes«, in: Wolfgang Kemp (Hg.): *Theorie der Fotografie 1945–1983*, München 1999, S. 145–149.

Barthes, Roland: »Der Wirklichkeitseffekt«, in: ders.: *Das Rauschen der Sprache*, Frankfurt/M. 2008, S. 164–172.

Bazin, André: »Die Ontologie des photographischen Bildes«, in: ders.: *Was ist Film?*, Berlin 2004, S. 33–42.

Bellour, Raymond: »The Pensive Spectator«, in: *Wide Angel* 9(1), 1987, S. 6–10.

Benjamin, Walter: »Das Kunstwerk im Zeitalter seiner technischen Reproduzierbarkeit« in: ders.: *Gesammelte Schriften*, Band I.2, Frankfurt/M. 1991, S. 435–469.

Benjamin, Walter: »Über den Begriff der Geschichte«, in: ders.: *Gesammelte Schriften*, Band I.2, Frankfurt/M. 1991, S. 693–703.

Berlin, Isaiah: *The Hedgehog and the Fox. An Essay on Tolstoy's View of History*, London 1953.

Bloch, Marc: *Apologie der Geschichtswissenschaft oder Der Beruf des Historikers*, Stuttgart 2002.

Bolter, Jay David und Grusin, Richard: *Remediation. Understanding New Media*, Cambridge/Massachusetts, London 2001.

Burckhardt, Jacob: *Weltgeschichtliche Betrachtungen*, Stuttgart 1978.

Cavarero, Adriana: *Horrorism, or On Violence against the Helpless*, New York 2008.

Cavell, Stanley: *The World Viewed*, Cambridge/Massachusetts, London 1979.

Cavell, Stanley: »Welt durch die Kamera gesehen«, in: Dieter Henrich und Wolfgang Iser (Hg.): *Theorien der Kunst*, Frankfurt/M. 1992, S. 447–490.

Cavell, Stanley: »What Photography Calls Thinking«, in: William Rothman (Hg.): *Cavell on Film*, Albany 2005, S. 115–134.

Celikates, Robin: »Bilder, die das Fürchten lehren«, in: *CARGO Film/Medien/Kultur* 01, 2009, S. 85–88.

Chandler, David: *Voices from* s-21. *Terror and History in Pol Pot's Secret Prison*, Berkeley, Los Angeles 1999.

Chion, Michel: *Audio-Vision. Sound on Screen*, New York 1994.

Chion, Michel: »Das akusmatische Wesen. Magie und Kraft der Stimme im Kino«, in: *Meteor. Texte zum Laufbild* 6, 1996.

Chion, Michel: *The Voice in the Cinema*, New York 1999.

Chow, Rey: *Primitive Passions. Visuality, Sexuality, Ethnography, and Contemporary Chinese Cinema*, New York, Chichester 1995.

Chun, Wang: »Die Jungen und die Alten«, in: *Berlinale, Forumskatalog 2009*.

Cook, Pam: *Screening the Past. Memory and Nostalgia in Cinema*, London 2005.

Conrad, Sebastian; Eckert, Andreas und Freitag, Ulrike: »Einleitung«, in: dies. (Hg.): *Globalgeschichte. Theorien, Ansätze, Themen*, Frankfurt/M., New York 2007, S. 7–49.

Crivellari, Fabio; Kirchmann, Kay; Sandl, Marcus und Schlögl, Rudolf: »Einleitung«, in: dies. (Hg.): *Die Medien der Geschichte: Historizität und Medialität in interdisziplinärer Perspektive*, Konstanz 2004, S. 9–32.

Cubitt, Sean: *The Cinema Effect*, Cambridge, London 2004.

De Certeau, Michel: *Das Schreiben der Geschichte*, Frankfurt/M. 1991.

Deleuze, Gilles: *Das Zeit-Bild. Kino 2*. Frankfurt/M. 1997.

Derrida, Jacques: *Die Tode von Roland Barthes*, Berlin 1987.

Despoix, Philippe: »Une histoire autre? (Re)lire ›History. The Last Things Before the Last‹«, in: ders. und Peter Schöttler (Hg.): *Siegfried Kracauer: penseur de l'histoire*, Paris 2006, S. 13–28.

Didi-Huberman, Georges: *Bilder trotz allem*, München 2007.

Didi-Huberman, Georges: »The Site, Despite Everything«, in: Stuart Liebman (Hg.): *Claude Lanzmann's Shoa. Key Essays*, Oxford, New York 2007, S. 113–123.

Diederichsen, Diedrich: »Die glückliche Stunde«, in: *taz*, 3.4.2003.

Diekmann, Stefanie: »Das Haus auf dem Foto. Über Rithy Panhs Dokumentarfilm s-21. La machine de mort Khmère rouge«, in: *Fotogeschichte. Beiträge zur Geschichte und Ästhetik der Fotografie*, Jg. 25, Heft 98, Dezember 2005, S. 13–16.

Dobry, Michel: »Ereignisse und Situationslogik: Lehren, die man aus der Untersuchung von Situationen politischer Unübersichtlichkeit ziehen kann«, in: Andreas Suter und Manfred Hettling (Hg.): *Struktur und Ereignis, Geschichte und Gesellschaft. Zeitschrift für Historische Wissenschaft* Sonderheft 19, Göttingen 2001, S. 75–98.

Doane, Mary Ann: *The Emergence of Cinematic Time. Modernity, Contingency, The Archive*, Cambridge/Massachusetts, London 2002.

Doane, Mary Ann: »Aesthetics and Politics«, in: *Signs: Journal of Woman in Culture and Society* 30(1), 2004, S. 1229–1235.

Doane, Mary Ann: »Review: Death 24x a Second: Stillness and the Moving Image«, in: *Screen* 48(1), Frühjahr 2007.

Douglas, Lawrence: »Der Film als Zeuge. Nazi Concentration Camps vor dem Nürnberger Gerichtshof«, in: Ulrich Baer (Hg.): »*Niemand zeugt für den Zeugen«. Erinnerungskultur nach der Shoa*, Frankfurt/M. 2000, S. 197–218.

Droysen, Johann Gustav: »Grundriß der Historik«, in: ders.: *Historik*, historisch-kritische Ausgabe, Stuttgart, Bad Canstatt 1977.

Dubois, Philippe: *Der fotografische Akt. Versuch über ein theoretisches Dispositiv*, Amsterdam, Dresden 1998.

Ebeling, Knut und Günzel, Stefan, »Einleitung«, in: dies. (Hg): *Archivologie. Theorien des Archivs in Philosophie, Medien, Künsten*, Berlin 2009, S. 7–28.

Edwards, Elizabeth: »Andere ordnen. Fotografie, Anthropologien und Taxonomien«, in: Herta Wolf (Hg.): *Diskurse der Fotografie. Fotokritik am Ende des fotografischen Zeitalters*, Frankfurt/M. 2003, S. 335–355.

Elsaesser, Thomas: »›Un train peut en cacher un autre‹. Geschichte, Gedächtnis und Medienöffentlichkeit«, in: *montage/av*, 11.1.2001, S. 11–25.

Elsaesser, Thomas: *Terror und Trauma. Zur Gewalt des Vergangenen in der BRD*, Berlin 2007.

Engell, Lorenz und Vogl, Joseph (Hg.): *Mediale Historiographien*, Weimar 2001.

Fawthrop, Tom und Jarvis, Helen: *Getting Away with Genocide?: Elusive Justice and the Khmer Rouge Tribunal: Cambodia's Long Struggle Against the Khmer Rouge*, London 2005.

Federhofer, Marie-Theres: »*Moi simple amateur«. Johann Heinrich Merk und der naturwissenschaftliche Dilettantismus im 18. Jahrhundert*, Hannover 2001.

Felman, Shoshana: »Im Zeitalter der Zeugenschaft: Claude Lanzmanns SHOA«, in: Ulrich Baer (Hg.): »*Niemand zeugt für den Zeugen«. Erinnerungskultur nach der Shoa*, Frankfurt/M. 2000, S. 173–196.

Ferro, Marco: »Gibt es eine filmische Sicht der Geschichte?«, in: Rainer Rother (Hg.): *Bilder schreiben Geschichte: Der Historiker im Kino*, Berlin 1991, S. 17–36.

Foerster, Lukas: »Village Voice«, in: *CARGO Film/Medien/Kultur* 03, 2009, S. 49–51.

Foucault, Michel: *Archäologie des Wissens*, Frankfurt/M. 1981.

Foucault, Michel: »Nietzsche, die Genealogie, die Historie«, in: Christoph Conrad und Martina Kessel (Hg.): *Kultur und Geschichte. Neue Einblicke in eine alte Beziehung*, Stuttgart 1998, S. 43–71.

Foucault, Michel: *Das Leben der infamen Menschen*, Berlin 2001.

François, Etienne: »Pierre Nora und die ›Lieux de mémoire‹«, in: Pierre Nora (Hg.): *Erinnerungsorte Frankreichs*, München 2005, S. 7–14.

French, Lindsay: »Exhibiting Terror«, in: Mark Philip Bradley und Patrice Petro (Hg.): *Truth Claims and Human Rights*. New Jersey 2002, S. 131–154.

Friedländer, Saul: »Introduction«, in: ders. (Hg.): *Probing the Limits of Representation. Nazism and the ›Final Solution‹*, Cambridge/Massachusetts, London 1992, S. 1–21.

Gabriel, Teshome H.: »Third Cinema as Guardian of Popular Memory: Towards a Third Aesthetics«, in: Jim Pines und Paul Willemen (Hg.): *Questions of Third Cinema*, London 1989, S. 53–64.

Ginzburg, Carlo: »Just One Witness«, in Saul Friedländer (Hg.): *Probing the Limits of Representation. Nazism and the ›Final Solution‹*, Cambridge/Massachusetts, London 1992, S. 82–96.

Ginzburg, Carlo: »Microhistory: Two or Three Things That I Know about It«, in: *Critical Inquiry* 20(1), Herbst 1993, S. 10–35.

Ginzburg, Carlo: »Détails, gros plan, micro-analyse«, in: Philippe Despoix und Peter Schöttler (Hg.): *Siegfried Kracauer: penseur de l'histoire*, Paris 2006, S. 45–64.

Gludovatz, Karin: »Grauwerte – ein Projekt von Klub Zwei zum Gebrauch historischer Dokumentarfotografie«, in: *Texte zur Kunst* 51, September 2003.

Goffman, Erving: *Asyle. Über die soziale Situation psychiatrischer Patienten und anderer Insassen*, Frankfurt/M. 1973.

Guha, Ranajit: *Elementary Aspects of Peasant Insurgency in Colonial India*, New Dehli 1999.

Gunning, Tom: »Moving Away from the Index: Cinema and the Impression of Reality«, in: *differences: A Journal of Feminist Cultural Studies* 18(1), 2007, S. 30–52.

Guynn, William: *Writing History in Film*, London 2006.

Hall, Stuart: »Rekonstruktion«, in: Herta Wolf (Hg.): *Diskurse der Fotografie. Fotokritik am Ende des fotografischen Zeitalters*, Frankfurt/M. 2003, S. 75–91.

Hansen, Miriam: »Mass Culture as Hieroglyphic Writing: Adorno, Derrida, Kracauer«, in: *New German Critique* 56, Special Issue on Theodor W. Adorno, Frühjahr–Sommer 1992, S. 43–73.

Hansen, Miriam: »›With Skin and Hair‹: Kracauer's Theory of Film, Marseille 1940«, in: *Critical Inquiry* 19(3), Frühjahr 1993, S. 437–469.

Hansen, Miriam: »Room-for-Play: Benjamins Gamble with Cinema«, in: *October* 109, Sommer 2004, S. 3–45.

Hediger, Vinzenz: »Dann sind Bilder also *nichts*!«, in: *montage/av*, 14.1.2005.

Heise, Thomas: *Spuren. Eine Archäologie der realen Existenz*, Berlin 2010.

Herlihy, David: »Am I a Camera? Other Reflections on Films and History«, in: *The American Historical Review*, 93(5), Dezember 1988, S. 1186–1192.

Hirsch, Marianne: »The Generation of Postmemory«, in: *Poetics Today* 29(1), Frühjahr 2008, S. 103–128.

Hoffmann, Arnd: *Zufall und Kontingenz in der Geschichtstheorie*, Frankfurt/M. 2005.

Hoffmann, Jens: »Beyond Sobibor«, in: *Konkret* 04, 2002.

Hölscher, Lucian: *Neue Annalistik. Umrisse einer Theorie der Geschichte*, Göttingen 2003.

Jauß, Hans Robert (Hg.): *Die nicht mehr schönen Künste. Grenzphänomene des Ästhetischen. Poetik und Hermeneutik* Band III, München 1968.

Jay, Martin: *Permanent Exiles. Essays on the Intellectual Migration from Germany to America*, New York 1985.

Keilbach, Judith: *Geschichtsbilder und Zeitzeugen. Zur Darstellung des Nationalsozialismus im bundesdeutschen Fernsehen*, Münster 2008.

Kessler, Michael und Levin, Thomas Y. (Hg.): *Siegfried Kracauer: neue Interpretationen*, Stauffenburg 1989.

Kiernan, Ben: *The Pol Pot Regime. Race, Power, and Genocide under the Khmer Rouge, 1975–79*. New Haven, London 2002.

Kimmelman, Michael: »Poignant Faces of the Soon-to-Be-Dead«, in: *The New York Times*, 20.6.1997.

Koch, Gertrud: *Die Einstellung ist die Einstellung. Visuelle Konstruktionen des Judentums*, Frankfurt/M. 1992.

Koch, Gertrud: »Nähe und Distanz: Face-to-face-Kommunikation in der Moderne«, in: dies. (Hg.): *Auge und Affekt. Wahrnehmung und Interaktion*, Frankfurt/M. 1995, S. 272–291.

Koch, Gertrud: *Kracauer zur Einführung*, Hamburg 1996.

Koch, Gertrud: »Nachstellungen – Film und historischer Moment«, in: Eva Hohenberger und Judith Keilbach (Hg.): *Die Gegenwart der Vergangenheit. Dokumentarfilm, Fernsehen und Geschichte*, Berlin 2003, S. 216–229.

Koselleck, Reinhart: *Vergangene Zukunft. Zur Semantik geschichtlicher Zeiten*, Frankfurt/M. 1989.

Kracauer, Siegfried: »Die Photographie«, in: ders.: *Das Ornament der Masse*, Frankfurt/M. 1977, S. 21–39.

Kracauer, Siegfried: *Theorie des Films, Werke* Band 3, Frankfurt/M. 2005.

Kracauer, Siegfried: *Geschichte – Vor den letzten Dingen, Werke* Band 4, Frankfurt/M. 2009.

Kreuzer, Johann: »Augenblick und Zeitraum. Zur Antinomie geschichtlicher Zeit«, in: Michael Kessler und Thomas Y. Levin (Hg.): *Siegfried Kracauer: neue Interpretationen*, Stauffenburg 1989, S. 159–170.

Lachmann, Renate: »Zum Zufall in der Literatur, insbesondere in der Phantastischen«, in: Gerhart v. Graevenitz und Odo Marquard (Hg.): *Kontingenz, Poetik und Hermeneutik* Band XVII, München 1998, S. 403–433.

Landsberg, Alison: *Prosthetic Memory. The Transformation of American Remembrance in the Age of Mass Culture*, New York 2004.

Landy, Marcia (Hg.): *The Historical Film. History and Memory in Media*, London 2001.

Langer, Lawrence: »Die Zeit der Erinnerung. Zeitverlauf und Zeugenaussagen von Überlebenden des Holocaust«, in: Ulrich Baer (Hg): ›*Niemand zeugt für den Zeugen*‹. *Erinnerungskultur nach der Shoah*, Frankfurt/M. 2000, S. 53–67.

Lavabre, Marie-Claire: »Historiography and Memory«, in: Aviezer Tucker (Hg.): *A Companion to the Philosophy of History and Historiography*, London 2009, S. 362–370.

Lie, Jie: »Wang Bing's West of the Tracks Salvaging the Rubble of Utopia«, in: *Jump Cut. A Review of Contemporary Media* 50, Frühjahr 2008.

Liebman, Stuart (Hg.): *Claude Lanzmann's SHOA. Key Essays*, Oxford, New York 2007.

Lennon, John und Foley, Malcom: *Dark Tourism. The Attraction of Death and Disaster*, New York 2000.

Lévi-Strauss, Claude: *Das wilde Denken*, Frankfurt/M. 1968.

Luhmann, Niklas: »Komplexität und Demokratie«, in: ders.: *Politische Planung*, Opladen 1971.

Lunefeld, Peter: »Digitale Fotografie. Das dubitative Bild«, in: Hertha Wolf (Hg.): *Paradigma Fotografie. Fotokritik am Ende des fotografischen Zeitalters*, Frankfurt/M. 2003, S. 158–177.

Metz, Christian: *Semiologie des Films*, München 1972.

Mitchell, William J.: *The Reconfigured Eye. Visual Truth in the Post-Photography Era*, Cambridge/Massachusetts 1992.

Makropoulos, Michael: »Kontingenz. Aspekte einer theoretischen Semantik der Moderne«, in: *European Journal of Sociology*, 2004, S. 369–399.

Manovich, Lev: »Die Paradoxien der digitalen Fotografie«, in: Hubertus von Amelunxen; Stefan Iglhaut und Florian Rötzer (Hg.): *Fotografie nach der Fotografie*, Dresden 1996, S. 58–66.

Margalit, Avishai: *The Ethics of Memory*, Cambridge/Massachusetts, London 2002.

Mirzoeff, Nicolas: *An Introduction to Visual Culture*, London 1999.

Möller, Olaf: »The Easy Way is Always Mined«, in: ders. und Michael Omasta (Hg.): *Romuald Karmakar*, Wien 2010, S. 11–130.

Mülder-Bach, Inka: *Siegfried Kracauer – Grenzgänger zwischen Theorie und Literatur. Seine frühen Schriften 1913–1933*, Stuttgart 1985.

Müller, Klaus E. und Rüsen, Jörn (Hg.): *Historische Sinnbildung. Problemstellungen, Zeitkonzepte, Wahrnehmungshorizonte, Darstellungsstrategien*, Reinbek 1997.

Mulvey, Laura: *Death 24x a Second. Stillness and the Moving Image*, London 2006.

Niethammer, Lutz: »Einführung«, in: ders. (Hg.): *Lebenserfahrung und kollektives Gedächtnis. Die Praxis der ›Oral History‹*, Frankfurt/M. 1985, S. 7–36.

Nietzsche, Friedrich: »Vom Nutzen und Nachtheil der Historie für das Leben«, in: ders.: *Die Geburt der Tragödie / Unzeitgemäße Betrachtungen*, kritische Studienausgabe Band 1, Berlin 1999.

Nora, Pierre: *Zwischen Geschichte und Gedächtnis*, Berlin 1990.

Nora, Pierre: »Wie lässt sich heute eine Geschichte Frankreichs schreiben?«, in: ders. (Hg.): *Erinnerungsorte Frankreichs*, München 2005.

Panh, Rithy: »Ich bin ein Vermesser der Erinnerung«, in: *Stadtkino Zeitung* 411, 2004.

Perez, Gilberto: *The Material Ghost. Films and Their Medium*, Baltimore, London 1998.

Perks, Robert und Thomson, Alistair (Hg.): *The Oral History Reader*, London, New York 2003.

Rancière, Jacques: *Die Namen der Geschichte. Versuch einer Poetik des Wissens*, Frankfurt/M. 1994.

Rancière, Jacques: »Die Geschichtlichkeit des Films«, in: Eva Hohenberger und Judith Keilbach (Hg.): *Die Gegenwart der Vergangenheit. Dokumentarfilm, Fernsehen und Geschichte*, Berlin 2003, S. 230–246.

Rebhandl, Bert: »Die Erde spricht«, in: *Stadtkino Zeitung* 380, 2002.

Regner, Susanne: *Fotografische Erfassung. Zur Geschichte medialer Konstruktionen des Kriminellen*, München 1999.

Rehm, Jean-Pierre: »Erinnerungsfabrik versus Todesmaschine«, in: *Stadtkino Zeitung* 411, 2004.

Revel, Jacques: »Présentation«, in: ders. (Hg.): *Jeux d'échelles. La micro-analyse à l'expérience*, Paris 1996, S. 7–14.

Rheinberger, Hans-Jörg: »Wissenschaftsgeschichte mit George Kubler«, in: *Texte zur Kunst* 76, Dezember 2009, S. 46–51.

Ricœur, Paul: *Zufall und Vernunft in der Geschichte*, Tübingen 1986.

Ricœur, Paul: *Geschichtsschreibung und Repräsentation der Vergangenheit*, Münster, Hamburg, London 2002.

Ricœur, Paul: *Gedächtnis, Geschichte, Vergessen*, München 2004.

Rodowick, D.N.: *The Virtual Life of Film*, Cambridge/Massachusetts, London 2007.

Rosen, Philip: *Change Mummified. Cinema, Historicity, Theory*, Minneapolis 2001.

Rosenbaum, Jonathan: »Historical Mediations in two films by John Gianvito«, in: *Film Quarterly* 62(2), Dezember 2008, S. 26–32.

Rosenstone, Robert A.: *History on Film. Film on History*, Harlow 2006.

Rothöhler, Simon: »Spuren und Symptome«, in: *taz*, 5.4.2007.

Rothöhler, Simon: »Späte Satisfaktion«, in: *CARGO Film/Medien/Kultur* 04, 2009, S. 80–85.

Samuel, Raphael: »Die Oral History in Großbritannien«, in: Lutz Niethammer (Hg.): *Lebenserfahrung und kollektives Gedächtnis. Die Praxis der ›Oral History‹*, Frankfurt/M. 1985, S. 75–99.

Samuel, Raphael: *Theatres of Memory. Past and Present in Contemporary Culture*, London 1996.

Samuel, Raphael: »Perils of the Transcript«, in: Robert Perks und Alistair Thomson (Hg.): *The Oral History Reader*, London, New York 2003, S. 389–392.

Schelvis, Jules: *Vernichtungslager Sobibór*, Hamburg, Münster 2003.

Schlüpmann, Heide: *Ein Detektiv des Kinos. Studien zu Siegfried Kracauers Filmtheorie*, Basel, Frankfurt/M. 1998.

Sicinski, Michael: »Reigniting the Flame: John Gianvito's PROFIT MOTIVES AND THE WHISPERING WIND«, in: *CinemaScope*, http://cinemascope.com /cs32/int_sicinski_gianvito.html#top, aufgerufen: 30.12.2010.

Scott, James C.: *Domination and the Arts of Resistance. Hidden Transcripts*, New Haven, London 1990.

Sipe, Dan: »The future of oral history and moving images«, in: Robert Perks und Alistair Thomson (Hg.): *The Oral History Reader*, London, New York 2003, S. 379–388.

Silverman, Kaja: *The Acoustic Mirror. The Female Voice in Psychoanalysis and Cinema*, Bloomington, Indianapolis 1988.

Sennett, Richard: *The Craftsman*, New Haven, London 2008.

Sorlin, Pierre: »How to Look at an ›Historical‹ Film«, in: Marcia Landy (Hg.): *The Historical Film. History and Memory in Media*, London 2001, S. 25–49.

Spivak, Gayatri Chakravorty: »Can the Subaltern Speak?« in: Patrick Williams und Laura Chrisman (Hg.): *Colonial Discourse and Post-Colonial Theory*, Hemel Hemstead 1994, S. 66–111.

Stewart, Garret: »Photo-gravure: Death, Photography, and Film Narrative«, in: *Wide Angle* 9(1), 1987, S. 11–31.

Stiegler, Bernd: *Theoriegeschichte der Photographie*, München 2006.

Sung-Chan, Byun: »Momente der Veränderung«, in: *Berlinale, Forumskatalog 2009.*

Tanner, Jakob: »Le voyage de l'historien. Temps et contingence chez Kracauer«, in: Philippe Despoix und Peter Schöttler (Hg.): *Siegfried Kracauer: penseur de l'histoire*, Paris 2006, S. 65–75.

Thompson, Edward Palmer: *The Making of the English Working Class*, London 1980.

Thompson, Paul: *Voices of the Past: Oral History*, Oxford, New York 2003.

Vera, Noel: »A short film on being Filipino«, in: *Cinemaya Magazine* 1(3), 2006.

Veyne, Paul: *Geschichtsschreibung – Und was sie nicht ist*, Frankfurt/M. 1990.

Wayne, Mike: *Political Film. The Dialectics of Third Cinema*, London 2001.

Wellbery, David E.: »Mediale Bedingungen der Kontingenzsemantik«, in: Gerhart von Graevenitz und Odo Marquard (Hg.): *Kontingenz, Poetik und Hermeneutik* Band XVII, München 1998, S. 447–551.

White, Hayden: *Metahistory. The Historical Imagination in Nineteenth-century Europe*, Baltimore 1973.

Willemen, Paul: *Looks and Frictions. Essays in Cultural Studies and Film Theory*, London 1996.

Williams, Paul: »Witnessing Genocide: Vigilance and Remembrance at Tuol Sleng and Choeung Ek«, in: *Holocaust and Genocide Studies* 18(2), Herbst 2004, S. 234–254.

Witt, Michael: »The death(s) of cinema according to Godard«, in: *Screen* 40(3), Herbst 1999, S. 331–346.

Young, James E.: *Beschreiben des Holocaust*, Frankfurt/M. 1997.

Xinyu, Lu: »Ruins of the Future. Class and History in Wang Bing's Tiexi District«, in: *New Left Review* 31, 2005.

Zemon Davis, Natalie: »Global History, Many Stories«, in: *Eine Welt – Eine Geschichte? 43. Deutscher Historikertag in Aachen 2000*, München 2001, S. 373–380.

Zinn, Howard: *A People's History of the United States. 1492–Present*, New York 2003.

Interviews

Wang, Bing: »Plutôt agréable«, Wang Bing im Gespräch mit den *Cahiers du Cinéma*, Juni 2004, S. 34–35.

Wang, Bing: »Ghost Stories: Wang Bing's Startling New Cinema«, in: *Cinemascope*, http://www.cinema-scope.com/cs31/int_koehler_wangbing.html, aufgerufen: 30.12.2010.

Heise, Thomas: »Wo ist vorne? Thomas Heise über seinen Dokumentarfilm Material«, in: *taz*, 17.8.2009.

Heise, Thomas: »Was ist der bessere Knast?«, 12.11.2009, http://heise.de/tp/blogs/6/print/146517, aufgerufen 30.12.2010.

Jia, Zhang-ke: »Wie kann man das Individuum schützen«, in *CARGO Film/Medien/Kultur* 03, 2009, S. 42–44.

Martin, Raya: »A Short Interview with Raya Martin«, *Cinemascope*, http://www.cinema-scope.com/cs27/int_peranson_martin.html, aufgerufen 30.12.2010.

Mograbi, Avi: »Es sind unsere Soldaten«, in: *taz*, 10.1.2009.

Lanzmann, Claude: »Ich will den Heroismus zeigen. Interview mit Claude Lanzmann«, in: *taz*, 17.5.2001.

Lanzmann, Claude: »Was ist Mut?«, in: *Stadtkino Zeitung* 380, 2002 (Original: *Cahiers du cinéma*, Oktober 2001).

Lanzmann, Claude: »Die Pflicht zu töten«, in: *taz*, 15.2.2002.

Lanzmann, Claude: »Site and Speech. An Interview with Claude Lanzmann about Shoa«, in: Stuart Liebman (Hg.): *Claude Lanzmann's SHOA. Key Essays*, Oxford, New York 2007, S. 37–49.

Filme

24 CITY (Jia Zhang-ke) CN/HK/JP 2008

A SHORT FILM ABOUT THE INDIO NACIONAL (OR, THE PROLONGED SORROW OF FILIPINOS) (Raya Martin) PH 2005

COAL MONEY (Wang Bing) CN 2008

CRUDE OIL (Wang Bing) NL/CN 2008

DAS HIMMLER-PROJEKT (Romuald Karmakar) D 2000

DR. MA'S COUNTRY CLINIC (Cong Feng) CN 2009

HAMBURGER LEKTIONEN (Romuald Karmakar) D 2006

HE FENGMING – A CHINESE MEMOIR (Wang Bing) CN 2007

MATERIAL (Thomas Heise) D 2009

ONE WAY BOOGIE WOOGIE / 27 YEARS LATER (James Benning) USA 2005

PROFIT MOTIVE AND THE WHISPERING WIND (John Gianvito) USA 2008

S-21, LA MACHINE DE MORT KHMÈRE ROUGE (Rithy Panh) F/KH 2003

SERRAS DA DESORDEM (Andrea Tonacci) BR 2006

SOBIBOR, 14 OCTOBRE 1943, 16 HEURES (Claude Lanzmann) F 2001

THE HALFMOON FILES (Philip Scheffner) D 2007

TIEXI DISTRICT – WEST OF THE TRACKS (Wang Bing) CN 2003

Z32 (Avi Mograbi) F/IL 2008

Danksagung

Eine erste Fassung der vorliegenden Arbeit ist im Juni 2010 vom Fachbereich Philosophie und Geisteswissenschaften der Freien Universität Berlin als Dissertation angenommen worden. Sie ist im Rahmen des Sonderforschungsbereichs 626 »Ästhetische Erfahrung im Zeichen der Entgrenzung der Künste« entstanden und wurde unter Verwendung der ihm von der Deutschen Forschungsgemeinschaft (DFG) zur Verfügung gestellten Mittel publiziert.

Mein Dank gilt zunächst Gertrud Koch, die die Entstehung der Arbeit über Jahre hinweg mit Sympathie, Diskussionen, gezieltem In-Ruhe-Lassen und diskreten Hinweisen auf geeignete Abgabefristen begleitet hat. Danken möchte ich zudem Rembert Hüser, der später dazukam, als Zweitgutachter fungierte und gleichfalls pointierte Hinweise gab. Am meisten geholfen haben mir Catherine Davies und Robin Celikates, die die Arbeit mehrfach mit dem fachfremden Blick der Historikerin, des Philosophen gelesen und kommentiert haben. Neben ihnen möchte ich an dieser Stelle noch Felix Koch (für die gemeinsame Kracauer-Lektüre) und Bert Rebhandl (für das Dauergespräch über alle Fragen des Kinos) danken – sie alle haben zu Konzeption und Fertigstellung der Arbeit wesentlich beigetragen. Dank gebührt nicht zuletzt Sabine Schulz und Michael Heitz von diaphanes für die angenehme und konzentrierte Zusammenarbeit sowie Erik Stein für die Bildbearbeitung. Widmen möchtet ich dieses Buch meinen Eltern, denn auch hier: viel Wohlwollen.